KB188052

이슬람의
모든것

What Everyone Needs to Know about Islam
by John L. Esposito

Copyright © 2011 by Oxford University Press. Inc.
All right reserved
Korean edition is published by arrangement with
Oxford University Press Inc. through Eric Yang Agency
Korean translation copyright © 2020 Bao Publishers

이슬람의 모든 것

초판 1쇄 발행 2020년 4월 27일

지은이	존 L. 에스포지토
옮긴이	박현도·송영은
펴낸이	이문수
교정·편집	이만옥
펴낸곳	바오출판사

등록	2004년 1월 9일 제313-2004-000004호
주소	서울시 마포구 토정로 222(신수동 448-6)
	한국출판콘텐츠센터 422-7호
전화	02)323-0518
문서전송	02)323-0590
전자우편	baobooks@naver.com

ⓒ 바오출판사, 2020

ISBN 978-89-91428-29-4 03280

이 도서의 국립중앙도서관 출판예정도서목록(CIP)은 서지정보유통지원시스템 홈페이지
(http://seoji.nl.go.kr)와 국가자료종합목록 구축시스템(http://kolis-net.nl.go.kr)에서
이용하실 수 있습니다. (CIP제어번호 : CIP2020014130)

이슬람에 관한 122개의 질문과 대답

이슬람의 모든 것

존 L. 에스포지토 지음 | 박현도·송영은 옮김

WHAT EVERYONE NEEDS
TO KNOW ABOUT ISLAM

일러두기

1. 이 책은 영국 옥스퍼드대 출판부에서 출간한 존 L. 에스포지토(John L. Esposito)의 *What Everyone Needs to Know about Islam*(2nd edition, 2011)을 완역한 것이다.

2. 원서에는 그림 자료가 없으나 독자들의 이해를 돕기 위해 수록하였다. 그리고 이 책의 주는 모두 옮긴이 주다.

3. 일반 대중을 위해 그동안 알려진 발음이나 표기법을 활용하여 음사하되, 기존의 잘못된 표현은 정정하였다. 예를 들면, 국립국어원에서는 외국어의 경우 자음이 겹치면 하나만 쓰기에 순니(Sunni)를 수니로 표기하고 있다. 그러나 이는 명백히 오류이기 때문에 이 책에서는 순니로 한다.

4. 이슬람의 경전은 꾸르안(Qurʾān)으로 표기하였다. 영어에서 음사한 코란이 오랫동안 널리 쓰였고, 쿠란이나 꾸란이라는 음사도 학계에서 많이 쓰고 있다. 그러나 이 책에서는 꾸르안으로 표기한다. 장음을 표시하지 않는 장음인 '안'을 '꾸르안-'처럼 '안'자 다음에 줄을 쓰지 않는 한 제대로 표기할 수는 없지만, 코란, 꾸란보다는 꾸르안을 가장 적합한 음사로 간주하여 꾸르안으로 표기하였다.

5. 장음은 우리어법을 고려하여 단음으로 표기하였다.

6. 압드와 딘이 들어간 이름은 연음으로 표기하되, 이미 영문명으로 널리 알려진 것은 그대로 두었다.
   예) 압드 알라(Abd Allah) → 압둘라(Abd Allah)
   예) 살라흐 앗딘(Salah al-Din) → 살라훗딘(Salah al-Din)

7. 카바와 같이 널리 알려진 경우를 제외하고 함자나 아인이 단어 중간에 오는 경우, 아인이 끝에 오나 정확히 발음 되는 경우는 구분하였다.
   예) 비다(bida) → 비드아(bid'ah)
   예) 자파리(Jafari) → 자으파리(Ja'fari)
   예) 주마(juma) → 줌아(jum'a)

이 책은 9·11 테러 이후 나의 경험에서 우러나온 책이다. 여러 동료들과 마찬가지로 나는 이슬람과 무슬림에 관한 질문을 헤아릴 수 없이 많이 받았다. 세계무역센터와 펜타곤에 가해진 테러 공격에 대한 질문도 있었지만, 대다수는 언론 인터뷰, 정부와 기업의 브리핑, 대학과 민간 기구에서 한 발표에서 지난 수년간 계속 반복적으로 나왔던 질문이 다시 제기되었다. 이슬람은 왜 그렇게도 폭력적인가? 꾸르안은 테러와 자살폭탄을 인정하는가? 이슬람은 현대 생활양식과 양립가능한가? 왜 무슬림은 유대인과 그리스도인을 박해하는가?

9·11 테러와 지속적으로 나오는 질문을 돌이켜보면서 얼마나 많은 변화가 있었는지, 변함없이 그대로 남아 있는 것은 무엇인지 알게 되었다. 이슬람은 전 세계에서 두 번째로 큰 종교이고, 유럽에서는 두 번째, 미국에서는 세 번째로 큰 종교다. 하지만 예나 지금이나 여전히 정보의 공백상태에 놓여 있는 서구인들이 많다. 나 역시 30년 전에는 그러하였다. 대학원에서 처음 이슬람을 접했을 때 나는 또 다른 아브라함 신앙전통이 있다는 것을 알고 놀랐다. 항상 유대-그리스도교 전통만 논하였지 유대-그리스도-이슬람 전통의 연계성은 이야기해본 적이 없었다. 왜일까? 무슬림은 아브라함, 모세, 예수와 같은 유대교와 그리스도교의 주요 부족장, 예언자와 하나님이 계시한 경전인 토라와 예수의 가르침(복음서)을 인정하고 존경하는데,

인문학과 신학 교육을 수년간에 걸쳐 받았음에도 불구하고 나는 왜 이를 알지 못하였던 것일까?

이슬람을 공부하면서 십자군, 유럽 식민주의부터 미국과 소련의 신식민주의에 이르기까지 나는 역사를 새로운 관점과 방법으로 이해하였다. 종교뿐 아니라 역사, 정치, 고전시대와 현대 문명이 내게 생생히 다가왔다. 그러나 지금도 여전히 언론이 만든 고정관념에 의지하여 테러분자, 종교적 극단주의자, 탄압받는 여성에 초점을 맞춘 왜곡된 렌즈를 통해 이슬람을 바라보는 사람이 많다. 급진적 소수의 행동이 주류 다수가 지닌 신앙과 같은 것으로 보이게 되었다. 그러나 무슬림은 현재 미국과 유럽의 종교지형에서 빼놓을 수 없는 필수 구성원으로, 우리와 함께하는 시민이요, 이웃이요, 동료이다.

물론 지금은 30년 전보다 이슬람 개론서가 더욱 다양하게 많이 나와 있다. 나 역시 『이슬람: 곧은 길(*Islam: The Straight Path*)』을 비롯하여 책과 논문을 여럿 썼고, 이 책을 쓰면서 이들 저술을 많이 참조하였다. 그러나 오늘날 많은 사람들이 구체적으로 질문하고, 빠르고 간결하며 직설적인 답을 구하고 있다. 그런데 이러한 대답은 역사서나 종교사에서는 찾기가 쉽지 않다. 이 책은 이러한 요구를 충족하기 위해 쓴 것이다. 이 책은 처음부터 끝까지 다 읽으라고 만든 것은 아니다. 독자는 관심이 가는 구체적인 질문에 대한 답을 찾을 수 있다. 질문에 대한 답변이 충분히 잘 갖춰져 있다. 즉 특정한 문제에 대한 사전 지식을 가지고 있거나, 앞부분의 답변을 미리 읽을 필요도 없다. 어떤 내용은 답변 여러 곳에서 언급될 것이다.

대단히 다양한 부류의 청중이 제기한 여러 가지 질문을 보면, 이슬람과 무슬림이 뭔가 심각하게 잘못되었다고 믿는 경향이 있다. 그래서 종교와 극단주의, 호전성, 폭력, 테러의 관계를 살필 때 유대교나 그리스도교와는 사뭇 다르게 이슬람에는 무의식적으로 이중 잣대를 적용한다. 우리는 우리의 신앙 안에 다원주의, 인권, 여성의 지위, 민주화에 관련된 역사적 변화를 수용하지만, 이슬람에는 그러한 변화가 불가능하다고 가정하는 경우가 종종 있다.

나는 유대교, 힌두교, 불교뿐 아니라 그리스도교와 이슬람 등 여러 종교를 공부하고, 관찰하고, 가르쳐 왔다. 이 모든 종교는 역사상 무수한 사람들의 삶에 의미를 주고, 그들의 삶을 변화시켰다. 안타깝게도 이들 종교는 어두운 면도 지니고 있다. 극단주의자와 과격분자들이 자비, 정의, 평화를 가르치는 종교를 악용하거나 오용하였다. 현대 세계, 탈현대 세계에서 이들 종교는 모두 다른 종교에서 발견할 수 있는 진리를 존중하고 타인의 신앙을 인정하는 다원주의의 도전을 받고 있다. 종교는 독선(self-righteousness)이 아니라 정의(righteousness)를 지향하기 때문이다.

애석하게도 9·11의 유산, 지속되는 테러 공격, 점증하는 과격화를 우려하는 마음 때문에 이슬람 혐오(Islamophobia, 신앙이나 인종 때문에 무슬림을 차별하는 것), 증오연설, 폭력이 급격히 증가하였다. 정치인, 극우 정치평론가, 시온주의를 찬성하는 강경 그리스도교 목회자, 반(反)무슬림 증오 블로그 등이 이러한 상황을 교묘하게 이용하고 있다. 조지 W. 부시, 버락 오바마 대통령과 여타 미국인들은 그동안 대다수 무슬림이 믿는 이슬람과 소수의 위험한 무슬림이 따르는 이슬람의 차이를 애써 구분해왔는데, 이들은 이를 무시한다. 유대교, 그리스도교, 힌두교 및 기타 종교의 극단주의자들과 마찬가지로 이들 소수의 위험한 무슬림은 테러 행위를 정당화하기 위해 종교를 악용한다.

서구와 무슬림 세계, 미국·유럽의 무슬림과 미국·유럽의 유대-그리스도인 및 세속 전통의 만남은 서로 분리되고 대립적인 두 세계의 충돌이 아니다. 유대인, 그리스도인, 무슬림은 아브라함의 자손으로 유대-그리스도교-이슬람 전통의 일부다. 이슬람 세계는 전 지구적이다. 이슬람 세계의 수도와 공동체는 카이로, 다마스쿠스, 메카, 예루살렘, 이스탄불, 이슬라마바드, 쿠알라룸푸르, 자카르타뿐만 아니라 런던, 파리, 마르세유, 본, 뉴욕, 디트로이트, 워싱턴도 포함한다. 우리의 미래는 상호 이해와 존중에 바탕을 둔 새롭고, 보다 포괄적인 다원주의와 관용을 요구한다. 서로 이해하고자 한다면, 우리가 무슬림을 어떻게 보고 있는지 공부해야 할 뿐 아니라 이슬람이 무엇을 가르치고, 무슬림이 이슬람을 어떻게 믿고 있는지를 반드시 알아야 한다.

감사의 글

이 책의 초판과 제2판을 출판하는 데 많은 분들의 도움을 받았다. 여러 연구 프로젝트를 함께 수행하면서 항상 신뢰도 높은 세세한 정보, 평가, 수정 의견을 제시해준 존 볼(John Voll)과 타마라 존(Tamara Sonn)에게 감사를 표한다. 갤럽의 무슬림 연구 프로그램과 갤럽 세계여론조사를 맡고 있는 달리아 모가헤드(Dalia Mogahed)는 무슬림 세계를 대상으로 한 가장 포괄적이고 체계적인 설문조사 결과를 제공하고 중요한 문제에 대해 무슬림들이 어떠한 의견을 가지고 있는지 알려주었다. 자료의 대부분은 내가 모가헤드와 함께 쓴 『누가 이슬람을 대변하는가? 10억 무슬림의 진짜 생각(*Who Speaks for Islam? What a Billion Muslims Really Think*)』이라는 책에 담겨 있다.

이 책을 저술하는 프로젝트를 진행하는 동안 조지타운 대학교 대학원생들이 연구원으로 함께해준 것은 참으로 행운이었다. 언제나 준비된 자세와 빠른 태도로 도움을 준 멜라니 트렉슬러(Melanie Trexler)는 연구 확인 작업에서 매우 귀중한 존재였다. 하디아 무바락(Hadia Mubarak)은 저술 작업 마무리 단계에서 도움을 주었다.

나는 오랫동안 주로 옥스퍼드 대학교 출판부에서 책을 출판해왔다. 최고의 전문가들과 함께 일했다는 것은 내게는 실로 대단한 특전이다. 나의 친구이자 천부적인 재능을 지닌 탁월한 편집자 신시아 리드(Cynthia Read)보다 더 중요한 사람은 없을 것이다. 나는 그녀와 거의 30년 동안 함께 일하였다. 늘 격려의 말을 잊지 않으면서 비평어린 의견을 제시해준 신시아야말로 오랫동안 내가 옥스퍼드에서 책을 출판할 수 있게 한 원동력이다. 또한 교정편집자 인디아 쿠퍼(India Cooper)와 제작편집자 조엘린 아우산카(Joellyn Ausanka)라는 두 명의 뛰어난 전문가와 함께 즐겁게 일한 것 또한 크나큰 행운이었다.

조지타운 대학과 필자가 설립을 돕고 이끌어온 무슬림-그리스도인 이해센터(현재는 알왈리드 빈 탈랄 왕자 무슬림-그리스도인 이해센터Prince Alwaleed bin Talal Center for Muslim-Chirstian Understanding로 이름을 바꾸었다)는 1993년 이래 필자의 학문적 고향이다. 센터 설립을 구상한 최초의 후원자 하십 삽바그(Hasib Sabbagh)의 죽음은 커다란 손실이다. 알왈리드 빈 탈랄 왕자의 왕국재단(Kingdom Foundation)의 관대한 후원 덕에 현재 센터가 운영되고 있고, 앞으로도 후원이 지속될 것이라고 믿는다.

특별히 필자는 조지타운 대학교 존 제이 데조이아(John J. DeGioia) 총장의 우정과 지원에 깊이 감사한다. 센터와 필자가 "종종 뛰면서 시간을 지키도록" 도와준 뛰어난 행정팀이 있는 것은 역시 진정 행운이었다. 부소장이자 핵심 행정업무 담당자 알렉사 팔레토(Alexa Paletto), 행정보 드니스 보니야-샤위(Denisse Bonilla-Chaoui), 프로그램 책임자 애덤 홈즈(Adam Holmes), 모나 모가헤드(Mona Mogahed)는 모두 뛰어난 전문가이자 친구다. 활동적이고, 늘 곁에서 움직이며, 효과적인 것은 말할 것도 없이, 매끄럽게 한 팀을 이룬 이들이 없었다면 나와 나의 동료들이 제대로 된 연구를 할 수 없었을 것이다.

내가 삶에서 성취한 것의 대부분은 가족 덕분이다. 나의 부모님 존과 메리 에스포지토(John and Mary Esposito)는 사랑과 지원을 아끼지 않으며 아들들이 가족과 사회와 교육을 중시하고 가치를 존중하도록 이끌어주셨다.

나의 형제 루와 릭은 부모님의 가르침을 계속 이어가고 있다. 나의 아내이자 인생의 동반자요 친구인 진 에스포지토(Jean Esposito)는 지난 45년의 결혼생활 동안 삶, 직업, 프로젝트, 결혼생활의 균형을 잘 잡아왔고, 내가 상상했던 것 이상으로 우리의 삶을 훨씬 더 풍요롭게 만들었다. 나에게 진은 최고의 편집자이자 비평가다. 그녀가 나를 응원하고, 인내심을 가지고 지켜보면서 내 연구를 보조해주지 않았더라면 나는 결코 박사논문을 끝내지 못하였을 것이다. 논문을 마친 후 내어놓은 수많은 저서는 말할 것도 없다. 이슬람학과 이슬람교, 국제관계 연구는 나의 전문직이자 천직이다. 나의 삶은 수없이 많은 전 세계 무슬림과 함께한 경험 덕에 헤아릴 수 없이 풍요로워졌다.

워싱턴 D.C.에서
2010년 9월

차례

2장 | 이슬람과 다른 종교들

3장 | 관습과 문화

5장 | 사회, 정치, 그리고 경제

6장 | 서구의 무슬림

개관

001 | 우리는 왜 이슬람을 알아야 하는가?

• 전 세계적으로 이슬람은 그리스도교 다음으로 신자수가 많고, 조만간
  미국에서 두 번째로 신자가 많은 종교가 될 것이다.

• 무슬림은 현재 이웃이자 직장동료이며 시민으로 우리와 함께 살고 있
  는데, 이는 시간이 흐를수록 더 할 것이다.

• 이슬람은 유대교, 그리스도교와 유사한 부분이 많지만, 미국인과 유럽
  인 대부분은 무슬림을 이상하고, 낯설고, 무서운 존재로 여기며, 신문
  일면을 장식하는 테러와 관련되어 있다고 믿는다. 이러한 인식은 변해
  야 하는데, 이슬람을 정확하게 알고 깊이 이해하면 바뀔 수 있다.

• 우리는 여러 국가에 영향을 끼치며 미국에까지 전해진 이슬람 혐오증
  (Islamophobia)과 함께 무지(無知)에 따른 공포, 증오, 폭력에 종지부를 찍
  어야 한다.

002 | 무슬림은 모두 같은가?

그리스도교에 익숙한 우리는 별 생각 없이도 그리스도교가 다양하다는
것을 안다. 여러 형태와 상황에 맞게 발전한 다양한 그리스도교가 존재한
다. 침례교에서 유니테리언교(Unitarians), 로마가톨릭에서 그리스와 러시아
정교회에 이르기까지 서로 다른 교회나 종파가 북미, 중동, 유럽, 아시아,
아프리카 등 여러 문화권에 존재한다. 그 결과 그리스도교에는 다양한 믿
음과 실천 양식이 존재한다. 이슬람 또한 그렇다. 무슬림은 이슬람을 신이
계시한 종교라고 말하지만, 이슬람에 대한 해석은 다양하다.

전 세계 무슬림 인구의 85%를 차지하는 순니파와 15%인 시아파가 이슬람의 주요 종파다. 이들 두 종파 안에는 여러 신학파와 법학파가 있다. 또 신비주의 전통도 풍부하여 여러 수피(Sufi) 교단이 존재한다.

풍요로운 문화적 다양성 안에서 이슬람은 기본적으로 단일한 믿음을 보여준다. 이슬람도 북아프리카에서 동남아시아, 유럽과 미국에 이르기까지 광범위하고 다양한 문화 속에서 여러 방식으로 종교의식을 표현하고 있다.(더 자세한 내용은 77~99쪽을 보라.)

003 | 무슬림 수는 얼마나 되고, 어디에 살고 있는가?

인도네시아, 방글라데시, 파키스탄, 이집트, 이라크, 나이지리아를 포함하여 총 57개국은 무슬림이 절대 다수를 차지하고 있다. 또한 인도, 중국, 중앙아시아 국가, 러시아, 유럽, 미국에도 무슬림 인구가 상당히 많다.

일반 예상과 달리 무슬림의 대다수는 아랍인이 아니다. 실제로 전 세계 15억 무슬림 인구 중 20%만 아랍 국가 출신이다. 무슬림 수가 가장 많은 국가는 인도네시아, 파키스탄, 방글라데시, 인도다.

과거 미 대륙과 유럽에서 이슬람은 아주 미미한 존재였지만, 최근 주요 종교로 부상하였다. 무슬림은 대단히 폭넓은 인종과 민족 스펙트럼을 보여준다. 미국에는 이와 같이 이슬람의 인종적·민족적 다양성을 대변하는 두 개의 무슬림 그룹이 있는데, 이들은 바로 미국의 토착 무슬림 그룹(아프리카 출신 흑인 무슬림, 35%)과 이주 무슬림 그룹(아랍, 파키스탄, 아프가니스탄, 아프리카, 알바니아, 방글라데시, 보스니아, 인도, 이란, 말레이시아, 인도네시아, 터키 출신을 포함)이다.

1장 |

믿음

004 | 무슬림은 무엇을 믿는가?

유대인, 그리스도인과 마찬가지로 무슬림은 유일신을 믿는다. 창조주이자 만물의 질서를 유지하고, 이 세상을 다스리며, 우주의 심판자인 유일신 하나님을 믿는다. 무슬림은 예언자 무함마드뿐 아니라 아브라함과 모세 등 히브리 성서의 예언자와 더불어 복음서(신약성서)의 예수와 세례자 요한까지 모두 예언자로 믿는다. 또한 천사, 천국, 지옥, 최후의 심판일도 믿는다. 이슬람은 신의 계시가 토라(Torah), 시편, 신약성서, 꾸르안(Qur'ān)에 담겨 있다고 인정한다.[1] 꾸르안 5장 46절은 다음과 같이 말한다.

> 우리는 마리아의 아들 예수를 보내어 그보다 먼저 온 토라를 확증하였다. 우리는 그에게 복음서를 주었다. 가르침과 빛이 (복음서에) 담겼고, 그(예수) 보다 앞서 온 토라를 확증한다. 하나님을 두려워하는 자들에게 준 가르침 이요 경고다.

따라서 무슬림은 유대인과 그리스도인을 "성서의 백성"이라고 하는데, 이는 예언자를 통해 하나님으로부터 경전이나 계시서 형태로 말씀을 받은 사람들의 공동체를 뜻한다.

그리스도인은 그리스도교의 계시가 구약의 계시를 성취하고 완성하였다고 보지만, 무슬림은 유대교와 그리스도교의 경전과 믿음체계에 있는 인간적 오류를 교정하기 위하여 예언자 무함마드가 천사 가브리엘[2]을 통해

---

1   꾸르안은 토라를 타우라(Tawrah), 시편은 자부르(Zabur), 복음서(신약성서)는 인질 (Injil)이라고 부른다.
2   이슬람 전통에서는 지브릴(Jibril)이라고 부른다.

천사 가브리엘에게 계시를 받는 무함마드. 라시듯딘Rashid al-Din의 『집사(集史)Jami' al-Tawarikh』

하나님으로부터 최후의 완전한 계시를 받았다고 믿는다. 따라서 무슬림은 이슬람이 새로운 경전을 가진 새로운 종교라고 믿지 않는다. 무슬림 입장에서 보면 이슬람은 세계적인 주요 유일신 종교 중 가장 어린 종교가 아니라 가장 오래된 종교다. 아브라함, 모세, 예수, 무함마드의 하나님으로부터 원형 그대로 마지막으로 받은 계시를 보여주기 때문이다.

그분은 노아에게 명하신 것과 같은 종교를 그대에게 명하셨다. 아브라함, 모세, 예수에게 전한 계시를 그대에게 내린다. 종교를 굳게 따르며 분열을 일으키지 말라.(꾸르안 42장 13절)

005 | 무슬림은 왜 스스로를 아브라함의 자손이라고 하는가?

무슬림은 유대인, 그리스도인과 더불어 스스로를 아브라함의 자손이라고 생각하고, 유대인, 그리스도인과 같은 종교 집안이지만 다른 파에 속한다고 생각한다. 꾸르안과 구약성서는 모두 아브라함, 사라, 사라의 이집트인 몸종 하갈 이야기를 싣고 있다. 유대인과 그리스도인은 아브라함과 그의 아내 사라 사이에서 태어난 이사악의 후손이지만, 무슬림은 아브라함과 하갈 사이에서 난 큰아들 이스마일을 자신의 뿌리로 여긴다.

히브리 성서와 무슬림 경전은 모두 오랫동안 아이를 갖지 못한 사라가 아이를 얻기 위해 남편 아브라함에게 자신의 하녀 하갈과 함께 잠자리에 들라고 요청했다고 한다. 그렇게 하여 낳은 아들이 이스마일이다. 이스마일이 태어난 후 사라도 마침내 임신하여 이사악을 낳았다. 사라는 장자 이스마일이 상속자가 되면 자신의 아들 이사악이 이스마일의 그늘에 가릴 것이라는 생각에 질투심이 발동하였다. 그래서 하갈과 이스마일을 멀리 내쫓도록 아브라함을 부추겼다. 아브라함은 마지못해 하갈과 이스마일을 집에서 내보냈다. 하나님이 이스마일을 위대한 민족의 선조로 만들어주겠다고 약속하였기 때문이다.

이슬람 문헌에 따르면 이때 하갈과 이스마일이 정착한 곳이 현재 아라비아 반도 메카 부근이고, 히브리 성서와 무슬림 경전은 하갈과 이스마일이 생사의 기로에서 헤매다 사막에서 기적적으로 솟아난 샘물을 마시고 목숨을 구했다고 한다.

꾸르안과 무슬림 전승은 아브라함과 이스마일의 재회 이야기를 아주 다채롭게 전한다. 이 둘의 만남에서 대단히 뚜렷한 이슬람의 상징이 두 가지 나온다. 이슬람 문헌에 따르면 아브라함은 하갈과 이스마일이 죽지 않고 오늘날 메카 인근에 살고 있다는 것을 알았다. 하갈이 사막에서 고통을 겪고, 기적적으로 모자(母子)가 생존하였다는 이야기를 듣고 난 후, 아브라함과 이스마일은 카바를 재건하였다. 무슬림은 원래 카바를 아담이 지어 진정한 유일신에게 바쳤다고 믿는다. 그래서 전 세계 무슬림은 예배할 때 모두 카바 방향을 향하며 유일신 하나님을 숭배한다.

오늘날 카바는 무슬림 세계에서 가장 신성한 곳이다. 검은 천으로 덮인 육면체 형태의 건물은 이슬람에서 가장 익숙한 상징물 중 하나다.(51쪽 '카바는 무엇인가?'를 보라.) 무슬림 경전은 또한 아브라함이 메카순례 의례를 처음 제정하였다고 한다. 이 의례는 하갈의 체험을 많이 반영하고 있다. 해마다 2백만 명 이상이 순례 길에 오를 정도로 순례는 신앙을 표현하는 또 하나의 놀라운 상징이다.(49쪽 '무슬림은 메카 순례에서 무엇을 하는가?'에서 다시 논할 것이다.)

성서와 이슬람 문헌의 아브라함 이야기 사이에는 한 가지 결정적인 차이가 있다. 성서 창세기(22:1~2)와 달리 이슬람 학자 대대수는 하나님의 명령에 따라 희생제물로 바치려고 한 아들이 이사악이 아니라 이스마일이라고 한다.(꾸르안 37장 97~113절)

006 | 이슬람은 어떻게 발흥하였는가?

유대교, 그리스도교와 마찬가지로 이슬람 역시 중동에서 시작하였다. 이슬람은 고립된 지역에서 솟아난 완전히 새로운 유일신교가 아니다. 하나님을 믿는 유일신교는 여러 세기 동안 번창하였다. 외국 카라반 상인들과 중동 전역에서 활동하던 메카 상인들을 통해 아라비아 메카에도 유대교, 그리스도교, 조로아스터교 관련 지식이 전해졌다. 게다가 그리스도인, 조로아스터교인, 유대 부족이 아라비아에 살고 있었다.

6세기에 막대한 부를 지닌 상업 중심지로 새롭게 부상한 메카는 빈부 격차가 커지면서 분열이 생겨 전통적인 아랍 부족의 가치와 사회안전망이 도전받는 상태에 놓였다. 이러한 사회 환경에서 예언자 무함마드는 꾸르안의 가르침을 설파하였다. 이것이 바로 이슬람이라는 종교의 밑바탕을 이룬다. 이슬람은 사람들에게 하나인 진정한 하나님을 숭배하고 정의로운 사회를 회복하라고 요구한다.

무슬림은 하나님이 처음으로 모세에게 히브리 성서, 즉 '토라'라는 계시를 주었고, 이후 예수에게 복음서를 내렸으며, 마지막으로 무함마드에게 이슬람의 경전 꾸르안을 계시하였다고 믿는다. 무함마드는 이슬람이라는 새로운 종교의 창시자로 간주되지 않는다. 자신보다 앞서 온 성서의 예언자들처럼 무함마드는 종교개혁가였다. 무함마드는 자신이 새로운 하나님으로부터 새로운 가르침을 가져온 것이 아니라, 사람들을 진정한 하나님에게로, 잊어버리거나 지키지 않던 삶의 길로 다시 돌아가게 하려 한다고 말하였다.

새로운 계시가 아니기에 꾸르안은 신구약 이야기와 아담, 이브, 아브라함, 모세, 다윗, 솔로몬, 예수, 마리아 등 여러 인물들을 자주 언급한다. 이슬람과 알라(Allah) 경배는 다신교 사회 속에서 잊어버린 과거, 최초의 유일신론자 아브라함의 신앙으로 되돌아가는 것을 뜻한다. 알라는 아랍어로 하나님을 가리키는데, 문자 그대로 풀이하면 '그 신'이다.[3]

무함마드는 메카 사람들 대다수가 부족의 다신교를 믿기에 진정한 유

---

3   아랍어에서 알라(Allah)는 정관사 알(al)과 신을 뜻하는 일라(ilah)가 축약된 말이다. 알일라가 알라로 되었다고 한다.

일신 하나님도 모르고, 아담, 아브라함, 모세, 예수에게 계시된 하나님의 뜻도 알지 못한 채 무지 속에 살고 있다고 생각하였다. 무함마드는 계시를 받고 나서 유대인과 그리스도인이 모세와 예수에게 계시된 하나님의 말씀을 왜곡하였다고 믿었다. 그래서 그는 토라와 복음서가 원래 진정한 계시였으나 예수를 예언자에서 신의 아들로 격상시킨 것처럼 후대 사람들이 이 두 경전을 왜곡하였다고 생각하였다.

무함마드가 받은 계시는 종교적·사회적 개혁을 요구하였다. 사회정의를 강조하여 여성, 과부, 고아의 인권에 관심을 기울이고, 유대교와 그리스도교가 왜곡한 하나님의 계시를 바로잡고, 하나님과 예언자의 가르침에서 벗어난 사람들에게 경고하였다. 최후의 예언자, 또는 예언자의 '봉인(封印)'인 무함마드에게 마지막으로 내려온 계시는 꾸르안이 말하는 이슬람의 바른 길 내지 하나님의 길로 모두 되돌아갈 것을 요구하였다.

007 | 무슬림의 경전은 무엇인가?

흔히들 "코란(Koran)"이라고 부르는 꾸르안은 아랍어로 '낭송'을 뜻한다. 꾸르안은 무슬림의 경전이다. 무슬림은 꾸르안이 천사 가브리엘을 통해 예언자 무함마드가 하나님으로부터 받은 계시를 담고 있다고 믿는다. 문맹이었던 무함마드는 하나님의 중개자 역할을 하였고, 받은 계시를 낭송하라는 명령을 받았다. 무슬림은 무함마드를 꾸르안의 저자로도 편집자로도 여기지 않는다. 꾸르안은 아랍어로 보존된 하나님의 영원한 말씀이다. 마흔 살부터 632년에 죽을 때까지 23년 동안 114장(장을 아랍어로 수라Surah라고 한다)에 달하는 꾸르안이 무함마드에게 계시되었다.

버밍엄 꾸르안(Birmingham Quran manuscript). 무함마드 생존시대에 만들어진 최고(最古)의 꾸르안으로 추정되며, 두 쪽의 양피지에 적힌 내용은 현재 꾸르안의 19~20장과 거의 동일하다.

무슬림은 무함마드가 살아 있을 때 구전과 기록으로 꾸르안이 보존되었다고 믿는다. 무함마드가 죽은 지 약 15년 내지 20년 후에 꾸르안 전체를 수집하여 공식 편찬하였다. 신약성서와 비교하면 꾸르안은 대략 5분의 4 정도의 분량이다. 길이에 따라 장을 나누었는데, 긴 장에서 시작하여 짧은 장으로 끝난다. 주제별로 편집하거나 나누지 않았다. 비무슬림에게는 무척 당혹스러운 형태의 편집이다. 비무슬림 입장에서 보면 내용이 서로 연결되지 않고 산만하기 때문이다. 그러나 꾸르안 어느 부분이나 가르침과 생각할 거리를 주기에 아무 데나 펴서 읽는다고 해도 믿는 사람에게는 전혀 문제가 되지 않는다.

꾸르안 낭송은 무슬림 삶에서 중요하다. 꾸르안 전체를 암송할 수 있는 무슬림이 많다. 꾸르안 낭송은 실제 하나님의 말씀을 인간의 음성으로 듣는 것으로, 이를 기적으로 여기는 무슬림들의 믿음을 더욱 굳건하게 만든다. 역사를 돌이켜보면 꾸르안 낭송을 듣고 이슬람에 이끌리거나 이슬람으로 개종한 사람들이 많다.

무슬림은 하루 다섯 번 예배할 때마다 꾸르안을 낭송한다. 결혼식, 장례식, 학술대회, 격식을 갖춘 식사 장소나 사람들이 모인 자리에서 음악처럼, 시처럼 꾸르안을 읽으며 모임을 시작한다. 미국인 관객이나 유럽인 관객이 가득 찬 오페라나 콘서트처럼 독실하고 열성적인 무슬림으로 꽉 찬 경기장에서 꾸르안을 낭송하기도 한다. 수많은 무슬림이 반복적이고 변화하는 음조로 낭랑하게 리듬감을 타며 울려 퍼지는 꾸르안을 들으면서 깊은 아름다움을 느낀다.

008 | 이슬람에서 아랍어는 왜 중요한가?

무슬림은 토라와 복음서처럼 꾸르안 원본이 하나님과 함께 하늘에 있는 아랍어 책에 근거한다고 믿는다.[4] 역사적으로 서로 다른 시기에 계시된 이들 경전의 가르침이 천상(天上) 원본에서 나온 것이라고 믿는다. 천사 가브리엘에게서 무함마드가 받아 전하였고, 훗날 아랍어로 기록된 꾸르안은 하나님이 직접 하신 말씀이라고 무슬림은 믿는다.

---

4   꾸르안은 유대인, 그리스도인, 무슬림이 언어만 다를 뿐 원칙적으로 같은 책을 가지고 있다고 말한다. 이 책을 꾸르안은 13장 39절, 43장 4절에서 모든 경전의 모서(母書, 움 알키탑umm al-kitab)이라고 한다. 말 그대로 책의 어머니다. 또 85장 22절에서는 알라우흐 알마흐푸즈(al-lauh al-mahfuz)라고 하는데, 잘 보존된 판이라는 뜻이다. 꾸르안은 바로 이 책이 아랍어로 내려온 것이라고 한다. 구전의 성격이 강조될 때 성서는 외국어로 된 꾸르안(꾸르안 아으자미Qur'ān A'jami, 41:44)이라고 하고, 꾸르안은 아랍어로 된 꾸르안이라고 부른다.(꾸르안 아라비Qur'ān Arabi, 12:2, 20:113, 39:28, 41:4, 42:9, 43:3)

한국어 꾸르안. 아랍어 원문과 한글 번역문이 나란히 실려 있다.

자신의 모국어가 무엇이든 간에, 또 그 내용을 이해하든 하지 못하든 무슬림은 모두 아랍어로 계시된 꾸르안을 외워서 낭송한다. 세계 어디에서나 무슬림은 모국어가 무엇이든 간에 아랍어로 예배를 드린다. 현대 이전까지 꾸르안은 아랍어로만 인쇄하였다. 오늘날에도 꾸르안을 각 나라말로 번역하는 경우 무슬림은 이를 '주석서'로 여기고, 아랍어 원문을 번역문과 함께 나란히 인쇄한다.

오늘날에도 꾸르안 낭송은 강력한 영감(靈感)의 원천이다. 아랍어로 꾸르안을 읊는 것은 예술적인 행위다. 마치 서구에서 오페라 가수에게 그러듯, 사람들은 꾸르안 낭송가가 꾸르안을 낭송하는 모습을 보고 존경을 표한다. 꾸르안 낭송 녹음은 종교적인 가치뿐 아니라 심미적 가치도 높다. 무슬림 국가에서 길을 걷다 보면 상점이나 지나가는 택시에서 틀어 놓은 라디오, 텔레비전, 또는 카세트테이프에서 흘러나오는 꾸르안 낭송을 들을 수 있다. 이슬람 세계에서는 꾸르안 낭송대회가 열리면 수많은 군중들이 모여

대회장을 가득 채운다. 꾸르안을 모두 암송하면 그 공로를 인정받을 뿐 아니라 대단한 명성도 누린다.

009 | 무슬림의 삶 속에서 무함마드는 어떠한 역할을 하는가?

예언자 무함마드는 살아 있던 때나 죽은 후나 할 것 없이 수세기 동안 하나님이 뜻한 대로 행동하고자 노력하는 무슬림이 따라야 할 이상적인 모범이다. 이슬람은 행동을 강조하여 무슬림에게 분투하고 노력하며 최선을 다하라고 촉구한다. 예언자 무함마드의 언행은 하나님의 뜻을 드러내기 때문에 일부 무슬림은 예언자 무함마드를 "살아 있는 꾸르안"이라고 칭한다. 흔히 예수를 영적인 존재로 여기는 그리스도인과 달리, 무슬림은 무함마드를 예언자이자 영적이자 정치적인 통찰력을 지닌 인간으로 본다. 따라서 무슬림은 적과 친구를 어떻게 대했는지, 무엇을 먹고 마셨는지, 어떻게 애도하고 축하하였는지 등 예언자 무함마드가 살면서 행한 것을 길라잡이로 삼아 따른다.

이슬람 이전 아랍 부족들은 그들의 이상과 규범을 '자주 다닌 길'이라는 뜻을 지닌 순나(sunnah)[5]로 보존하며 중시하였다. 훗날 무함마드를 모범으로 삼아 소중히 여긴 것도 바로 이러한 전통의 변용이라고 할 수 있다. 순나는 부족의 관습인데, 이는 곧 말과 본보기로 여러 세대에 걸쳐 전해내려 온 것이다. 무함마드는 이를 개혁하였고, 그 결과 무함마드의 순나

---

5   순나는 대대로 내려오는 불문율의 관습을 통틀어 일컫는 말이다.

(Sunnah), 즉 그의 말과 행동이 무슬림 공동체 생활의 규범이 되었다.[6]

일생 동안 무함마드는 꾸르안에 계시된 가르침을 행동으로 재현하였다. 무함마드는 계시에 맞는 삶을 살면서 다양한 상황에 잘 들어맞도록 하나님이 계시한 법을 구체화하였다. 이슬람에서 종교를 벗어난 삶이란 없다. 무슬림은 예언자의 언행을 관찰하거나 기억하면서 이를 "전통(하디스 hadith)"[7]이라는 틀을 통해 말과 기록으로 전하였다.

하디스는 지극히 개인적인 것 뿐 아니라 공적이며, 사회적이고, 정치적인 면 등에 이르기까지 무함마드의 삶 전부를 다룬다. 예를 들면, 무슬림은 예배를 하거나 메카 순례를 할 때 일체의 가감 없이 예언자가 예배했던 그대로 따르려고 노력한다. 무슬림이 무함마드를 숭배한다는 뜻이 아니다. 더 정확히 말하면, 예언자 전통은 개인위생, 옷차림, 식생활, 부부생활, 외교, 전쟁에 관련된 가르침을 준다. 무함마드가 전시와 평시에 한 행동, 가족과 친구와 적을 대한 법, 좋은 시기와 나쁜 시기에 내린 판단, 포위당하거나 승리하였을 때 한 결정 등을 세세하게 기록한 하디스를 참고하면서 무슬림은 하나님의 말씀을 따르는 데 필요한 것이 무엇인지 다시금 생각하고, 이를 위해 마음을 굳게 다진다.

---

6 순나를 영어로 표기할 때 소문자 sunnah는 일반명사로 전통이지만, 대문자 Sunnah 는 무함마드가 남긴 전통을 뜻한다.

7 하디스는 말(言)과 새롭다(新)는 두 가지 뜻을 지닌 아랍어 명사다. 이슬람 전통에서 하디스는 예언자의 말을, 순나는 예언자의 말과 행동을 뜻하였는데, 시간이 흐르면서 둘 다 모두 예언자의 말과 행동을 지칭하게 되었다. 엄밀히 구분하자면, 순나는 하디스에 있는 이슬람법(法)이나 가치를 나타내지만, 하디스가 반드시 이러한 이슬람법이나 가치를 내포하지는 않는다. 보다 자세한 논의는 『법으로 보는 이슬람과 중동』(모시는 사람들, 2016) 내 박현도의 「예언자를 따라서: 이슬람법원(法源) 하디스 (Hadith)」를 보라.

010 | 무함마드는 성경에 등장하는 예언자와 같은가?

이슬람 세계에서 예언의 개념은 유대교나 그리스도교보다 더 넓다. 무슬림은 '예언자(prophets)'와 '사도(messengers)'를 구분한다.[8] 사도는 하나님이 책으로 된 말씀을 공동체에 주기 위해 보낸 사람이다. 예언자와 달리 하나님의 사도는 하나님이 성공을 보증한다. 사도는 모두 예언자이지만, 예언자 모두가 사도는 아니다. 예언자는 구체적인 말씀을 특정한 공동체 사람들에게 전한다. 예언자라는 말은 아브라함, 노아, 요셉, 세례자 요한과 함께 후드(Hud), 살리흐(Salih)처럼 신구약성서에 나오지 않는 사람들에게도 적용된다. 반면 사도는 모든 민족에게 보편적인 말씀을 전한다. 사도라는 말은 예언자인 모세, 예수, 무함마드에게만 적용되는데, 이들이 받은 계시는 경전 형태로 보전되었다.

011 | 무함마드의 삶은 어떻게 널리 알려지게 되었는가?

무슬림은 무함마드가 하나님이 인류에게 주는 마지막 계시를 받은 예언자일 뿐 아니라 하나님의 계시에 따라 완벽한 삶을 산 인물이라고 믿는다. 그래서 무함마드를 종종 "살아 있는 꾸르안"이라고 부른다. 과거나 현재나 할 것 없이 무함마드는 무슬림 모두가 본받고 따라야 할 이상적인 모범이다. 무함마드 생전에 사람들은 문제가 생기면 무함마드의 충고나 의견을 직접

---

8   예언자는 아랍어로 나비(nabi)인데, '경고하는 자'라는 뜻이다. 사도는 라술(rasul)이고, '하나님이 보낸 자'라는 뜻이다. 모든 라술은 신앙 공동체를 이끈다. 꾸르안에서 모세, 예수, 무함마드는 나비이면서 라술이다.

구할 수 있었다. 그러나 무함마드가 죽으면서 무슬림 공동체는 계시의 직접 통로를 잃어버렸다.

무함마드의 언행이 꾸르안이 지닌 의미를 그대로 보여준다고 믿었기에 초기 무슬림 공동체는 그의 언행을 가능한 많이 기억하려고 애썼다. 하디스(전통)로 알려진 예언자의 전례(典例, 순나)는 종교적 믿음과 의례, 식생활, 의복, 개인위생, 혼인, 부·부생활, 외교, 전쟁 등 무함마드 삶의 여러 면을 기록하였다. 이렇게 전시와 평시 행동, 가족, 친구, 적을 대한 법, 좋은 시기와 나쁜 시기에 내린 판단, 포위당하거나 승리하였을 때 한 결정 등을 세세하게 기록한 것을 보면서 무슬림은 하나님의 말씀을 따르는 데 필요한 것이 무엇인지 다시금 생각하고, 이를 위해 마음을 굳게 다진다. 예언자만이 할 수 있는 행위를 제외하고 그 외의 것은 그대로 따른다.

하디스는 수세기에 걸쳐 수집되었다. 몇몇 하디스가 똑같은 상황을 다루는 경우도 꽤 있다. 무함마드가 무슬림 공동체의 질문에 답할 때 사람들이 많이 있었기 때문이다. 하디스 모음집이 여럿 있지만, 순니파 무슬림은 무슬림 이븐 알핫자즈(Muslim Ibn al-Hajjaj)와 이스마일 알부카리(Isma'il al-Bukhari)의 하디스 모음집을 특별히 권위 있는 것으로 간주한다.

예언자 하디스가 급증하기 시작하자 일찍부터 하디스의 진위(眞僞)와 관련하여 의문이 생겼다. 그 결과 참 하디스와 거짓 하디스를 판단·판별할 수 있는 하디스 비평학이 발전하였다. 전승자 명단을 확인하고 검토하는 것은 하디스의 진위를 판명하는 데 가장 중요한 방법이었다. 하디스 대부분은 누가 누구에게서 들어 누군가에게 전한다는 형식으로 시작한다.[9] 이

---

9 하디스는 전승자 명단(이스나드)과 본문(마튼)으로 구성되어 있다. 전승자 명단은 예언자 관련 정보를 전달한 사람들의 명단이고, 본문은 예언자가 한 말이나 행동을 적은 것이다. 하디스의 전형적인 형식은 다음과 같다. 압둘라 이븐 유수프가 우리들에

스나드(isnad)라고 부르는 전승자 명단은 궁극적으로 무함마드에게까지 거슬러 올라가거나, 무함마드가 어떤 말이나 행동을 했다고 전한 무함마드의 교우에게까지 연결된다. 여러 전승자들의 정직성은 물론 전승자가 자신에게 하디스를 전해준 사람들을 정말 알고 있었는지 확인하는 데 많은 노력을 기울였다. 전승자 명단에 문제가 없다고 판명될 경우 하디스는 진실한 것으로 간주되었다.

두 번째 하디스 비평법은 단순히 전승자가 아니라 하디스 본문 자체에 초점을 맞추는 것이다. 마튼(matn), 즉 본문 내용을 점검하는 사람들은 해당 하디스가 꾸르안 및 비슷한 주제를 다루는 다른 하디스와 일치하는지 확인하고자 노력하였다. 두 하디스가 서로 내용이 상충할 경우 무슬림 학자들은 전승자가 누군지와는 관계없이 꾸르안을 최후의 기준으로 삼아 내용의 진위를 가린다.

오늘날 비무슬림 학자와 무슬림 학자 일부가 하디스의 진실성에 의문을 제기하고 있지만 무슬림 대다수는 하디스를 여전히 경전으로 간주하고, 특정 주제에 관해 하나님이 내린 명령의 증거로 인용한다. 이와 더불어 무함마드에게서 직접적으로 나왔든 그렇지 않든 간에 하디스는 중요하다. 왜냐하면 하디스는 종교사와 사회사를 풍요롭게 하고, 무슬림 공동체가 이슬람의 예언자를 과거부터 지금까지 어떻게 생각해왔는지 보여주며, 이슬람 초기에 있었던 문제와 논쟁거리가 무엇인지 살펴볼 수 있는 통찰력을 주기 때문이다.

말하길, 말리크가 사프완 이븐 술라임에게 들어 전하였고, 이븐 술라임은 아따 이븐 야사르에게서, 아따 이븐 야사르는 아부 사이드 알쿠드리에게서, 아부 사이드 알쿠드리는 하나님의 사도에게서 들었다. 하나님의 사도는-하나님의 평화가 그분께 깃들길-말씀하셨다. "금요일 목욕은 사춘기를 지난 모든 남성 무슬림에게 의무다."

012 | 무슬림은 왜 무함마드의 형상화를 반대하는가?

유대교, 그리스도교와 마찬가지로 이슬람도 우상숭배를 엄중히 금한다. 유일하고 참된 하나님 외에 어떤 것, 이를테면 다른 신, 사람, 종교적 이미지 등을 숭배하는 것은 대죄다. 꾸르안과 하디스는 무함마드를 묘사하는 것을 명백하게 금지하지는 않는다. 그러나 하디스는 살아 있는 존재의 형상화를 금지한다. 그 결과 오늘날 많은 무슬림은 예언자 무함마드나 모세, 예수 같은 예언자들의 모습을 긍정적으로든 부정적으로든 간에 그려서는 안 된다고 주장한다.

역사 속에서 무슬림은 형상화 금지를 여러 방식으로 논하였다. 전문용어로 반우상주의(aniconism)라고 하는 형상의 부재(不在)는 이슬람 종교예술의 특징이 되었는데, 이는 모스크와 필사본을 아랍어 서예, 타일, 기하학 문양이나 식물, 꽃 모양으로 아름답게 장식하는 데에서 볼 수 있다.

무함마드의 천상여행(Isra and Mi'raj, 13세기 니자미 간자비의 캄사 중에서). 천사의 안내로 천상여행을 하는 모습을 그린 것으로, 무함마드의 얼굴은 표현하지 않았다.

그러나 시대와 지역에 따라 편차가 있다. 특히 터키에서 인도에 이르는 지역에 사는 무슬림은 예언자의 삶과 행위에 관한 이야기에 삽입하기 위하여 예언자의 이미지를 만들기도 하였다. 몇몇 작품의 경우 베일을 쓰고 있지만, 일부 작품은 무함마드의 모습을 그대로 드러내기도 한다. 이 모든 그림은 이야기의 삽화로 쓰였을 뿐, 결코 숭배를 위한 것은 아니다. 우상숭배를 두려워하는 마음이 너무 커서 오늘날 많은 무슬림이 이미지 제작을 금하고 있다.

이러한 믿음이 극단적으로 표현되기도 한다. 2001년 아프가니스탄의 탈레반은 약 2천 년 전에 제작된 바미얀(Bamyan)의 고대 불상을 비이슬람적이고 우상숭배라고 여겨 다이너마이트로 폭파하였다. 여러 저명한 무슬림을 비롯하여 국제사회는 이러한 파괴행위를 한목소리로 비난하였다.

013 | 무함마드에게는 아내가 여러 명 있었는가?

무함마드의 인생 전성기에 아내는 카디자(Khadijah) 한 명뿐이었다. 24년을 함께한 카디자는 무함마드가 49세일 때 세상을 떠났다. 무함마드와 카디자 두 사람의 관계에 관한 기록은 많다. 카디자는 가장 가까운 동료이자 조력자이자 열렬한 지지자였다. 둘은 슬하에 2남 4녀를 두었는데, 아들 둘은 유아 때 죽었다.

카디자가 죽은 후, 무함마드는 다른 여인들과 부부의 연을 맺었는데, 한 명을 제외하고는 모두 과부였다. 아랍 부족장들이 그러하였듯, 이러한 혼인 중 몇 건은 정치적 연대를 강화하기 위한 정략결혼이었다. 동료들이 전사한 후 그들의 배우자를 보호하기 위하여 부부의 연을 맺기도 하였다. 신부의 처녀성을 중시하는 사회에서 과부의 재혼은 어려웠다. 그러나 무함마드의 결혼에 정치적·사회적 동기가 있다고 하더라고, 그가 여성들에게 끌렸고, 배우자이자 벗으로 함께 있는 것을 즐겼다는 사실을 도외시해서는 안 된다.

계시와 예언자 전승에 드러난 무함마드의 삶은 이슬람의 혼인관과 성 관념을 반영한다. 이슬람은 가족의 중요성을 강조하고 성을 혼인관계 안에서만 누릴 수 있는 신의 선물이라고 본다.

014 | 전 세계적인 무슬림 공동체(움마)에 대한 무슬림의 믿음은 무엇인가?

무슬림은 자신이 전 세계적인 무슬림 공동체인 움마(Ummah)의 일원이라고 믿는다. 움마는 부족적·종족적·국가적 정체성을 뛰어넘어 종교적 유대관계로 묶인 공동체다. 이러한 믿음은 꾸르안 2장 143절에 근거를 두고 있다. 이에 따르면 하나님이 만민을 인도한다는 증거로 무슬림 움마를 창조하였다고 한다.

한 개인의 정체성을 규정할 때 부족에 대한 충성심을 가장 중요한 요소로 간주하는 시간과 공간에서 이슬람이 계시되었다. 어느 부족에 속해 있는가에 따라 개인의 지위가 결정되었다. 이슬람은 믿는 사람들이 모두 절대적으로 평등하다고 선언하였다. 무슬림에게는 어느 부족이나 어느 민족의 일원인지, 어떤 성별인지보다 무슬림이라는 정체성이 가장 중요하다.

이러한 급진적 평등주의로 말미암아 기존에 중요하게 여겼던 부족 정체성이 뿌리째 흔들렸고, 무슬림은 언제나 서로 같은 편이 되어 다른 무슬림을 보호해야 한다는 믿음이 굳건해졌다. 꾸르안 9장 71절은 이렇게 말한다.

믿는 남녀는 서로 동지다. 올바른 일을 행하되 그른 일을 금하고, 예배와 희사를 행하며 하나님과 그분의 사도에 복종한다. 하나님은 그들에게 자비를 베푸시니, 하나님은 무한한 권능을 지니시고 지혜로우시다.

지리적·문화적 다양성에도 불구하고 움마는 종종 모든 무슬림이 본질적으로 하나라고 언급할 때 사용된다. 예언자 전승(하디스)은 움마를 가리켜 소속원들이 서로 믿음을 공유하면서 다른 공동체와 구별되고, 서로 단합하며, 어떤 특정한 땅을 차지하지는 않는 영적인 무슬림 공동체라고 말한다. 움마는 유럽 식민주의와 민족주의가 발흥하던 19세기에 특별히 중요한 개념이 되었다.

이슬람 저항운동가들은 유럽의 침략에 맞서 이슬람 세계 전역에서 움마를 수호해야 한다고 주창하였다. 오스만 제국은 이슬람 연대의식을 다시 불러일으키고자 움마의 단합을 호소하였다. 민족주의자들은 민족에 대한 충성심을 바탕으로 국가단합을 시도하였지만, 움마라는 개념의 권위에 저항하기는커녕, 정치적 단합을 위하여 오히려 이를 이용하였다. 1960년대 이래 민족주의자들은 국가와 종교의 분리를 주장하였지만, 이슬람주의자들은 종족·언어·지역적 정체성 대신 움마 소속원이라는 개념을 모든 무슬림의 기본적인 정체성으로 여겨 계속 지지하고 있다. 공공생활의 영역이 세속화되고, 현대 사회가 국가의 정치적 정체성을 강조하고 있음에도 불구하고, 현대 무슬림은 여전히 움마를 사회적 정체성으로 받아들인다.

무슬림은 서로를 보호하고 다른 어떤 정체성보다 무슬림이라는 정체성을 더 중요하게 여기라는 가르침을 받았다. 전 세계 무슬림에 관심을 기울이는 것도 자신들이 무슬림 움마의 소속원이기 때문이라고 한다. 전 세계 무슬림 공동체가 관심을 기울인 사건으로는 1979년부터 1989년까지 소련의 점령에 저항한 아프가니스탄 전쟁, 1994년 보스니아 무슬림 인종 청소, 1997년 코소보 알바니아 무슬림 인종 청소, 현재도 계속되고 있는 팔레스타인 사람들의 고통, 이라크·카슈미르·체첸에서 일어나고 있는 갈등과 점령 등이 있다. 무슬림은 또한 터키와 파키스탄, 아프가니스탄 등 무슬림 세계에서 일어나는 지진이나 홍수 같은 자연재해 때문에 피해를 입은 사람들을 돕기 위한 기금 모금에도 적극적이다.

015 | 모든 무슬림을 하나로 묶는 핵심적인 믿음과 실천 사항은 무엇인가?

대단히 다양한 이슬람 해석과 경험이 있지만, 그중에도 핵심 믿음과 준수 사항이 있다. 다섯 개의 핵심 믿음은 하나님의 유일성(tawhid, 타우히드), 예언자, 경전, 천사, 최후의 심판이다.[10] 꾸르안이 모든 무슬림에게 받아들여 따르라고 명한 다섯 가지 행위가 이를 보완한다. '이슬람의 기둥'이라고 하는 이 다섯 가지 행위는 모든 무슬림을 하나로 묶는 핵심 공통 사항으로 이슬람을 다른 종교와 구별한다. 이슬람의 기둥을 준수하기 위해서는 마음, 감정, 몸, 시간, 에너지, 소유물을 온전히 바쳐야 한다. 이들 기둥이 요구하는 의무를 충족하면 삶 속에서 하나님의 현존을 강하게 느끼고 전 세계적으로 단일한 신자 공동체에 속함을 깨닫게 된다.

---

10 저자는 순니 이슬람의 여섯 가지 믿음에서 마지막 정명(定命)을 제외하고 다섯 가지만 언급하고 있다. 정명은 시아 이슬람에서는 받아들이지 않는다. 우리 인간의 삶의 방향이 이미 모두 정해져 있다는 뜻이다. 하나님이 전지전능하기에 세상 모든 것을 다 꿰뚫고 있다는 믿음에 바탕을 둔다. 그런데 이 경우 인간이 악행을 저지를 때 책임 문제가 생긴다. 하나님이 모든 것을 다 정해놓았다면 인간에게 악행의 책임을 돌리는 것은 부당하기 때문이다. 그래서 시아파는 정명을 거부하고 하나님의 정의(正義)를 내세운다.

1) 이슬람의 첫 번째 기둥은 신앙선언이다.

무슬림은 '증거하는 사람'으로, "하나님(알라) 외에 신은 없고 무함마드는 하나님의 사도이다"라고 증언한다. 이러한 선언을 샤하다(shahada, 증언)라고 한다. 야훼가 구약성서에서 유일신을 가리키는 히브리어인 것처럼, 알라는 아랍어로 하나님을 뜻한다. 무슬림이 되려면 이처럼 단순하게 선언하기만 하면 된다.

선언의 첫 번째 부분은 이슬람의 절대적인 유일신관을 확언한다. 하나님의 유일성 내지 단일성이라는 타협할 수 없는 믿음과 함께 하나님에게 무엇인가를 연관시키는 것은 우상숭배요, 용서받을 수 없는 죄라는 교리다. 꾸르안 4장 48절에서 볼 수 있듯, "진정 하나님께서는 무엇인가를 당신과 연관시키는 것을 용서하지 않으신다. 그러나 그 외에는 그분 뜻대로 용서하신다. 하나님께 무엇인가를 갖다붙이는 자는 대죄를 지은 것이다." 이 대목에서 우리는 그리스도교의 삼위일체나 가톨릭교회의 동정녀 마리아 공경이 '곧은 길'에서 벗어난 믿음이라고 하면서 이슬람의 계시가 이를 바로 잡기 위해 내렸다는 이슬람의 신앙을 이해할 수 있다.

신앙선언의 두 번째 부분은 무함마드가 예언자일 뿐 아니라 무함마드 이전에 모세와 예수가 행한 더 고귀한 역할, 즉 하나님의 사도라고 주장한다. 무슬림에게 무함마드는 최후이자 최종 계시의 통로다. 무함마드를 '예언자의 봉인'으로 받아들임으로써 무슬림은 무함마드가 받은 계시가 아담으로부터 시작한 모든 계시를 확증하고 완성한다고 믿는다. 아울러 예수 그리스도처럼 무함마드는 삶의 훌륭한 모범이다. 무함마드가 한 대로 따라하려고 노력하는 신자들의 모습에서 이슬람이 실천과 행위를 강조한다는 것을 알 수 있다. 이 점에서 이슬람은 교리나 신조를 더 중시하는 그리스도교보다는 법을 중시하는 유대교에 더 가깝다. 이와 같은 이슬람의 실천 지향성은 나머지 네 가지 기둥에서도 잘 드러난다.

2) 두 번째 기둥은 예배(salat, 살라트)다.

무슬림은 새벽, 정오, 오후 중반, 일몰, 저녁 등 하루에 다섯 번 기도, 아니 더 정확하게 말하자면 예배를 한다. 예배 시간과 의례는 꾸르안에 구체적으로 규정되어 있지는 않지만 무함마드가 제정하였다. 여러 무슬림 국가에서는 아잔(adhan)이라고 하는 예배알림 소리가 울려 퍼진다. 무에진(muezzin), 즉 예배 알리는 사람이 모스크 첨탑에서 확성기로 외친다.

하나님은 가장 위대하시다.(알라후 아크바르) 하나님은 가장 위대하시다. 하나님은 가장 위대하시다. 하나님은 가장 위대하시다. 나는 하나님(알라) 외에는 신이 없다고 증언한다. 나는 하나님 외에는 신이 없다고 증언한다. 나는 무함마드가 하나님의 사도임을 증언한다. 나는 무함마드가 하나님의 사도임을 증언한다. 예배에 오라. 예배에 오라. 성공의 길로 오라. 성공의 길로 오라. 하나님은 가장 위대하시다. 하나님은 가장 위대하시다. 하나님 외에 신은 없다.

믿는 사람들은 일과 가족을 걱정하는 일상 속에서 하루 종일 이러한 예배알림을 들으며 하나님을 기억한다. 양심을 키우고, 하나님에게 온전히 의지하며, 일상의 근심을 죽음, 최후의 심판, 사후세계의 관점에서 바라본다.

예배는 아랍어 꾸르안 낭송과 하나님 찬양으로 구성되어 있다. 서기, 절하기, 무릎 꿇기, 앞이마를 바닥에 대기, 앉기 등 일련의 예배동작이 따른다. 낭송과 예배 동작으로 신에게 복종하고, 신 앞에서 겸손하며, 신을 존숭한다는 것을 표현한다. 무슬림은 모스크나, 집에서나, 직장에서나, 길에

무슬림이 예배하는 모습. 좌우의 천사들에게 인사하는 순서도 있다.

서나, 실내에서나, 실외에서나 할 것 없이 깨끗한 곳이면 어디든 홀로, 또는 함께 예배를 한다. 가능한 한 혼자보다는 다른 사람과 같이 예배를 하는 것이 더 낫고 좋다고 하는데, 함께 하나가 되어 하나님을 숭배하면 질서, 형제애, 평등, 연대의식을 표현할 수 있기 때문이다.

무슬림은 카바가 있는 성스러운 도시 메카를 향해 예배를 한다.(51쪽 '카바는 무엇인가'를 보라.) 예배 동작은 "하나님은 가장 위대하시다(알라후 아크바르)"라는 선언으로 시작하여 꾸르안 개경장이 포함된 기도문을 낭송한다. 예배 말미에는 샤하다(신앙선언)를 다시 낭송하고 "여러분 모두에게 평화와 하나님의 자비와 축복이 깃들길"이라고 말하는 평화의 인사를 두 번 반복한다.

3) 세 번째 기둥은 자카트(zakat)로, 정결(淨潔)을 뜻한다.

개인적 책임이자 공동체의 책임이기도 한 예배처럼 자카트도 가난한 자를 도우면서 하나님을 존숭하고 하나님에게 감사를 표하는 것이다. 해마다 개인의 연소득이 아니라 총재산의 2.5%를 희사한다.[11] 이슬람에서 재물의 진정한 소유주는 인간이 아니라 하나님이다. 사람들은 하나님으로부터 재산을 신탁 형태로 받았을 뿐이다. 따라서 자카트는 자선이 아니라 의무다. 하나님으로부터 재산을 받은 이들이 행운이 덜 따른 공동체 구성원들의 필요에 응답하는 것은 의무다.

꾸르안 9장 60절과 이슬람법은 자카트를 가난한 자, 고아, 과부를 돕고 노예를 해방하고, 채무자를 빚에서 해방시키며, 모스크 건축, 종교학교, 병원 등 '하나님을 위한 일'에 애쓰는 사람을 지원하는 데 써야 한다고 규정하고 있다. 1천 4백여 년 전에 발전한 자카트는 무슬림 사회에서 사회안전망으로 작동한다. 시아 이슬람에서는 자카트가 2.5%로 한정되지 않을 뿐 아니라, 자카트 외에도 소득에 붙는 종교세 쿰스(khums)[12]를 신자들이 종교지도자에게 내는데, 이는 가난하고 어려운 자들을 위해 사용한다.

4) 네 번째 기둥은 라마단(Ramadan) 단식이다.

라마단 단식은 이슬람력 9월이자 꾸르안이 무함마드에게 처음으로 계시된 라마단 달에 해마다 행한다. 한 달 동안 모든 무슬림은 건강이 허락하

---

11 최저 기준을 넘는 금액에서 자카트를 기부한다. 최저 기준은 학자마다 의견이 다르다. 현대 세계에서 최저 기준을 넘는 재산을 가진 경우, 생활경비 등을 제외하고 순수 수입액의 2.5%를 희사한다.

12 쿰스는 5분의 1을 의미한다. 즉 오일조(五一租)다. 시아파 무슬림은 순수익의 20%를 시아 공동체를 위해 희사한다.

는 한 동틀 때부터 해가 질 때까지 음식과 음료수를 마시지 않고 성행위를 하지 않는다. 단식은 때로는 참회를 위해, 때로는 과도한 육체적 탐욕에서 벗어나기 위해 여러 종교에서 공통적으로 하는 행위다. 이슬람에서는 라마단 단식이 인간의 나약함을 생각하고, 신을 의지하고 따르도록 돕고, 영적인 목표와 가치에 집중하며, 불행한 사람들과 일체감을 갖고 응대하도록 무슬림을 이끈다고 말한다.

땅거미가 져서 단식이 끝나면 음식을 먹는다. 가족, 친구들과 함께 늦은 저녁을 함께하는데, 종종 이 시기에만 나오는 특별 음식이나 단 음식을 먹기도 한다. 저녁 예배를 하러 모스크에 가서 라마단 단식 기간에만 하는 특별 기도를 한다. 경건한 행위의 일환으로 꾸르안 전체를 서른 부분으로 나누어 매일 밤 30분의 1씩 낭송하여 라마단 한 달 동안 통독한다. 공공장소에서는 밤새 꾸르안 낭송 소리나 수피들의 찬양 소리가 들린다. 가족들은 해뜨기 전[13]에 일어나 아침 첫 식사를 한다. 해질 때까지 음식을 먹어서는 안 된다.

라마단 단식 끝 무렵인 27일에 무함마드가 하나님의 계시를 처음 받은 날인 '권능의 밤'을 기린다. 라마단 달은 이슬람에서 중요한 두 명절 중 하나인 이드 알피뜨르(Id al-Fitr, 파단식절, 破斷食節)가 시작되면서 끝난다. 기쁨이 가득한 이날은 특별한 축하의식을 하며 선물을 주고받는다는 점에서 크리스마스와 유사하다.

5) 다섯 번째 기둥은 사우디아라비아에 있는 메카로 가는 순례, 즉 핫즈(hajj)다.

경제적으로나 신체적으로 문제가 없는 성인 무슬림이라면 시간, 돈, 지

---

13 일출이 아니라 여명이 비치는 시간을 말한다.

위, 일상의 안락을 희생하고 평생에 한 번 순례를 떠나 온전히 하나님을 섬기는 순례자가 되어야 한다. 순례 기간은 라마단 단식이 끝난 후에 온다. 전 세계 다양한 문화와 언어권에서 매년 2백만 명 이상의 신자가 성스러운 도시 메카에 모여 살아 숨 쉬는 단일한 신앙 공동체를 이룬다. 핫즈 외에도 소순례(小巡禮)라고 하는 신앙의례가 있다. 우므라(umrah)라고 하는데, 성지를 순례한다. 핫즈 전이나 핫즈 기간 동안, 또는 핫즈 이후에 우므라를 행한다. 그러나 우므라로 핫즈 의무를 수행할 수는 없다.

016 | 무슬림은 메카 순례에서 무엇을 하는가?

순례자는 소박하게 옷을 입는다. 남자는 재봉선이 없는 흰옷 두 조각을 입고, 여성은 얼굴과 손을 제외하고 몸 전체를 감싸는 옷을 입는다. 이러한 옷은 믿는 이들의 통일성과 평등뿐 아니라 순결을 상징한다. 남녀는 함께 예배를 드린다. 남녀를 분리하지 않는다는 말이다.

메카에 다가가면서 순례자는 "오, 주여, 제가 여기 왔습니다! 오, 주여, 제가 여기 왔습니다!"라고 외친다. 메카에 들어가면 먼저 대(大)모스크 구역에 있는 카바에 간다.(다음 항의 질문을 참조하라.) 순례자는 카바 주위를 시계 반대방향으로 일곱 번 돈다. 예배와 마찬가지로 카바 주변돌기는 믿는 이들이 신성이 현존하는 곳에 들어왔음을 상징한다.

다음날 순례자는 주요 종교 행위를 뜻하는 여러 의례에 참여한다. 하갈이 아들 이스마일에게 줄 물을 찾아 사막을 미친 듯이 헤매고 다닌 것을 기념하여 약 400미터에 이르는 대모스크 회랑을 걷고 뛰면서 일곱 번 왕복한다. 하나님과 영적인 만남에 중점을 둔 카바 주변돌기와는 대조적으

카바 주위를 도는 순례객들

로 이 의례는 생존을 위한 끊임없는 투쟁을 표현하면서 삶 속에서 인간이 행하는 노력, 움직임, 분투를 상징한다.

순례자는 대모스크 내에 있는 잠잠(Zamzam, 보글보글 샘솟는 것을 뜻함) 이라고 부르는 샘에서 물을 마시는데, 무슬림은 이 샘에서 하나님이 하갈 과 이스마일에게 물을 주었다고 믿는다. 순례자는 너른 평원인 아라파트 (Arafat)에서 모여 하루 동안 무함마드의 마지막 순례를 기념한다. 무함마드 는 평원 가운데 자비의 산이라고 부르는 언덕에서 최후의 설교를 하였다. 아브라함이 하나님의 명령에 따라 아들 이스마일을 희생제물로 바치려고 준비하고 있을 때[14] 사탄이 나타나 하나님의 말을 듣지 말라고 아브라함과 이스마일을 유혹하였다고 한 곳에 기둥 세 개가 세워져 있는데, 순례자는

---

14 무슬림은 아브라함이 이사악이 아니라 이스마일을 희생제물로 하나님께 바치려하 였다고 믿는다.

이들 기둥에 돌을 던지면서 모든 악의 근원인 사탄을 거부하는 상징적인
의식을 행한다.

017 | 카바는 무엇인가?

카바는 무슬림 세계에서 가장 성스러운 공간으로 간주되는 곳으로, 전 세
계 수많은 무슬림이 매일 예배할 때마다 향하는 곳이다. 메카 대모스크 내
에 위치하고 있는 카바는 문자 그대로 큐브(cube), 즉 육면체 형태의 건축물
로, 하나님의 집이라고 알려져 있다. 카바에는 운석으로 알려진 성스러운
검은 돌이 있다.

무슬림의 믿음에 따르면, 아브라함과 이스마일이 카바 한쪽 구석에 안
치하였다고 하는 이 돌은 아브라함과 이스마일이, 더 나아가서는 무슬림
공동체가 하나님과 맺은 계약의 상징이다. 카바는 대략 높이가 13.7미터,
한 변이 10미터, 다른 한 변이 15.2미터 크기의 건축물로, 꾸르안 구절이 금
색으로 수놓아진 검은색 천으로 덮여 있다.

최초의 유일신 예배소로 간주되는 카바를 본디 아담이 지었고, 하늘 위
하나님의 집을 본떠 만들었다고 한다. 천상의 하나님 집에는 옥좌가 있어
천사들이 그 주위를 돌고 있는데, 이러한 천상 의례를 순례자가 핫즈 기간
동안 카바를 일곱 번 돌면서 재현한다. 하나님이 현존하는 곳으로 들어간
다는 것을 상징하는 것이다. 아담이 지은 카바가 믿는 이들의 부주의와 홍
수 때문에 파괴되어, 꾸르안 2장 127절에 나오듯 아브라함과 그의 아들 이
스마일이 재건하였다고 무슬림들은 믿는다. 그러나 무함마드 당시 카바는
메카의 꾸라이시(Qyaraysh)족이 관할하고 있었고, 이들은 이곳을 아라비아

검은 돌(The Black Stone of Ka'ba). 은으로 감싸여 있고, 순례객들이 만질 수도 있다.

의 부족신과 우상을 위한 사원으로 사용하였다. 꾸라이시족은 해마다 카바를 순례하고 시장을 열어 아라비아 전역에서 순례자들을 끌어 모았다.

무슬림 전승에 따르면, 망명을 떠났다가 의기양양하게 메카에 들어와서 무함마드가 한 최초의 일 중 하나가 카바에 있던 360개의 우상을 없애고 유일하고 진정한 하나님을 숭배하는 '아브라함의 종교'를 재건한 것이라고 한다.

018 | 메카는 왜 중요한가?

사우디아라비아의 메카는 예언자 무함마드의 출생지이고 이슬람 세계에서 가장 성스러운 곳이다. 여기에는 카바가 위치한 대모스크가 있다.(앞의 질문을 참조하라.) 수백만 명의 무슬림이 해마다 세계 곳곳에서 핫즈를 수행하기 위하여 이곳으로 몰려든다. 메카는 지상의 영적 중심지다. 메카의 카바 주변돌기 같은 숭배 행위가 천상 하나님의 옥좌에서도 그대로 이루어진다고 믿는 무슬림이 많다.(49쪽 '무슬림은 메카 순례에서 무엇을 하는가?'를 보라.) 메카는 메디나와 마찬가지로 비무슬림에게는 개방하지 않는다.

019 | 무슬림은 예배를 어떻게 하는가?

예배는 이슬람의 다섯 기둥 중 하나로 무슬림 삶의 중심이다. 다음은 주요한 점을 간추린 것이다.

새벽, 정오, 오후 중반, 일몰, 저녁, 이렇게 하루에 다섯 번씩 10억 명 이상의 무슬림이 이슬람의 성스러운 도시이자 무함마드의 출생지이며, 하나님의 집 카바가 있는 메카를 향하여 예배를 한다. 다섯 번의 의무적인 예배는 예배하는 이의 모국어와 무관하게 아랍어로 행한다. 예배의 각 부분은 일일 의례에 사용되는데, 명상, 헌신, 윤리적 고양, 신체 움직임이 어울려 있다. 예배는 개인적으로 할 수도 있고, 모두 모여 함께할 수도 있다.

무슬림이 예배 때 하는 행동과 말을 보면 궁극적으로 하나님에게 복종한다는 것이 잘 드러난다. 믿음과 실천이 하나가 되고, 유일신 신앙과 무함마드를 하나님의 사도로 믿는다는 것을 선언한 이슬람의 첫 번째 기둥을 행동으로 보여준다.

주님을 만나 소통하기 위한 준비로, 무슬림은 먼저 세정의식을 행하여 영적으로나 육체적으로 정결한 상태를 이룬다. 제일 먼저 마음을 깨끗하게 하여 세속적인 생각과 근심을 떨치고 하나님과 하나님의 축복만을 생각한다. 둘째, 손과 얼굴, 팔에서 팔꿈치, 발을 각각 씻고서는 "나는 하나님 외에 신이 없음을 증언합니다. 그분께는 배우자도 없습니다. 나는 무함마드가 그분의 종이요 사도임을 증언합니다"라고 말한다. 물이 없을 경우 모래를 사용하여 씻는 것에서 볼 수 있듯, 이러한 세정의식은 육체적인 것인 동시에 영적이다. 무슬림이 하나님의 현존에 다가서거나 현존 안에 있으려 하면 몸과 마음을 정결하게 해야 한다.

개인적으로, 또는 여러 사람과 함께 예배할 때 무슬림이 행하는 동작은 과거 위대한 왕이나 통치자를 알현할 때 손을 올려 인사하고, 고개 숙여 절하고, 부복(俯伏)하던 관습을 반영한다. 예배하는 사람은 먼저 손을 들고 하나님의 위대함(하나님은 가장 위대하시다)을 선언한다. 그리고는 손을 모아 배나 가슴에 대거나 옆구리에 붙이고 바로 서서 꾸르안의 핵심적인 가르침이라고 하는 개경장(꾸르안 제1장)을 낭송한다.

찬미 받으소서, 온 세상의 주님. 은혜로우시고 자비로우시며 심판일의 왕이시여. 저희들은 당신을 숭배하고 당신의 도움을 구하오니 저희들을 바른 길로 인도하소서. 당신의 분노를 일으키거나 헤매는 사람들의 길이 아닌 당신께서 은총을 내리신 이들의 길로.(꾸르안 1:2~6)

스스로가 선택한 또 다른 꾸르안 구절을 읽은 후에 무슬림은 허리를 굽혀 절을 하면서 "지극히 위대하신 하나님께 영광"이라고 세 번 외친다. 다시 바른 자세로 돌아와서는 "하나님께서는 찬미하는 자의 목소리를 들으신다"와 "우리의 주님, 모든 찬미를 받으소서"라고 말한다.

다음 단계에서는 부복한다. 완전히 온 몸을 엎드리지는 않는다. 궁극적인 복종을 표현하는 자세를 취한다. 부복하기 전에 먼저 "알라후 아크바르"를 반복한다. 그리고는 무릎을 꿇고 양손을 바닥에 대고 앞이마를 양손 사이 공간에 가져다댄다. 이렇게 절하는 자세에서 "지극히 높으신 주님께 영광!"이라고 세 번 반복한다. 그리고 일어서서 예배 전체 동작을 반복

모스크에서 두아를 드리는 모습

한다.[15] 예배 시 무릎을 꿇고 앉아 기도문을 낭송한다. 이때 이 기도문은 무슬림 신앙선언을 담고 있기에 '증언'이라고 부른다. 증언을 한 후에 하나님의 첫 예언자 아브라함[16]과 마지막 예언자 무함마드에게 하나님의 축복이 내리길 간구한다.

끝으로 예배는 평화(salam, 살람) 기도로 마친다. 예배자는 고개를 오른쪽과 왼쪽으로 돌려 "알라의 평화와 자비와 축복이 여러분과 함께"라고 말한다. 이러한 간구는 오른편과 왼편에 있는 동료 신도들을 향하지만, 예배하는 동안 어깨에 머물고 있는 수호천사에게 하는 것이라고 믿는 무슬림도 있다. 의무 예배를 마친 후 무슬림은 개인적으로 자신의 요구사항을 하나님에게 바라는 기도(dua, 두아)를 한다. 이렇게 개인적 필요나 문제해결

---

15 선 자세에서 무릎을 꿇고 앉았다가 절을 한 후 다시 선 자세로 돌아오는 일련의 예배 동작을 라크아라고 한다. 첫 예배부터 마지막 예배까지 모두 17번의 라크아를 행하는데 첫 예배부터 마지막 예배까지 순서대로 라크아 수는 두 번, 네 번, 네 번, 세 번, 네 번이다.

16 이 책의 저자인 에스포지토가 첫 예언자를 아브라함으로 보는 것과 달리 이슬람의 첫 예언자는 아담이다.

을 위한 기도 때 쓰라고 권장하는 아랍어 기도문이 있긴 하지만, 자신의 모국어로 자유롭게 기도할 수도 있다.

이슬람이 처음 중동에 등장하였을 때 비잔티움제국과 사산제국에서는 그리스도인이었던 비잔티움 황제나 조로아스터교인이었던 페르시아 샤(Shah, 황제)에게 부복하는 것이 관례였다. 이들 권력자가 왕이자 동시에 대사제였기 때문이다. 그러나 무슬림은 역사적으로 알라 외의 그 누구, 그 어떤 것 앞에서도 부복하는 것을 강력하게 거절하였다. 7세기 중반 중국 당나라 기록을 보면 아랍과 페르시아 사람들은 중국인들이 "천자(天子)"라고 믿는 황제에게도 부복하기를 거부하였다.

현대에도 부복의 예는 다른 종교에서도 찾아볼 수 있다. 오늘날까지 성공회와 가톨릭 사제들은 성금요일 전례 때 제대 앞에서 부복한다. 서품식에서 서품후보자들도 부복한다. 일부 가톨릭교회 수도회의 경우 수사들은 제대 성체 앞에서 무릎을 꿇는 대신 꼬박꼬박 부복하기도 한다.

020 | 무슬림은 천사를 믿는가?

유대인, 그리스도인과 마찬가지로 무슬림은 천사를 하나님의 창조물 중 하나로 믿는다. 천사는 하나님의 대리자로, 하나님을 섬기면서, 인간을 보호하고, 하나님의 말을 전하며, 여러 다른 직능을 수행한다. 예를 들어, 천사 가브리엘은 신의 계시를 무함마드에게 전하였고, 천사 미카엘은 인간의 육체가 필요로 하는 것을 제공하고, 인간의 마음에 지식을 주었다. 천사 이스라필(유대-그리스도교 전통의 라파엘)은 최후의 심판 때 트럼펫을 불 것이다.

이슬람 전통에 따르면, 천사는 빛으로 창조되었고, 인간과 달리 자유의

지가 없다. 하나님의 명령에 절대 복종하고, 하나님을 영원히 숭배하고 섬긴다. 많은 무슬림이 한 사람당 천사 둘이 붙어서 죽을 때까지 그 사람의 말과 행동을 기록한다고 믿는다. 이들 두 천사는 심판의 날에 그동안 기록한 것을 제출할 것이다.

021 | 무슬림은 최후의 심판일을 어떻게 생각하는가?

최후의 날, 또는 심판의 날은 꾸르안이 다루는 주요 주제 중 하나다. 세상과 모든 피조물의 멸망, 육신의 부활, 심판, 보상(천국)과 징벌(지옥)이 이날 이루어진다. 하나님만이 아는 시각에 심판의 날 내지 부활의 날이 오는데, 이때 우주적 대재앙이 발생하고, 죽은 이들이 모두 부활할 것이다.

심판의 날의 징조는 예언자 전승 여러 곳에서 예고하고 있다. 닷잘(al-Dajjal)이라고 하는 대사기꾼이 등장하여 세상을 타락시키고 악을 퍼뜨리며, 이슬람의 메시아인 마흐디(Mahdi)[17]가 되돌아오고, 예수가 재림한다. 마흐디가 오는 것에 대해서는 무슬림 사이에 이견이 있다. 부활의 날 이전에 와서 정의와 진리를 확립할 것이라고 믿는 사람이 있는가 하면, 꾸르안 43장 61절 "그리고 그/그것(예수)이 (심판의) 시각(도래)의 징조가 되리니. 따라서 (그 시각을) 의심하지 말고 나를 따르라. 이것이 바른길이다"라는 계시가 예수 부활을 가리킨다고 보는 꾸르안 주석가들을 인용하면서 예수 재

---

17 마흐디는 하나님이 바르게 인도한 자라는 뜻이다. 세상이 불의로 가득 찰 때 정의를 세우고자 하나님이 보낸다고 한다. 순니 이슬람은 마흐디가 누구인지 구체적으로 언급하지 않는데, 12이맘 시아 이슬람은 9세기에 사라졌지만 지금도 세상 어딘가에 살아 있는 12번째 이맘이 마흐디로 올 것이라고 믿는다.

림이 그러한 역할을 하는 것이라고 믿는 사람들도 있다.

후자는 예수가 위의 꾸르안 구절에 구체적으로 언급되어 있다고 하면서 이러한 해석의 신빙성을 높게 산다. 예수의 재림은 예언자 전승에 명확히 나온다. 예수는 닷잘을 죽이고 정의를 세우며 올곧고 정의로운 통치자로 40년간 세상을 다스릴 것이다. 심판의 날에 모든 죽은 이들의 육신과 영혼이 부활할 것이다. 하나님은 "마치 (무덤에) 단지 한 시간 정도 머문 것인 양"(꾸르안 10장 45절) 사람들을 한데 모으실 것이다. 몇몇 전승에 따르면 예언자 무함마드가 가장 먼저 부활하여 모임장소에 도착할 것이라고 한다.

022 | 무슬림은 천국과 지옥을 믿는가?

무슬림은 천국이나 지옥, 영원한 보상과 벌이 일생 동안 하나님의 뜻에 따라 다른 사람을 정의롭고 자비롭게 대했는지 여부에 달려 있다고 믿는다. 꾸르안은 자주 믿는 이들의 궁극적인 도덕적 책임과 의무를 강조한다.

하나님은 평생 동안 개인이 한 일을 적어놓은 행위록(行爲綠)을 가지고 그가 속한 공동체의 예언자와 경전이 제시한 기준에 따라 심판한다. "그때 선행의 저울이 무거운 자는 구원을 받을 것이나 저울이 가벼운 자는 영혼을 잃고 지옥에서 영원히 살리라."(꾸르안 23장 102-103절)

꾸르안의 사후세계는 영적이면서 육체적이다. 몸과 영혼이 결합하여 축복 넘치는 천상 정원의 기쁨과 지옥불의 고통을 온전히 경험할 것이다. 천국의 정원은 천상 평화와 축복의 저택으로, 강물이 흐르고, 아름다운 정원이 있고, 빛나는 샘에서 나오는 차가운 음료가 준비되어 있다. 꾸르안은 천상복락을 낙관적으로 묘사하고, 창조물의 아름다움을 강조하며, 하나님이 정해놓은 범위 안에서 쾌락을 향유할 수 있다고 역설한다.

> 믿고 의롭게 행동하는 이들은 최상의 피조물이다. 하나님께서는 그들에게 보상을 내리신다. 천국의 정원에는 강이 흐르고, 그들은 그곳에서 영원히 살리라. 하나님께서는 그들에게 만족하시고, 그들은 하나님께 만족하리니. 이는 하나님을 두려워하는 이들을 위함이라.(꾸르안 98장 7~8절)

후대 전승은 천국에서 누리는 기쁨과 후리(huri) 또는 아름다운 배우자의 역할을 상세히 설명하였다. "처녀"로 번역되곤 하는 후리가 성적인 역할을 한다고 꾸르안은 말하지 않는다. 다수의 꾸르안 주석가와 대다수 무슬림은 후리를 처녀라고 생각하지만, 이는 어디까지나 순수하거나 정화된 영혼을 가졌다는 의미다.

지옥은 집어삼킬 듯 타오르는 불길과 펄펄 끓는 뜨거운 물과 열풍이 멈추지 않는 무한한 고통, 고난, 학대, 절망의 장소다. 지옥에 처해진 자들이 받는 징벌은 정당한 것으로, 그들이 선택한 결과다.

> 진정 죄인들은 지옥에서 벌을 받으며 살리라. 벌은 경감되지 아니하여 그들은 절망에 휩싸이리라. 우리는 그들을 부당하게 대하는 것이 아니다. 그들에게 부당한 일을 한 이는 바로 그들 자신이니라.(꾸르안 43장 74~76절)

삶을 종합적이고 통합적으로 인식하는 꾸르안의 시각은 삶을 성(聖)과 속(俗)으로 나누어보는 경향을 띠는 그리스도교와 대조적이다. 좀 더 조용히 홀로 복락을 누리는 영적인 이미지가 강한 그리스도교의 천국과는 달리 꾸르안은 하나님의 영광을 직접 보는 즐거움과 과일을 맛보는 기쁨을 애써 따로 나누지 않는다.

현대에 들어 보수적이고 근본주의적 성향의 작가와 종교지도자들은 사후세계를 문자적으로 이해하려고 한다. 그러나 현대 무슬림 해석가 대다수는 사후세계를 구체적으로 세세하게 묘사하지 않으면서, 이승의 삶에서 도덕적 책임감과 의무가 중요하고 이승의 삶이 곧바로 영원한 보상과 징벌이라는 신의 정의와 연결되어 있다고 강조한다.

023 | 무슬림 여성은 내세에서 어떻게 되는가?

꾸르안은 사후 보상이나 징벌에서 성구별을 하지 않는다. 성별은 심판의 기준이 아니다. 믿음과 행위가 사후 인간이 처할 상태를 궁극적으로 결정한다.

남자든 여자든 누구라도 의로운 행위를 하고 믿음이 있으면 천국에 들어가 어떠한 불의도 겪지 않을 것이다.(꾸르안 4장 124절)

진정 하나님께서 보시기에 너희들 중 가장 고귀한 이는 하나님을 가장 깊게 생각하는 자이다.(꾸르안 49장 13절)

남녀 모두 순결한 배우자와 강이 흐르는 정원을 보상으로 갖게 될 것이다.(꾸르안 2장 25절, 3장 15절, 4장 57절을 보라.) 예를 들어 4장 57절은 이렇게 말한다.

그러나 믿음을 가지고 의로운 일을 하는 사람들을 그들의 영원한 집, 강이 흐르는 천국으로 들일 것이다. 그곳에서 순결한 배우자를 맞으리. 우리는 그들을 그늘로 들게 하리라.

위 세 구절은 모두 아즈와즈(azwaj, 배우자)라는 단어를 사용하는데, 남녀 신자 모두가 천국에서 순결한 배우자를 보상으로 맞이한다는 것을 뜻한다. 고전시대 꾸르안 주석서들은 후리를 천국의 배우자로 간주하였다. 그런데 꾸르안은 지상의 배우자를 구체적으로 언급한다. 믿는 자들이 의로운 부모, 배우자, 자녀와 다시 만날 수 있게 하리라고 약속한다.

의로운 부모, 배우자, 자녀와 함께 그들이 들어갈 영원한 행복의 정원은….
(꾸르안 13장 23절, 36장 56절, 43장 70절)

024 | 무슬림은 성인을 믿는가?

아랍어에서 성인은 '친구, 조력자(助力子), 후원자'라는 뜻을 지닌 단어 왈리(wali)에 해당한다. 꾸르안은 성인을 언급하지 않는다. 하나님 홀로 믿는 이들의 왈리요, 하나님 외에 조력자는 없다고 강조한다. 사실 꾸르안은 하나님 외에 그 누구에게서라도 도움을 구하는 '중재'를 경고한다. 따라서 일부 무슬림은 성인을 비(非)이슬람적인 개념이라고 반대하면서, 그러한 믿음과 행위가 성인을 마치 하나님과 같다고 볼 가능성이 있기에 유일신 신앙에 위배된다고 본다.

그러나 하나님의 허락을 받아 중재가 이루어질 수 있고, 다른 사람들을 위해서 하나님으로부터 중재할 수 있는 혜택을 받은 사람들이 있다고 믿는 무슬림도 있다. 어떤 성인들은 임신, 가정사 해결, 치병, 재난 방지 같은 특별한 목적을 위해 중재를 한다고 알려져 있다.

그리스도교와 이슬람의 성인 개념은 여러모로 서로 다르다. 이슬람의 성인은 가톨릭교회의 시성법과 달리 덜 공식적인 과정을 거친다. 대중적인 성인 대다수는 수피다.(수피는 이슬람의 신비주의자다. 100쪽, '수피는 누구인가'를 보라.) 수피 성인의 무덤은 종종 순례의 대상이고, 성인의 탄생이나 죽음을 기리는 축제와 행렬의 중심 장소다. 지혜로운 말, 덕성, 기적 덕에 사람들이 기리는 수피 성인들도 있다. 대중적이고 수피이면서 전설적인 성인들 중 상당수가 여성이다.

025 | 무슬림은 죄와 회개를 믿는가?

죄는 하나님의 뜻이나 명령을 거스르는 것으로, 인간에게 주어진 자유를 의도적으로 악용하는 행위다. 꾸르안은 두 가지의 죄, 곧 대죄와 소죄를 말한다.(꾸르안 4장 31절, 52장 31~32절) 가장 심각한 죄는 우상숭배로, 유일신을 다른 신들 또는 어떤 것과 관련짓는 것이다. 우상숭배(또는 시르크shirk)는 역사적으로 보면 역동적인 용어다. 현대 들어 이 말은 다양한 방식으로 적용되어 미신에서부터 탐욕, 개인적 힘 내지 정치권력에 이르기까지 하나님 위에 무엇인가를 두는 행위를 가리킨다. 이 외의 주요한 죄는 살인과 불법적인 성행위다.

꾸르안과 이슬람 전통에서 죄는 개인적인 죄와 집단적인 죄로 나뉘는데, 후자는 공동체나 국가의 행위를 의미한다. 꾸르안이 사회복지에 관심을 기울이기 때문에 오늘날 많은 무슬림 종교지도자와 학자들은 정치적·사회적 불의와 탄압을 저항해서 싸워 이겨야 할 대죄로 간주한다.

만일 죄가 하나님의 명령을 어기고 이슬람이라는 곧은 길에서 벗어난 것이라면, 회개는 죄나 잘못에 빠진 후 자비롭고 용서하는 하나님을 향해 가는 것, 즉 말 그대로 하나님에게 돌아가는 것(tawbah, 타우바)이다. 회개는 꾸르안에서 70번 이상 언급된 주요 주제이고, 9장의 제목이기도 하다.

이슬람에서 회개는 사적으로 도덕적으로 개개인이 뉘우치는 행위다. 그리스도교의 고백성사나 속죄의식처럼 공식적인 행위를 요구하지 않고, 따로 마련된 격식도 없다. 다른 사람의 권리를 해하는 죄를 지었을 경우에는 배상을 해야 한다. 다른 사람의 권리를 침해하지는 않았으나 하나님에게 죄를 진 경우에는 회개, 자책과 함께 앞으로 그러한 죄를 짓지 않겠다는 결심으로 충분하다. 오늘날에는 죄의 개념이 개인의 행동만이 아니라 단체나 공동체에도 적용됨에 따라 회개가 개인적인 것일 뿐 아니라 사회적인 측면도 가지므로, 정치적 탄압이나 사회적 불평등 같은 잘못은 공개적으로 인정해야만 한다.

026 | 무슬림은 성모 마리아와 예수를 믿는가?

예수의 어머니 마리아는 이슬람에서 유명한 인물이고, 꾸르안이 유일하게 이름으로 부르는 여성이다.[18] 꾸르안은 마리아를 네 명의 완벽한 여성 중 한 명으로 여긴다.(66장 12절) 꾸르안 19장은 전체가 마리아 이야기다. 꾸르

---

18   마리아 외의 여성은 '누구의 아내'로만 불린다. 예를 들어 아담의 아내 하와(4장 1절), 아브라함의 아내 사라(3장 40절)는 이름 없이 아내로만 언급한다. 꾸르안에서는 이들의 이름을 알 도리가 없다.

동정녀 마리아와 아기 예수(페르시아 회화).
이슬람에서는 마르얌(Maryam)과 이사(Isa)라
고 부른다. 마리아는 꾸르안에서 이름으로 불
리는 유일한 여성이다.

안은 신약성서보다 마리아를 더 자
주 언급하고, 그녀의 삶에 관한 정보
를 신약성서보다 더 많이 가지고 있
다.[19]

꾸르안의 마리아 이야기에는 그녀
의 어머니 안나의 임신, 마리아의 출생,
세례자 요한과 예수의 출생 예고, 마리
아의 동정녀 잉태와 예수 출생이 담겨
있다.

순결을 지킨 그녀를 (기억하라). 우리는
그녀에게 생명을 불어넣었고, 그녀와 그녀의 아들을 인류를 위한 징표로
삼았다.(21장 91절)

임신 소식이 알려지자 가족마저 그녀가 부정(不貞)하다고 꾸짖었음에도
불구하고 마리아가 하나님의 뜻에 온전히 순종하였기 때문에 존경받을
것이라고 꾸르안은 가르친다.(19장 16~21절) 꾸르안은 또한 예수가 갓난아이
때 마리아의 결백을 옹호하는 말을 하였다고 기록하고 있다.(19장 27~34절)

예수는 꾸르안에서 중요한 인물이다. 예수가 예언자라는 사실을 믿지
않는 사람은 무슬림일 수 없다. 그리스도인처럼 무슬림도 예수가 하나님의
영으로 처녀의 몸에 잉태되었다고 믿는다. 꾸르안은 또한 맹인이 앞을 보

---

19   꾸르안의 마리아 이야기 중 어린 시절 이야기는 150년경 시리아 지방에서 쓰여진 것
      으로 알려져 있는 야고보 원복음서(Protevangelium Jacobi)와 유사하다.

도록 만들고, 나병환자를 고치고, 죽은 자를 살리고, 진흙으로 만든 새에 생명을 불어넣는 등 예수가 행한 여러 기적을 기록하고 있다.(5장 110절) 진흙으로 새를 만들어 날게 한 이야기는 신약성서에서는 찾아볼 수 없고 정경(正經)으로 채택되지 않은 토마복음서에 나온다.[20] 꾸르안은 또한 예수가 하나님을 유일신으로 흠숭하여야 한다고 하면서 자신이 하나님을 증거하는 자라고 선언하였다고 한다.(5장 116~117절)

무슬림과 그리스도인의 예수관에는 두 가지 차이점이 있다. 첫째, 무슬림은 하나님의 영의 작용으로 예수가 동정녀 몸에서 태어났다고 믿지만, 예수를 하나님의 아들이라고는 받아들이지 않는다. 예수는 아주 긴 계보로 이어지는 의로운 예언자들 중 한 명이고, 무함마드 다음으로 중요하다고 믿는다.(꾸르안 6장 83~87절) 무슬림은 그리스도교의 삼위일체 교리가 다신교의 한 형태이고, 유일신 하나님보다는 세 신을 믿는 교리라고 생각한다.(꾸르안 4장 171절, 5장 17절, 5장 72~77절)[21]

---

20 정양모 신부는 이 책을 두고 "150년경에 시리아 지방의 어느 그리스도인이 예수를 사랑하고 존경한 나머지 공관복음서(마태, 마가, 누가, 요한복음)를 참고하고 거기에 상상의 날개를 펴서 예수 소년 시절을 소재로 해서 그리스어로 예수 공상소설을 썼다고 보면 무난하겠다"고 평가한다. 이 책 2장에 진흙으로 만든 새를 날리는 기적이 다음과 같이 적혀 있다. "아기 예수가 다섯 살 때 있었던 일이다. 안식일에 아기 예수가 냇가 얕은 여울에서 진흙을 개어 참새 열두 마리를 만들며 놀았다. 어느 유대인이 지나가다가 이를 목격하고 곧장 예수의 아버지 요셉에게 가서, 아기 예수가 참새를 열두 마리나 만들었으니 안식일법을 어겼다고 고자질했다. 이에 요셉이 와서 보고 예수를 꾸짖으니 예수는 가타부타 일절 대꾸하지 않고 손뼉을 딱딱 쳤다. 그러자 진흙으로 빚은 열두 마리 참새가 모두 날개를 쫙 펴고 짹짹거리면서 휠휠 날았다." (정양모 신부 역) 출처: "토마스의 예수 유년기", 「가톨릭신문」 2005년 9월 18일자.
21 꾸르안에는 삼위일체의 셋이 구체적으로 무엇인지 분명하게 드러나지 않는다. 하나님 외의 둘이 예수와 성령인지, 아니면 예수와 마리아인지 불분명하다. 꾸르안 5장 116절은 "오, 마리아의 아들 예수여! '나와 나의 어머니를 하나님과 함께 신으로 섬겨라'라고 사람들에게 말하였는가?"라고 한다.

둘째, 무슬림은 예수의 십자가형과 부활을 믿지 않는다.(꾸르안 4장 157~158절) 예수가 십자가형에 처해진 것처럼 보이나 엘리야에게 일어난 것처럼 하나님이 예수를 하나님 당신에게 끌어올렸다고 믿는다.(꾸르안 3장 55절, 4장 157~159절)[22] 무슬림은 그리스도교의 원죄론을 믿지 않는다.[23] 따라서 십자가 사건과 부활을 통한 예수의 구속적 희생이 신학적으로 필요하지 않다. 무슬림은 우리 각자가 하나님 앞에서 스스로 했던 행동을 책임지고 구원은 스스로가 감당해야 한다고 믿는다. 그러므로 우리는 죄에서 구원받고자 그 누구에게도 의지할 수 없다. 심지어는 예수나 무함마드도 도움이 되지 않는다.

027 | 무슬림에게도 유대인과 그리스도인처럼 안식일이 있는가?

금요일은 무슬림 합동예배일이다. 전통적으로 이날을 휴일로 간주하지 않았지만, 오늘날 몇몇 무슬림 국가에서는 일요일 휴일은 식민주의자들이 정해놓았기에 종종 서구 그리스도교의 유산으로 간주하여, 일요일 대신 금요일을 휴일로 삼았다.

무슬림과 서구 국가에서는 모두 합동예배(jum'a, 줌아)가 금요일 정오에 모스크에서 열린다. 미국 내 많은 무슬림이 점심시간을 이용하거나 (출근을 일찍 하거나 늦게까지 남아 일하는 등) 근무 일정을 조정하여 금요예배에 참석한다.(다음 질문을 보라.) 그렇게 하지 못하는 사람들은 합동예배, 종교교

---

22 십자가형 부정은 영지주의나 가현설(假現說, Docetism)과 유사하다.
23 하나님이 아담과 하와의 죄를 용서하였다는 것이 무슬림의 믿음이다. 원죄론이 성립될 여지가 없다.

육, 친교를 위해 일요일에 모스크나 이슬람센터(Islamic center)에 간다.

028 | 무슬림은 주례 예배를 하는가?

무슬림은 금요일 정오에 합동예배를 하기 위해 모스크에 모인다. 다양한
연령대의 여러 인종, 사회계층에 속하는 무슬림이 함께 성스러운 도시 메
카 방향(qibla, 끼블라)을 가리키는 벽감(壁龕, mihrab, 미흐랍)을 향해 여러 줄
로 선다. 남녀가 별도의 장소에서 예배를 하는데, 절하는 것이 예배의 일부
분이기에 단정함을 지키기 위하여 여자는 남자 뒤에서 예배를 한다. 전통
적으로 금요 합동예배 참여는 남성만의 의무였다. 그러나 오늘날에는 갈
수록 많은 여성이 예배에 참여한다. 이맘(Imam, 예배 인도자)이 맨 앞에 서
서 금요예배를 이끈다.

금요예배의 특징은 무함마드가 공동체 사람들에게 설교할 때 사용한

미흐랍과 민바르(이집트 술탄 하산 모스크)

연단을 본떠 만든 목제 설교대(minbar, 민바르)에서 하는 설교(khutba, 쿠트바)다. 설교자는 꾸르안 구절을 읽은 후 공동체 관련 일이나 문제를 언급하면서 짧은 연설을 하는데, 종종 사회적 또는 정치적 문제를 꾸르안 구절 해설과 연결하여 종교적 조언을 한다. 대개 모스크에 속한 이맘이 설교를 하지만, 예배에 참여한 사람이라면 누구라도 할 수 있다.

029 | 무슬림에게 종교 명절이 있는가?

무슬림이 쇠는 종교 명절은 두 개다. 첫 번째는 이드 알피뜨르(Id al-Fitr)[24]다. 라마단 단식 종료를 기념하는 행사로 3일간 지낸다. 두 번째는 더 큰 명절로 이드 알피뜨르를 지내고 두 달 반 정도 후에 4일 동안 쇠는 이드 알아드하(Id al-Adha)[25]다. 희생제로 연례 메카 순례의 대미를 장식하는 명절이다. 이 두 명절을 쇠는 것은 사회적 행사이자 종교적 의무이다.

　미국에서 무슬림이 사는 곳이라면 어디든지 이들 명절 예배가 행해지고, 명절을 기념하는 모임도 흔하게 볼 수 있다. 2001년 미국 우정청은 이드 알피뜨르 기념우표를 발행하였다. 많은 무슬림 아이들은 이들 명절을

24　로마 교황청에서는 매년 라마단과 단식 종료일을 축하하는 메시지를 보낸다. 한국 가톨릭교회에서는 이드 알피뜨르를 파재절(破齋節)로 번역하고 있다. 중국 무슬림들은 이를 카이자이지에(開齋節, Kaizai jie)라고 한다. 신장지역에서는 페르시아어의 영향으로 로우즈지에(肉孜節, Rouzi jie)라고도 하는데, 로우즈는 단식을 뜻하는 페르시아어 루제(Ruze)의 음역이다.

25　페르시아어로는 에이데 고르반(Eyd-e Qorban), 터키어로는 쿠르반 바이람(Kurban Bayramı)이라고 한다. 중국 위구르지역 무슬림들은 이를 구어르방(古爾邦, Guerbang)으로 음사하여 구어르방지에(古爾邦節, Guerbang jie)라고 한다. 한문을 쓰는 무슬림은 이를 종샤오지에(忠孝節, Zhongxiao jie)라고도 한다.

이드 알아드하를 축하하는 카드. 그리스도교의 성탄절 카드와 비슷하다.

쉬기 위해 학교에 결석하고, 일부 지역 교육 당국은 유대교의 명절인 로슈하샤나(Rosh Hashanah, 유대교 신년)와 욤킵푸르(Yom Kippur, 속죄일)를 인정한 것처럼 무슬림 학생들을 위해 이 두 명절을 공식적으로 인정한다.

전통적으로 두 명절에는 친지와 친구의 집을 방문한다. 크리스마스처럼 돈이나 새 옷을 아이들에게 선물로 주고 특별히 단 음식이나 다른 먹을거리를 가족과 손님들을 위해 내어놓는다.

그 외의 종교적 명절도 기념하는데, 예언자 무함마드의 생일, 시아파 이슬람에서 쉬는 알리와 이맘들의 생일이 그러하다. 시아파는 칼리파의 군대에 맞서 저항한 이맘 후세인과 그의 추종자들의 최후를 재현하고 애도하면서 해마다 10일 간의 애도기간 동안 후세인의 수난을 기념한다.(83쪽 '순니파와 시아파의 차이는 무엇인가?'를 보라.)

이슬람에는 그리스도교처럼 서품이나 안수를 받은 성직자나 대표자가 존재하지 않는다. 무슬림이라면 누구나 예배를 이끌고 혼인이나 장례의식을 집전할 수 있다. 그러나 역사적으로 보면, 성직자처럼 독특한 복식을 하고 권위를 지닌 일단의 사람들이 특정한 기능을 수행하였다. 종교학자와 지도자들이 다양한 역할을 맡아왔다.

초기 이슬람 시대에는 사회 각층의 경건한 무슬림들이 예배를 이끌거나 꾸르안과 이슬람을 연구하는 학자가 되었으나, 시간이 흐르면서 이러한 일들이 직업이 되었다. 모든 모스크에는 공동체의 존경을 받는 이맘이 있다. 이맘은 '앞에 서서' 예배를 이끌고 금요 합동예배 때 설교를 하는 사람이다. 작은 공동체에서는 여러 사람이 돌아가면서 이러한 역할을 한다. 큰 공동체에는 전담 이맘이 공동체 관련 활동, 병자 방문, 젊은이 혼인교육 등과 같은 일을 비롯해서 예배 인도, 모스크나 이슬람센터 내지 학교 운영 등 가톨릭교회의 사제나 랍비가 하는 여러 기능을 수행한다.

꾸르안, 이슬람법, 신학을 연구하는 학자들(ulama, 울라마, 학식을 지닌 자들)은 종종 독특한 그들 고유의 복장을 착용하여 일반인과 구분되는 종교학자층을 대표한다. 이들은 이슬람의 보호자, 권위 있는 해석자 역할을 자처하였다.

이슬람 종교학자를 가리키는 명칭이 여럿 있는데, 모두 신학이나 법 등 이슬람 해석이라는 측면에서 이들이 수행하는 역할을 반영한다. 울라마 중에서도 독자적 추론, 즉 이즈티하드(ijtihad)를 사용하여 이슬람법 해석에 능통한 자에게는 무즈타히드(mujtahid)라는 특별한 칭호가 붙었다. 무프티(mufti)는 법적인 견해나 판단, 즉 파트와(fatwa)를 낼 수 있는 이슬람법 전문가다. 수피주의(Sufism), 즉 이슬람 신비주의에서 피르(pir)라고 부르는 수피 스승은 추종자들의 영적 지도자 역할을 한다.

순니파 이슬람에서는 여러 국가가 대무프티(Grand Mufti)라고 하는 최고 종교지도자직을 만들었다. 12이맘 시아파 이슬람에서는 종교지도자의 위계제도가 발전하여 그 최정상에 대아야톨라(Grand Ayatollah)가 자리 잡고 있다. 현대 이슬람 개혁가 중에는 울라마뿐만 아니라 이슬람과 현대과학 지식을 모두 융합한 일반 지식인도 있다. 오늘날 일반인은 울라마와 더불어 이슬람을 해석하는 역할을 맡고 있다.

031 ｜ 모스크는 무엇인가?

모스크라는 단어는 '부복의례를 하는 곳'이라는 뜻을 지닌 아랍어 마스지드(masjid)에서 유래한다. 메디나에 있는 예언자 무함마드의 모스크는 이슬람 최초의 예배소로 예배, 명상, 배움을 위한 장소로 활용되었다. 여러 줄로 된 좌석이 있는 교회나 회당과는 달리 모스크 내 예배하는 곳은 탁 트인 공간으로, 너른 바닥에는 카페트가 깔려 있다.

예배소에서 중요한 곳은 아름답게 장식된 아치(arch) 모양의 벽감인 미흐랍(mihrab)인데, 무슬림이 예배할 때 향하는 메카 방향을 가리킨다. 미흐랍 옆에는 민바르(minbar)가 있다. 예언자 무함마드가 공동체를 향한 설교할 때 올랐던 단을 본떠서 나무로 만든 높은 단인데, 교회의 설교단과 비슷하게 생겼다. 예배 인도자는 민바르 계단에서 설교를 한다. 예배 전에 먼저 몸을 씻어야 하기 때문에 거의 모든 모스크에는 예배소에서 떨어진 곳에 세정하는 곳이 따로 마련되어 있다.

모스크는 개인예배와 합동예배를 위한 성소인데, 무슬림에게는 사회적으로나 지적으로 중요한 곳이다. 역사적으로 무슬림 공동체의 종교적·사회적 생활의 중심지였을 뿐 아니라 예배, 명상, 교육이 이루어지는 곳으로 이용되어왔다. 모스크의 분위기를 표현하는 단어는 고요, 반성과 더불어 편안함이다. 모스크를 방문하면 사람들이 예배를 하고 꾸르안을 읽는 모습뿐 아니라 조용히 담화를 나누거나 카페트에 누워 자는 모습도 볼 수 있다.

역사적으로 무슬림은 어디든 일정수가 정착하면 먼저 모스크를 세우고자 노력하였다. 이슬람이 두 번째로 큰 종교인 21세기 미국에서 모스크는 기하급수적으로 증가하였다. 현재 다양한 미국 무슬림 공동체가 미국 전역 대도시뿐 아니라 소도시나 마을 곳곳에 있는 2천 100개 이상의 크고 작은 모스크나 이슬람센터를 이용하고 있다. 이들 모스크 중 많은 수가 미국 내 무슬림의 다양성을 담아내고 반영한다.

그 외 다른 모스크는 민족이나 인종에 따라 공동체를 구성하고 있다.

예언자의 모스크. 최고의 성지 중 한 곳이며, 중앙의 초록 돔이 무함마드의 무덤이다.

모스크 내부 모습(황금돔 모스크, 자카르타)

이와 같은 현상은 다른 종교에서도 볼 수 있다. 예를 들면, 수년 전에 길 하나를 사이에 두고 가톨릭교회 두 개와 부속학교 두 개가 있었는데, 하나는 아일랜드계, 다른 하나는 이탈리아계 혹은 프랑스계 사람들의 것이었다. 어떤 지역에는 무슬림 수에 비해 필요 이상으로 모스크가 많은데, 이는 무슬림들의 출신 배경이 서로 다르기 때문이다. 몇몇 도시나 마을에 가보면 아랍, 남아시아, 터키, 아프리카 출신 무슬림들을 위한 모스크가 제각기 따로 있는 것을 볼 수 있다.

무슬림은 세계 곳곳에서 모스크를 다양한 방식으로 이용해왔다. 개인 예배와 금요 합동예배를 하는 것 외에도 꾸르안을 낭송하고 묵상하는 곳으로 자주 이용하였는데, 특별히 라마단 단식 기간에 그러하다. 자카트(희사)를 걷고 나눠주는 곳도 모스크다. 핫즈(메카 순례)와 우므라(소순례) 전후에 많은 순례자가 거주 지역 내 모스크를 방문한다. 죽은 자는 장례예배 때 미흐랍 앞에 안치한다.

모스크는 종종 핵심적인 이슬람센터가 되어 여러 연령층과 민족으로 구성된 이슬람 공동체가 다양한 활동을 하도록 공간을 제공한다.(다음 질문을 보라.) 혼인계약과 사업계약을 흔히 모스크에서 하고, 다양한 형태의 교육 또한 모스크에서 제공한다. 위기가 닥칠 때에는 신자들이 모스크에 모여 서로 돕고 종교지도자의 가르침을 따른다.

032 | 이슬람센터는 무엇인가?

이슬람센터는 미국 및 전 세계에서 여러 교회와 회당의 필수적인 부분이 된 그리스도교와 유대교의 커뮤니티 센터(community center)와 비슷하다. 센터에 예배소가 있긴 하지만, 대부분은 교육, 세미나, 사회행사, 공동체 기념식, 종교수업, 체육활동 등 여러 다양한 활동이 이루어지는 곳이다. 미국에서는 이처럼 많은 공동체 활동이 주중 직장근무에서 자유로운 일요일에 이루어진다. 이슬람센터는 모스크와 떨어진 곳에 별도로 존재하기도 하고, 모스크 복합단지의 한 부분으로 건설되기도 한다.

일부 미국 모스크와 센터에서 제공하는 다양한 프로그램으로는 청소년 스포츠 활동, 직업교육과 컴퓨터 교육이나 취업 알선 같은 사회봉사, 정치 후보생을 위한 프로그램 등이 있다. 또한 모스크와 이슬람센터는 일부 국가에서 자국민에게 제공하지 못하는 사회복지 사업을 벌이고 있다.

033 | 마드라사는 무엇인가?

마드라사(madrasa)는 "배움이나 학습이 이루어지는 곳"이라는 뜻이다. 역사적으로 마드라사는 고등교육기관으로 서구세계에서 교회기관으로 시작한 대학과 유사하다. 일부 국가에서 마드라사는 종교학교와 세속학교 둘 다 가리키지만, 오늘날에는 대개 이슬람 학교를 가리킨다. 예를 들어, 인도네시아 교육의 약 20~25%를 차지하며 '온건 이슬람' 교육으로 유명한 기숙학교 쁘산뜨렌(Pesantren) 같은 초중등학교 및 주요 이슬람 대학과 신학교 등이 이에 속한다.

9·11 이후, 그리고 2008년 미국 대선 기간 동안 마드라사는 논란거리가 되었다. 서구 언론에서는 일부 정치지도자와 평론가가 마드라사를 지하드와 반미 사상을 젊은 무장전사들에게 주입시키는 테러교육 기관이라고 매도하였다. 버락 오바마의 정적들은 이처럼 마드라사가 급진사상과 관련 있다고 주장하면서, 오바마가 다녔던 인도네시아 초등학교를 마드라사라고 계속 언급하였다.

최근 몇 년간 일부 마드라사가 급진과격화 되었지만 마드라사는 역사적으로 오랫동안 무슬림 세계의 주류 교육기관으로 건재해왔다. 마드라사를 급진과격 이슬람 학교로 보도한 「뉴욕타임스」는 다음과 같이 정정기사를 냈다. "버락 오바마 상원의원이 어렸을 때 인도네시아에서 이슬람 학교 내지 마드라사를 다녔다고 한 기사는 마드라사를 부정확하게 언급하였다. 몇몇 곳은 과격한 이슬람을 가르치지만, 대부분은 역사적으로 그렇지 않았다."

역사적으로 마드라사의 핵심 교과는 아랍어와 통사론, 꾸르안, 꾸르안 해석(tafsir, 타프시르), 하디스(hadith, 전승), 무슬림 역사였다. 유럽 식민주의 등장과 함께 서구교육이 전파되면서 무슬림 세계의 많은 마드라사가 변화하기 시작하여 종교와 세속교육을 병행하였다. 이러한 경향은 2차 대전이 끝나고 독립한 이후에도 계속되었는데, 서구의 영향을 받아 이루어진 현대 교육개혁으로 말미암아 세속학교와 종교학교가 분리되었다. 세속적인 학교와 대학이 곳곳에 설립되면서 울라마(ulama, 종교학자)는 전통적으로 누리던 권위에 손상을 입었고, 교육과 법 영역에서 지배적인 역할을 점차 잃게 되었다.

거의 모든 무슬림 국가에서 현대 세속교육 체제가 전통적인 종교학교보다 훨씬 더 우위를 점하고 있다. 이들 사회에서 종교학교 졸업장의 가치는 제한적이다. 교육을 국가가 통제함에 따라 울라마가 이끄는 마드라사 교육 체제는 위축되었다. 종교부 장관이 교사와 설교자 임명 및 임금책정에 영향을 미치고, 일부 국가에서는 설교의 내용까지 간섭하는 등 여러 종교기관과 사회복지 프로그램을 총괄하기 때문이다.

마드라사는 아프가니스탄과 소련의 전쟁 이후인 1990년대 들어 종교적 극단주의 및 테러와 연관되기 시작하였는데, 특히 9·11 테러공격, 마드라사 학생이나 졸업생으로 이뤄진 탈레반의 부상 이후 그러한 경향이 짙어졌다. 탈레반을 키운 특정 마드라사의 역할과 함께 부유한 사업가 및 사우디아라비아나 걸프 지역에서 후원하는 조직의 지원을 받는 아프가니스탄과 파키스탄의 급진과격 마드라사가 세력을 넓힘에 따라 극단주의 이슬람과 '지하드' 문화를 지닌, 이른바 지하드 마드라사에 대한 우려가 깊어졌다. 그 결과 특별히 파키스탄에서 맹위를 떨치는 소수의 급진과격 마드라사뿐만 아니라 모든 마드라사가 예외 없이 호전적 극단주의와 관련되어 있다는 인식이 팽배해졌다.

예일 세계화 연구센터(The Yale Center for the Study of Globalization)는 그러한 편견이 미국 신문의 파키스탄 관련 보도에서 나타난다고 지적한다. "마드라사를 언급하는 기사는 독자들이 그런 이름을 가진 모든 학교가 기본적인 읽기와 쓰기 교육은 하지 않고, 반미, 반서구, 친테러분자 성향을 지닌 채 정치사상을 주입하는 곳이라고 추론하게끔 만든다."

전부는 아니지만 여전히 많은 무슬림 국가에서 마드라사는 중요한 교육기관으로 남아 있다. 대대수의 마드라사는 과격하지 않다. 일부 국가의 마드라사는 종교와 비종교 과정에서 모두 최상의 교육을 제공하지만, 여전히 많은 국가의 마드라사는 이슬람과 비이슬람 교과과정을 상당부분 개혁해야 한다.

034 | 이슬람에 종파가 있는가?

이슬람은 아프리카, 중동, 아시아, 유럽, 미주 등 다양한 문화권에서 따르고 있는 세계 종교여서 종교적으로나 문화적으로 믿는 방식에 차이가 크다. 로마가톨릭, 감리교, 성공회, 루터교 등 다양한 종파가 있는 그리스도교와 달리 이슬람에는 교단이 존재하지 않는다. 그러나 모든 종교가 그러하듯, 이슬람 역시 여러 문제에서 이견을 보이며 분파, 종파, 학파가 발전하였다. 무슬림은 모두 유일신 신앙, 꾸르안, 무함마드, 다섯 가지 기둥 등 여러 믿음과 행위를 공유하지만, 정치·종교적 권위, 신학, 이슬람법 해석, 근대와 서구에 대한 대응 등 여러 문제에 관해서는 서로 의견의 일치를 보지 못하였다.

무함마드 사후 정치·종교적 권위에 대한 이견 때문에 무슬림 공동체는 순니(전 무슬림의 85%)와 시아(15%) 두 파로 나뉘었다.(다음 질문을 참조하라.) 여기에 카리지(Khariji)라는 작지만 과격한 소수 종파를 언급하지 않을 수 없다. 추종자는 많지 않지만, 이들이 취한 독특한 신학적 입장은 오늘날까지 정치와 종교 논쟁에 영향을 끼치고 있다.

순니 무슬림은 무함마드가 후계자를 지명하지 않았기에 가장 자격이

카르발라 전투(압바스 알무사비Abbas Al-Musavi, 뉴욕 부르클린 박물관). 알리의 아들인 후세인이 우마이야 군대에게 항전 끝에 학살당한 이 전투는 순니, 시아 분파의 결정적인 계기가 되었다.

있는 사람을 지도자(Khalifah, Caliph, 칼리파)[26]로 선택하거나 선출해야 한다고 믿는다. 꾸르안은 무함마드를 최후의 예언자로 선언하였기 때문에 칼리파는 정치적 지도자라는 자격에 한해서만 무함마드를 계승하였다. 순니는 칼리파가 신앙을 보호하지만, 특별한 종교적 지위나 영감을 받았다고는 생각하지 않는다.

반면 시아 무슬림은 공동체 지도자직이 무함마드의 딸 파티마와 그녀의 남편 알리 사이에서 낳은 아들을 통해 무함마드의 남자 후손들에게 세습되어야 한다고 믿는데, 이들을 이맘(Imam)이라고 부른다. 이맘은 종교지도자인 동시에 정치지도자다.[27] 시아는 이맘이 종교적으로 영감을 받았고, 죄가 없으며, 이슬람법에 담긴 하나님의 뜻을 해석하지만, 예언자는 아니라고 믿는다.

---

26 아랍어로는 칼리파(Khalifah), 영어로는 칼리프(Caliph)라고 한다.

27 이맘은 일반적으로 예배 인도자나 훌륭한 학자 등을 의미하지만, 시아에서는 예언자 집안 사람들로 무슬림 공동체의 지도자 역할을 한 사람을 가리킨다.

시아는 이맘의 언행과 저술을 꾸르안, 순나(Sunnah)와 더불어 권위 있는 종교문서로 여긴다. 무함마드를 계승한 이맘이 몇 명인지 서로 의견일치를 보지 못하였기 때문에 시아는 다시 세 파로 나뉜다.(87쪽 '시아파는 어떻게 나뉘어져 있는가?'를 보라.)

카리지는 '나가다'라는 아랍어 동사 '카라자'에서 파생된 말로, 원래는 칼리파 알리 추종자였으나 알리가 반란군 장수와 싸우지 않고 중재에 합의하자 하나님의 뜻을 따르지 않는 죄를 범했다고 여기고 결별하였다. 알리와 헤어진 후 카리지는 결국 알리를 암살하였고, 꾸르안과 예언자 무함마드의 순나를 엄격히 따르는 진정한 사회를 만들고자 별도의 공동체를 건설하였다. 카리지의 세상은 신자와 불신자, 즉 하나님을 따르는 무슬림과 하나님의 적인 비무슬림으로 명확히 구분된다. 카리지의 단호한 믿음을 따르지 않는 무슬림도 하나님의 적이다. 죄인은 파문될 뿐 아니라 회개하지 않는 한 죽음을 면치 못한다. 그러므로 칼리파나 통치자는 죄가 없어야만 자리를 유지할 수 있다. 죄를 지을 경우, 법의 보호를 받지 못한 채 내쳐져 퇴위당하거나 죽음을 면치 못한다.

이러한 사고방식은 이슬람 중간시대의 유명한 신학자이자 법학자인 이븐 타이미야(Ibn Taymiyyah, 1263~1328)에게 영향을 미쳤고, 현대에 들어서는 이집트 안와르 사다트(Anwar Sadat) 대통령을 암살한 이슬람 지하드(Islamic Jihad) 단체, 비이슬람적인 무슬림 지도자를 끌어내려야 한다고 주장한 오사마 빈 라덴(Osama bin Laden)과 여타 극단주의자들에게서 되풀이되었다.

정치·종교적 지도자 역할에 대한 이견 때문에 순니와 시아의 역사관도 다르다. 순니는 네 명의 정통 칼리파의 지도력과 우마이야조, 압바스조에서 무슬림 제국의 팽창과 발전을 맛보았다. 순니는 자신들이 세계적으로 강력한 권력을 세우고 문명의 황금시대를 만들었다고 생각한다. 그리고 이

것이야말로 하나님이 순니를 인도하고 있으며, 이슬람이 참된 종교라는 증거라고 믿는다. 반면 시아는 순니 통치 하에서 하나님이 임명한 이맘들이 다스리는 세상을 구현하고자 노력하였으나 성공하지는 못하였다. 정의로운 사회 대신 순니의 부당한 권력 찬탈을 목도한 것이다. 시아는 역사 속에서 의인의 수난과 박해, 불의에 맞서는 저항의 필요성, 강력한 악(사탄)의 권세를 물리치고 하나님의 정의로운 통치를 구현하기 위하여 압도적인 악(사탄)의 권세에 맞서 생명을 포함한 모든 것을 희생해야 한다는 당위성을 기억하고 강조한다.

신학적인 문제에서도 의견이 다르다. 중죄를 지은 통치자가 여전히 합법적인가, 아니면 축출하여 죽여야 하는가라는 논란이 좋은 예다. 대다수의 순니 신학자와 법학자는 사회질서 유지가 통치자의 상태보다 더 중요하다고 가르쳤다. 그들은 오로지 하나님만이 심판의 날 죄인을 심판할 수 있고, 신심이 깊어 천국에 갈 수 있는지 없는지를 결정할 수 있다고 가르쳤다. 이처럼 피지배자가 통치자를 판단할 수 없기 때문에 통치자가 자리에 그대로 머물러야 한다고 결론 내렸다. 주요 신학자와 법학자 중 이븐 타이미야는 이러한 입장을 거부하고 죄를 지은 통치자를 반드시 축출해야 한다고 가르쳤다.

이븐 타이미야의 분노는 몽골 지배자를 향한 것이었다. 이슬람으로 개종하였음에도 불구하고 몽골인들은 이슬람법(Shariah, 샤리아) 대신 여전히 칭기즈칸의 법인 야사(Yasa)를 따르고 있었다. 이븐 타이미야가 보기에 이들 몽골 지배자는 이슬람 이전 시대의 다신교도들과 다를 바 없었다. 그래서 그는 몽골인들을 불신자(kafir, 카피르)로 규정하고 파문(takfir, 타크피르)하는 파트와(fatwa, 법적인 견해)를 발행하였다. 이러한 파트와는 선례를 남겼다. 무슬림이라고 함에도 불구하고 샤리아를 지키지 않은 몽골인들은 배교자이므로 이들에 대해 지하드를 수행하는 것은 합법이라는 논리가 생겨났다. 따라서 무슬림은 이들에 맞서 반란을 일으켜 지하드를 할 권리, 아니 의무를 지녔다는 것이다. 이러한 이븐 타이미야의 의견은 오사마 빈 라덴의 알카에다 같은 조직의 호전적인 종교적 세계관에 영감을 주면서 오늘날 여전히 살아 있다.

또 다른 이견의 예로는 꾸르안이 창조되었는지 아닌지 여부와 꾸르안 해석을 문자적으로 할지 아니면 비유적으로 할지 등에 관한 논쟁이다. 역사적으로 무슬림은 자유의지와 정명(定命)에 대해서도 격론을 벌였다. 즉 인간이 스스로 자신의 행동을 선택할 힘을 가졌는지, 아니면 인간의 모든 행동은 전지(全知)한 하나님이 이미 결정해놓은 것인지, 이러한 믿음이 인간의 책임과 정의에 대해 함의하는 바가 무엇인지를 두고 논쟁을 벌였다.

의견의 다양성을 살펴볼 수 있는 가장 명료하고 중요한 예 중 하나는 이슬람법이다. 이슬람법은 일상에서 일어나는 구체적인 현실에 대한 응답으로 발전하였다. 하나님의 뜻에 복종하는 것은 이슬람의 핵심이자 무슬림이 된다는 의미 그 자체이므로 믿는 이들에게 "무엇을 어떻게 해야 하는가?"는 근본적인 질문이다. 우마이야조(661~750) 때 통치자들은 꾸르안과 순나, 지역 관습과 전통에 입각하여 기초적인 법체계를 만들었다. 그러나 경건한 무슬림 다수는 통치자가 법에 영향력을 행사하는 것을 우려하였다. 이들은 이슬람법이 계시된 법원(法源)을 좀 더 확고히 따르도록 하여 통치자나 통치자가 임명한 판사의 손에 좌우되지 않길 바랐다.

약 두 세기 동안 메디나, 메카, 쿠파(Kufa), 바스라(Basra), 다마스쿠스 등 주요 도시에서 무슬림들은 하나님의 뜻과 법을 발견하고 해설하고자 노력하였다. 나름대로 독특한 법해석이 각각의 도시에서 나오긴 했지만, 이들 해석은 모두 일반적인 법 전통에 바탕을 둔 것이었다. 초기 이슬람 법학자들은 법률가도, 판사도, 특정 대학의 학생도 아니었다. 상인이면서도 이슬람 문헌을 연구하는 등, 법과 관련 없는 직업에 종사하면서 이슬람을 연구하였다. 느슨하게 서로 연결된 이들 학자는 점차 주요 인물을 중심으로 모이기 시작하였고, 이러한 모임이 훗날 법학파로 불리게 되었다.

여러 법학파가 있었지만 소수만이 살아남아 권위를 인정받았다. 오늘날 네 개의 주요 순니 법학파(하나피Hanafi, 한발리Hanbali, 말리키Maliki, 샤피이Shafii)와 두 개의 시아 법학파(자으파리Jafari, 자이디Zaydi)가 존재한다. 하나피 법학파는 아랍과 남아시아, 말리키 법학파는 아프리카 북부·중부·서부, 샤피이 법학파는 동아프리카와 동남아시아, 한발리 법학파는 사우디아라비아에서 세력을 형성하였다. 무슬림은 어느 법학파나 따를 수 있지만, 대개 출생지나 거주지에서 지배적인 법학파를 선택한다.

이슬람에서 근대성(modernity)에 대한 대응보다 차별성이 더 뚜렷하게 부각된 주제는 아마 없을 것이다. 19세기 이래 무슬림은 근대 이전에 발전한 자신들의 종교전통을 근대세계의 새로운 종교·정치·경제·사회적 요구에 어떻게 부합시킬지 고뇌하였다. 이슬람이 변화를 어떻게 수용해야 하는가라는 문제뿐만 아니라, 이슬람과 서구의 관계 또한 현안이다. 근대의 변화가 상당 부분 서구의 사상, 제도, 가치체제와 관련되어 있기 때문이다. 개혁과 근대화를 대하는 입장은 세속주의자, 이슬람 근대주의자에서부터 종교적 보수주의자 내지 전통주의자, '근본주의자', 이슬람 개혁주의자에 이르기까지 다양하다.

근대 세속주의자들은 서구 지향적이고, 정치를 포함한 사회 제반 분야로부터 종교를 분리시키는 것을 옹호한다. 종교는 개인적인 일이고 또 그래야만 한다고 믿는다. 이슬람 근대주의자들은 특히 과학과 기술에서 이슬람과 근대성이 조화를 이루므로 이슬람이 공공의 삶을 지배하지 않고도

이에 스며들 수 있다고 믿는다. 좀 더 이슬람에 경도된 사람들이 있지만, 이들도 공적인 영역에서 이슬람이 어떠한 역할을 해야 하는지에 대해서는 서로 의견이 다르다. 보수주의자 내지 전통주의자들은 과거의 권위를 내세우면서 예전처럼 이슬람법과 규범을 재도입하여야 한다고 주장한다. '근본주의자'들은 이슬람을 타락시킨 대중적·문화적·서구적 믿음과 관습에서 이슬람 전통을 정화시켜야 한다고 믿으며, 초기 이슬람 시대의 가르침으로 돌아가야 한다고 강조한다.

그러나 근본주의자라는 용어가 실로 다양한 이슬람 운동과 행동가들에게 광범위하게 적용되다 보니, 순수하게 이상화된 과거를 재현하길 원하는 사람들과 이슬람의 원리와 가치에 입각한 근대 개혁을 주장하는 사람들을 모두 근본주의자로 동일시하는 결과를 낳았다. 상당수의 이슬람 개혁가, 지성인, 종교지도자들은 이슬람 개혁의 중요성을 강조한다. 이들은 여성문제, 인권, 민주화, 법 개혁뿐 아니라 꾸르안 해석도 새로운 방식으로 접근해야 한다고 촉구하면서, 광범위한 재해석과 개혁 프로그램이 필요하다고 주장한다.

035 | 순니파와 시아파의 차이는 무엇인가?

순니와 시아는 무슬림 공동체 내 거대한 두 분파를 대표한다. 오늘날 순니는 무슬림 인구의 약 85%를, 시아는 15%를 차지하고 있다. 시아는 이란, 이라크, 바레인, 레바논에 많이 거주하고 있다. 누가 예언자 무함마드의 후계자가 되어야 하는가에 대한 이견 때문에 두 파로 갈라졌다.

초기 무슬림 공동체에서 무함마드는 문제가 생기면 즉각 권위 있는 해

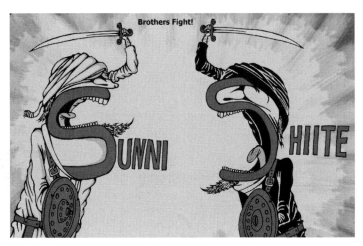

순니와 시아의 갈등을 형제간의 싸움으로 묘사한 일러스트

결책을 내놓았다. 632년 무함마드의 죽음은 무슬림 공동체에게는 더 이상 직접, 개별적으로 무함마드와 대면하여 가르침을 받을 수 없을 뿐 아니라 하나님으로부터 직접 오는 계시가 멈추었다는 것을 뜻하는 충격적인 사건이었다. 예언자의 교우들은 사람들을 안심시키고자 재빨리 조치를 취하였다. 무함마드가 자신의 부재 시 금요 합동예배 인도자로 임명하였던 아부 바크르(Abu Bakr)는 다음과 같이 무함마드의 죽음을 알렸다.

무슬림들이여! 누구라도 무함마드를 섬기는 사람이 있다면 나는 무함마드가 죽었다고 말하리라. 그러나 하나님을 섬긴다면, 하나님께서는 살아계시고 결코 죽지 않으신다는 것을 알라!

순니, 또는 예언자의 순나(모범)를 추종하는 사람들로 불리는 대다수의 무슬림은 무함마드가 후계자를 선출하거나 지명하는 제도를 만들지 않고 죽었다고 믿었다. 초창기 불확실한 시기가 지난 후 메디나의 지도층은 아부 바크르를 칼리파(Khalifah, 후계자, 대리자)로 선출하였다. 초기 개종자로 무함마드의 장인이자 교우이며 신뢰받는 조언자였던 아부 바크르는 지혜롭고 경건한 사람으로 존경받고 있었다. 이로써 순니 무슬림은 세습이 아니라 최적임자에게 지도권이 계승된다는 결정을 내렸다.

아부 바크르 칼리파는 공동체의 정치·군사적 지도자가 되었다. 꾸르안이 무함마드를 최후의 예언자로 선언하고 있는 것에서 볼 수 있듯, 아부 바크르는 예언자는 아니었지만, 칼리파라는 직위는 신앙인 공동체 움마의 지도자로서 종교적 권위를 지니고 있었다. 이러한 권위는 후대에 이르러 칼리파가 금요 합동예배를 인도하고, 합동예배에서 칼리파의 이름이 불리게 된 사실에서 상징적으로 드러난다.

무슬림 공동체에서 소수인 시아는 알리의 추종자라는 뜻인데, 아부 바크르가 칼리파직을 차지하는 것에 반대하였다. 후계는 세습으로 이루어져야 한다고 믿었다. 무함마드에게는 유아기를 넘겨 생존한 아들이 없었기에 시아는 무함마드의 딸 파티마(Fatimah)와 그녀의 남편이자 무함마드의 사촌동생이면서 집안에서 가장 가까운 남자 친척인 알리(Ali) 사이에서 나온 자손들이 이슬람 공동체의 지도자(Imam, 이맘)가 되어야 한다고 믿었다.

시아는 칼리파 계승이 알리를 세 번이나 건너뛰고 이루어졌고, 35년이 지나서야 비로소 알리가 칼리파가 되었지만 몇 년 후 암살되었다는 사실에 대단히 분노한다. 설상가상으로 알리의 카리스마 넘치는 아들 후세인(Hussein)이 야지드(Yazid) 칼리파를 반대하는 사람들을 이끌어달라는 요청에 응하였지만 제압당하였고, 그를 따르던 소수의 추종자들과 함께 처참하게 학살당하였다.

무슬림은 순니와 시아의 차이가 교리와는 무관하다고 지적한다. 누가 무슬림 공동체의 지도자로 적합한가라는 정치적인 문제와 관련되어 있다는 것이다. 순니와 시아는 비록 신행(信行)을 공유하기는 하지만, 서로 다른 역사관을 지니고 있다.

역사적으로 순니는 항상 시아를 지배해왔다. 시아는 박해받고 기득권을 빼앗긴 소수로 존재해왔기 때문에 역사를 지상에 하나님의 통치를 복구하기 위한 정의로운 공동체의 시험장으로 이해한다. 시아 이맘이 이끄는 정의로운 사회질서를 재현하는 것은 수세기 동안 이어온 시아의 꿈이다.

순니의 역사가 초기 네 명의 정통 칼리파가 이끌고, 이어서 우마이야조, 압바스조, 오스만(Osman)[28]조 아래 제국의 이슬람이 발전한 영광과 승리의 역사였다면, 시아의 역사는 박해받고, 기득권을 상실한 자들이 벌이는 투쟁의 무대였다. 순니가 세계 최강의 권력과 문명을 이룬 황금시대를 자랑스럽게 생각하면서 이를 하나님이 자신들의 편에 있고 무슬림 신앙을 역사적으로 인정해준 증거로 여기는 반면, 시아는 이를 순니가 부당하게 권력을 탈취하여 정의로운 사회를 희생시킨 것이라고 생각한다. 시아에게 역사란 하나님이 임명한 이맘의 지도 아래 이 땅에 하나님의 통치를 재건하고자 끊임없이 노력해야 하는 정의로운 소수 공동체가 고통을 받고, 계승권을 박탈당하고, 박해받는 장이다.

20세기 들어 시아는 수동적으로 불의를 감내하기보다는 적극적으로 불의에 맞서 싸우는 장으로 역사를 재해석하였다. 그 결과 1970~80년대에 시아가 사회·교육·경제적 기회를 쟁취한 레바논과, 1978~79년 이슬람 혁명기간 동안 샤(Shah)를 야지드, 호메이니와 그를 추종하는 사람들을 후세인과 동일시한 이란에서 각각 이러한 재해석이 큰 반향을 일으켰다. 이슬람 혁명은 정의로운 사람들이 권력을 부당하게 찬탈한 자를 무찌르고 거

---

28 오스만 튀르크조

둔 승리로 선언되었다.

036 | 시아파는 어떻게 나뉘어져 있는가?

시아 이슬람은 무함마드를 계승한 이맘이 몇 명인지를 두고 이론을 보인 결과, 세 개의 분파로 발전하였다. 5이맘파로 불리는 자이디(Zaydi)는 다섯 명의 이맘, 7이맘파로 불리는 이스마일리(Isma'ili)는 일곱 명의 이맘, 12이맘파로 불리는 이스나 아샤리(Ithna Ashari)는 열두 명의 이맘을 인정한다.

자이디는 후세인의 손자 자이드를 다섯 번째 이맘으로 인정하였기에 다른 시아와 나뉘어졌다. 공개적으로 이맘직을 수행하겠다고 선언하고 이를 위해 싸우는 알리의 후손이라면 누구든지 이맘이 될 수 있다고 자이디는 믿는다. 자이디는 최초로 독립을 성취한 시아다. 864년 카스피해 연안 타바리스탄(Tabaristan)에 이맘조를 건설하였다. 또 다른 자이디 이맘조는 893년 예멘에 세워져 1963년까지 존속하였다.

이스마일리(7이맘파)와 이스나 아샤리(12이맘파)는 누가 여섯 번째 이맘 자으파르 앗사디끄(Ja'far al-Sadiq, 765년 사망)를 계승하느냐는 이견 때문에 8세기에 갈라졌다. 이스마일리는 일곱 번째 이맘으로 지명된 자파르 앗사디끄의 아들 이스마일까지 모두 일곱 명의 이맘을 인정한다. 이스마일은 아버지 자파르 앗사디끄보다 먼저 죽고 아들이 없었다. 이스마일리는 순니 칼리파에 반기를 들고 파티마조(Fatimid Dyansty)를 세웠는데, 이들의 제국은 10~11세기에 이집트에서 북아프리카, 인도의 신드(Sind) 지방까지 그 세력을 뻗쳤다.

니자리 이스마일리(Nizari Isma'ili)는 순니 압바스조의 통치에 특별히 격렬하고 폭력적으로 저항하였다. 이러한 폭력과 테러전술 때문에 이들은 "암살자(Assassins)"라는 별명을 얻었다. 인도로 도망친 니자리 지도자가 아가 칸(Agha Khan)이라는 칭호로 알려진 이맘의 계보를 이어 오늘날 캐나다, 영국, 동아프리카, 남아시아에 번창하는 공동체를 지닌 비폭력 주류 시아파 이슬람을 이룬 것은 역사의 아이러니라고 할 만하다. 현재 미국 하버드 출신 아가 칸이 공동체의 교육, 사회, 상업 기구를 관장하면서 추종자들의 문화적·영적인 삶을 이끌고 있다.

이스나 아샤리(12이맘파)는 가장 많은 구성원을 가진 시아그룹인데, 이들은 무함마드의 합법적인 계승자로 열두 명의 이맘을 인정한다. 오늘날 이란, 이라크, 바레인에서 주류를 이루고 있다. 열두 번째 이맘으로 '올 것으로 기대되는 무함마드'라는 의미를 지닌 무함마드 알문타자르(Muhammad al-Muntazar)는 874년 어린아이였을 때 후사를 남기지 않고 '사라졌다.' 그러자 시아 신학은 숨은 이맘(Hidden Imam) 사상으로 이 문제를 해결했다. 즉 열두 번째 이맘이 죽지 않고 '사라져' 불특정 기간 동안 숨어 있다는 것이다. 메시아 같은 이 존재는 하나님이 올바르게 인도하는 마흐디(Mahdi)로, 세상 종말에 재림하여 추종자들을 옹호하고, 신앙 공동체를 재건하며, 정의와 진리가 완벽히 구현된 이슬람 사회를 열 것이다. 그때까지는 종교전문가, 곧 이슬람법을 독립적으로 해석할 수 있는 무즈타히드(mujtahid)가 시아 공동체를 이끈다.

대다수의 무슬림과 달리 12이맘파 시아는 성직자 위계제도를 발전시켰다. 위계의 정상에는 지식과 경건함으로 덕망이 높은, 시아 무슬림으로부터 아야톨라(ayatollah, 하나님의 표징)로 인정받는 종교지도자가 자리 잡고 있다.

하산 알리 샤(Hasan Ali Shah, 1881년 사망) 시기에 이스마일리 시아 중 가장 큰 니자리(Nizari)의 이맘이 아가 칸이라는 칭호를 이어받았다. 이스마일리에서는 아가 칸 4세인 현 이맘 카림 알후세이니 왕자(Prince Karim al-Husseini, 1936~)가, 첫 번째 시아 이맘 알리와 그의 아내이자 예언자 무함마드의 딸인 파티마 사이에서 나온 직계 후손들로 이루어진 이맘 계보상 49번째 이맘이라고 믿는다.

제네바에서 태어난 아가 칸은 어린 시절을 케냐에서 보냈다. 스위스에서 학교를 다녔고, 1959년 하버드대학에서 이슬람 역사로 학위를 받았다. 하버드에서 수학하던 1957년에 수백만 명에 달하는 전 세계 이스마일리 공동체 구성원들의 영적인 지도자가 되었다. 아가 칸은 53년간 지도자로 있으면서 영적인 것과 물질적인 것 양면을 모두 강조해온 것으로 유명하다.

그는 이맘으로서 자신이 전 세계 공동체의 삶의 질을 개선해야 할 임무를 짊어지고 있다고 말한다. 전 지구적인 빈곤을 퇴치하고, 여성의 인권을 신장하고, 이슬람 예술과 건축, 문화를 장려하며, 다양한 가치를 사회 속에서 증진시키는 데 관심을 기울여왔다.

아가 칸은 자신이 추구하는 목적을 달성하기 위하여 주요 자선 기구를 창설하였다. 아가 칸 발전 네트워크(The Aga Khan Development Network)의 창립자인 그는 현재 의장직을 맡아 200개 이상의 기관과 기구의 사회·경제발전 프로그램을 조율하고, 전 세계, 특히 아시아와 아프리카의 최하층 빈국 35개국에서 일하는 7만 명의 직원을 고용하고 있다. 이들 직원은 환경, 보건, 교육, 건축, 문화, 소액금융, 농촌발전, 재난방지, 민간부분 사업 증진, 역사적 도시 재생 프로젝트에 전념하고 있다.

최근까지 서구인 대다수는 와하비(Wahhabi)[29] 이슬람에 대해 들어본 적이 없었지만, 이제는 오사마 빈 라덴과 사우디아라비아에 이 용어가 적용되는 것을 자주 듣는다. 이슬람에는 다양한 해석과 신학파, 법학파가 있다. 그중 극보수가 와하비 이슬람인데, 사우디아라비아의 공인 이슬람이다.

와하비 이슬람 운동의 명칭은 메카와 메디나에서 이슬람 법학자이자 신학자로 활동한 무함마드 이븐 압둘 와합(Muhammad Ibn Abd al-Wahhab, 1703~1791)의 이름에서 유래한다. 자신이 살고 있는 사회의 퇴보와 도덕적 타락에 환멸을 느낀 그는 여러 가지 대중적인 믿음과 실천 행위를 비이슬람적인 우상숭배이자 이슬람 이전 아랍의 다신교로 회귀하는 것이라고 맹렬히 비난하였다. 그는 과거 학문을 맹종(taqlid, 타끌리드)하는 것을 거부하였다. 울라마(종교학자)의 중세법에 오류가 있고, 때때로 부적절하게 혁신(bid'ah, 비드아)[30]적이거나 이단적이라고 생각하였다. 압둘 와합은 이슬람의 근본인 꾸르안과 예언자 무함마드의 순나로 되돌아가 새로운 해석을 해야 한다고 주장하였다.

무함마드 이븐 압둘 와합은 지역 부족장인 무함마드 이븐 사우드(Muhammad Ibn Saud)와 손을 잡고 종교적이면서 정치적인 운동을 시작하였다. 이븐 사우드는 와하비 이슬람을 이용하여 아랍 부족들을 정복·통일하고 순

---

29 와하비는 아래 설명에서 볼 수 있듯 와합에서 나온 말이다. 와합의 형용사형이 와하비다. 또 형용사에서 파생한 명사가 되기도 한다. 우리말로 옮길 때 '와합주의', '와합주의적', '와합주의자'라고 할 수 있으나, 와하비로 표현하는 것이 더 낫다고 여겨 와하비로 옮겼다.
30 기존 선례를 따르지 않고 새로운 해석을 내어놓거나, 전통에 부합하지 않는 새로운 행위나 생각을 들여오는 것을 혁신이라고 부른다.

바미얀 석불의 파괴 전(1963)과 탈레반에 의해 파괴된 후(2008)의 모습

수한 이슬람으로 개종시키려는 무장투쟁을 정당화하였다. 카리지처럼 와하비 신학은 무슬림과 비무슬림, 믿음과 불신, 이슬람의 세계와 전쟁의 세계 등 흑백논리로 세상을 인식하였다. 자신들의 생각에 동의하지 않는 무슬림은 모두 불신자이기에 이슬람의 이름으로 정복, 즉 싸워서 죽여야 한다고 생각했다. 무함마드 이븐 압둘 와합의 신학의 핵심은 유일신성(tawhid, 타우히드)으로 절대적 유일신론이다. 와하비는 스스로를 신의 유일신성을 지키는 유일신성론자라고 불렀다.

무함마드가 메카의 성스러운 사원, 즉 카바에 있던 이슬람 이전 부족신들의 신전을 파괴하고 진정한 유일신 하나님(알라) 신앙을 복원한 것을 본떠 와하비는 메카와 메디나에 있는 무함마드와 교우들의 무덤은 물론 오늘날 이라크 카르발라에 있는 시아 순례지도 그냥 내버려두지 않았다.

시아 순례지는 첫 번째 시아 이맘인 알리의 아들이자 세 번째 이맘인 후세인의 무덤이 있는 곳이다. 후세인은 추종자들과 함께 카르발라 전투에서 살해되어 "순교자 중의 순교자"로 기억되고 있다. 성지 파괴는 시아 무슬림이 결코 잊을 수 없는 사건으로, 사우디아라비아 와하비와 이란 시아 이슬람의 역사적 적대감정을 크게 악화시켰다.[31] 와하비의 반우상주의 영향을 받아 몇 세기 후 탈레반이 아프가니스탄에서 불교유적을 파괴하였다고 많은 사람들이 지적하였고, 전 세계 무슬림 지도자들은 이러한 파괴 행위를 지탄하였다.

19세기 초 이집트의 무함마드 알리(Muhammad Ali)가 사우디를 격퇴하였으나 와하비 운동과 사우디 왕가는 끈질기게 살아남았다. 20세기 초 압둘아지즈 이븐 사우드(Abd al-Aziz Ibn Saud)는 리야드를 장악하고 아라비아의 부족들을 통합하여 사우디 왕가를 재건하고 와하비 운동을 보급하였다. 사우디아라비아 왕국은 와하비의 이슬람 해석을 국가와 사회의 공식적 근간으로 삼아 이슬람 국가로 선언하면서 정치와 종교를 융합하였다.

국제적으로 사우디아라비아 정부가 후원하는 기구와 부유한 사우디아라비아인들은 모두 무슬림 세계는 물론 서구에 속하는 나라나 무슬림 공동체에 극보수주의적 와하비 이슬람을 수출해왔다. 이들은 발전기금을 후원하고, 모스크, 도서관 및 여러 기관을 세우고, 종교서적을 출간 배부하며 이맘과 종교학자를 파견해왔다. 와하비적 엄격주의 보급과 이를 위한 재정지원이 아프가니스탄, 파키스탄, 중앙아시아 국가, 중국, 아프리카, 남아시아, 미국, 유럽 등에 이루어졌다. 동시에 보통 와하비나 살라피(Salafi)[32]로 불리며 지하드 문화를 지닌 호전적인 '근본주의' 성향의 이슬람 극단주

---

31 1802년 약 1만 2천여 명의 와하비들이 카르발라를 공격하여 반나절 동안 무려 최소 2천 명, 최대 5천 명의 시아 무슬림을 잔혹하게 살해하고 재물을 약탈하였다.

32 살라프는 경건한 신앙의 선조라는 뜻이다. 살라피는 살라프를 따르는 사람을 가리킨다.

의 단체들을 사우디아라비아와 걸프 지역의 일부 부유한 사업가들이 재정적으로 지원하였다. 극보수주의적 신학과 호전적 극단주의 보급 현상은 서로 구분해야 한다. 그러나 특별히 9·11 이후 중앙아시아와 중국의 권위주의적 정부가 합법적이든 아니든 간에 반정부 세력을 모두 '와하비 극단주의자'로 낙인찍어 탄압하는 것을 정당화하는 경향을 보이기에 상황이 상당히 복잡해졌다.

039 | 살라피 이슬람이란 무엇인가?

엄밀하게 말하자면 '살라피'는 살라프(Salaf), 즉 '경건한 선조(先祖)'인 무슬림 1세대가 지녔던 순수한 이슬람으로 회귀하는 것을 뜻한다. 와하비처럼 살라피는 무함마드와 그의 교우들이 산 시대를 종교공동체가 타락하지 않은 순결한 시기로 이상화한다. 그 시대 이후 비이슬람적인 혁신(bid'a, 비드아) 때문에 이슬람이 쇠락했다고 믿는다. 따라서 오늘날 다시 초창기 세대의 신행(信行)으로 돌아가 비이슬람적인 외부의 영향을 깨끗이 씻어내야 한다고 주장한다.

살라피는 완고한 유일신론으로, 무슬림의 여러 신행을 공격하였는데, 특히 수피와 시아의 교리를 다신론(shirk, 시르크)[33]이라고 정죄하였다. 또한 현대 이슬람 운동의 대다수를 '이단'으로 여긴다. 이들 운동이 '혁신'이거나, "진정한 이슬람"에서 벗어났다고 보기 때문이다.

———

33 시르크는 하나님에게 무엇인가를 갖다붙이는 것을 말한다. 이럴 경우 유일신성이 훼손되어 유일신 신앙이 유지될 수 없다고 믿는다. 무슬림들이 보기에는 그리스도교의 삼위일체가 시르크의 좋은 예다.

오늘날 살라피주의(Salafism)는 여러 단체와 믿음 형태를 포함하는 포괄적 용어로 사용되어 오해를 불러일으키기 쉽다. 유럽과 미국의 무슬림 공동체뿐만 아니라 무슬림이 다수인 여러 국가에서 살라피주의를 찾아볼 수 있는 이유는, 무슬림들이 문화적으로 이슬람을 실천하는 세태와 세속주의를 대체할 수 있는 매력적인 대안으로 여기기 때문이다. 예를 들면, 불만이 팽배한 2세대 무슬림 청소년들은 서구의 세속적 삶의 방식뿐 아니라 부모와 조부모가 받아들인 이슬람의 외래문화적 요소를 거부하고 정체성을 찾고자 살라피가 되었다. 살라피는 자신들이 따르는 이슬람이 특정 문화를 초월하고, 이슬람의 보편성을 강조하는 진정 본연의 "순수한" 형태의 이슬람이라고 믿는다.

그렇다면 호전적인 살라피주의는 어떠한가? 와하비 이슬람처럼 살라피의 종교적 배타주의는 다른 무슬림들, 특히 살라피들이 경멸하는 시아 무슬림, 그리고 비무슬림을 용납하지 못할 수 있다. 종교적으로 배타적인 신학이 반드시 폭력적인 것은 아니다. 배타적 신학은 심판의 날 천국에 갈 사람들과 그렇지 못할 사람들을 나눌 뿐이다. 근본주의자들이 자신의 정치적 목표를 하나님으로부터 부여받은 것이라고 정당화할 때 배타적인 세계관은 극단주의와 폭력을 낳는다. 여타 그리스도교, 유대교, 또는 힌두교의 급진 근본주의 배타적 세계관이 그러하듯 말이다. 이러한 호전적 살라피 사상과 위협의 실례로 북아프리카, 유럽, 중동, 아시아에서 암약하는 국제 테러분자들을 들 수 있다.

040 | 무슬림과 흑인 무슬림 사이에는 차이가 있는가?

이슬람을 아프리카인 정체성의 일부로 여겨 20세기 초 많은 미국 흑인들이 이슬람으로 개종하면서 '아프리카 출신 미국인의 이슬람(African-American Islam)'이 출현하였다. 이슬람을 그리스도교보다 선호한 이유는 그리스도교가 백인을 우월하다고 여기고 흑인을 탄압한 종교라고 생각했기 때문이다. 미국 흑인을 이등시민으로 간주하고 완전한 시민권을 주지 않은 사람들의 종교가 바로 그리스도교였다는 것이다. 반면 이들이 보기에 이슬람은 인종과 민족을 초월한 신자들의 형제관계, 즉 움마를 강조하는 것 같았다.

1930년대 초 월리스 디 파드 무함마드(Wallace D. Fard Muhammad)는 꾸르안과 성서를 인용하여 디트로이트 빈민가에서 흑인해방의 메시지를 설파하였다. 위대한 마흐디(Great Mahdi), 즉 메시아로 불린 그는 백인사회에서 벗어나라고 가르쳤다. 흑인은 미국인이 아니니 국가에 충성할 필요가 없다고 주장하였다. 그리스도교와 "파란 눈을 가진 백인 악마"의 지배를 거부하고, "흑인의 종교"와 "이슬람민족(Nation of Islam)"을 강조하였다.

1934년 파드는 불가사의하게 종적을 감추었다. 전에는 엘리야 풀(Elijah Poole)로 불렸던 엘리야 무함마드(Elijah Muhammad)가 지도자 자리를 이어받아 '흑인 무슬림'으로 구성된 '이슬람민족' 운동을 효과적으로 전개하였다. 엘리야 무함마드는 백인 사회가 정치적으로나 경제적으로 흑인을 억압한 결과, 흑인들이 스스로를 증오하고, 가난하며, 의존적으로 된 현상을 비판하였다. 그의 묵시론적 메시지는 백인 인종주의 억압자인 미국의 몰락과 정의로운 '선민' 흑인 공동체의 재건을 약속하였다. 그의 종교적 가르침은 소외된 빈자와 실업자들에게 정체성과 공동체 의식을 심어주었고, 자

엘리야 무함마드와 맬컴 X(1961)

아를 계발하고 자신감을 고양하는 프로그램을 제공하였다.

엘리야 무함마드는 "자신을 위해 행하라(Do for Self)"는 철학을 강조하면서 특히 흑인 청소년에게 흑인의 자부심과 정체성, 힘, 자족, 가족의 가치, 근면, 규율, 검약, 도박 금지, 마약 금지, 돼지고기 금지에 초점을 맞춘 가르침을 전하였다. 1970년대에 이슬람민족의 신도는 10만 명을 상회하였다. 이 흑인 무슬림 운동은 여러 면에서 주류 이슬람과 상당히 달랐다. 엘리야 무함마드는 월리스 디 파드가 알라(Allah)이고, 신은 흑인이며, 신의 최후의 사도는 예언자 무함마드가 아니라 자기 자신이라고 선언하였다. 이슬람민족은 인종, 부족, 종족의 차이를 초월한 공동체 안에서 이슬람의 모든 신자들이 공유하는 형제애가 아니라 흑인우월주의와 흑인분리주의를 가르쳤다. 또한 이슬람의 다섯 가지 기둥을 따르지도 않았고, 주요 무슬림 의례도 지키지 않았다.

이슬람민족에서 전국적으로 유명해진 핵심 인물은 감옥에서 이슬람민족의 가르침을 받아들인 맬컴 엑스(Malcolm X)다. 흑인 민족주의를 주창하고, 백인 인종주의를 거부하며, 자립을 장려한 엘리야 무함마드의 가르침에 이끌린 맬컴 리틀(Malcolm Little)은 맬컴 엑스가 되었다. 엑스(ex)는 과거 흡연자(ex-smoker), 과거 음주자(ex-drinker), 과거 그리스도인(ex-Christian), 과거 노예(ex-slave)를 상징한다. 엑스는 또한 노예였던 맬컴의 조상이 가졌지만 알려지지 않은 성(姓)을 나타내기도 하였다.

맬컴은 노예 주인이 준 원래의 성보다 엑스를 더 선호하였다. 천부적 재능의 카리스마 넘치는 웅변가였던 맬컴은 가장 눈에 띄는 탁월한 대변인으로 활약하며 새로운 신도를 끌어들였고(후에 무함마드 알리로 개명한 복싱선수 캐시어스 클레이도 그중 한 명이었다), 사원을 짓고, 국내외적으로 이슬람민족의 가르침을 전파하였다. 그러나 국제행사에서 순니 무슬림과 만나면서 점차 그의 종교적 세계관이 엘리야 무함마드의 이슬람민족에서 주류 이슬람으로 바뀌었다.

1964년 맬컴 엑스는 이슬람민족을 떠나 자신의 조직을 새롭게 시작하였다. 이때 그는 메카 순례를 떠났다. 순례에서 경험한 것, 즉 인종, 부족, 민족에 관계없이 모든 신자들이 평등하다는 사실에 깊은 감명을 받았다. 맬컴은 자신이 깨달은 것을 이렇게 설명하였다.

우리는 진정 모두 똑같다(똑같은 형제들이다). 유일신 신앙의 덕으로 그들은 마음에서 '백인'을, 행동에서 '백인'을, 태도에서 '백인'을 지웠다.

그는 또한 이슬람 예배방식을 몰랐고, 예배 외에도 이슬람의 다섯 가지 기둥의 규정도 지키지 않았다는 것을 깨달았다. 순례를 마치고 맬컴은 흑인 무슬림이 아니라 엘핫즈 말릭 엣샤밧즈(El Hajj Malik El-Shabazz)라는 무슬림으로 돌아왔다. 그는 흑인 민족주의에서 범아프리카주의(pan-Africanism)로 입장을 전환하여 아프리카 출신 미국인이 아프리카 문화, 종교와 연대의식을 갖도록 하였다. 1965년 2월 21일, 맬컴 엑스는 뉴욕시에서 청중들에게 연설을 하던 도중 암살당하였다. 이슬람민족 신도 두 명이 살인죄로 기소되었다.

1960년대는 이슬람민족의 전환기였다. 맬컴 엑스뿐 아니라 엘리야 무함마드의 아들 월리스 디 무함마드(Wallace D. Muhammad)도 이집트와 스코틀랜드에서 수학한 저명한 이슬람 학자인 동생 아크바르 무함마드(Akbar Muhammad)와 함께 아버지의 가르침과 전략에 의문을 제기하고 대들었다. 엘리야 무함마드는 두 아들을 모두 파문하였다. 그러나 생애 말기에 엘리야 무함마드 역시 메카 순례를 다녀온 후 자신의 가르침을 일부 수정하였다. 1975년 엘리야 무함마드의 죽음을 앞두고 엘리야 무함마드와 이슬람민족이 국내 도시와 공동체에 건설적으로 공헌한 사실이 공개적으로 인정받았다.

부친을 이어 이슬람민족의 최고목회자가 된 월리스 디 무함마드는 정통 순니 이슬람의 가르침에 부합하도록 교리와 조직구조를 개혁하였다. 월리스 파드는 이슬람민족의 창시자로, 엘리야 무함마드는 미국 흑인을 자신이 해석한 이슬람으로 이끈 지도자로 각각 인정하였다. 월리스 디 무함마드는 메카 순례를 하였고, 이슬람을 더 잘 이해하기 위하여 신도들에게 아랍어를 공부하라고 권장하였다. 사원(temple)은 모스크로 이름을 바꾸었고, 지도자는 목회자(minister)가 아니라 이맘으로 불렀다. 신도들은 이제 자신들이 일원이 된 전 세계 이슬람 공동체와 함께 이슬람의 다섯 가지 기둥을 준수하였다. 미국 정치에 참가하면서 흑인분리주의 교리는 포기하였다. 끝으로 남녀평등을 재확인하고, 여성에게 공동체 사역 책임을 주었다. 사회와 경제 변화를 위해 꾸준히 애쓰면서 사업을 줄이고 종교적 정체성과 선교를 우선시하였다.

1970년대 말에 월리스는 조직 통솔권을 여섯 명의 선출된 이맘으로 구성된 위원회로 넘기고, 종교적이고 영적인 지도자 역할에 집중하였다. 1980년대 중반에는 자신과 이슬람민족의 새로운 종교적 정체성과 임무를 알리면서, 월리스는 자신의 이름을 와리스 딘(Warith Deen)으로 바꾸었다. 그리고 전 세계 주류 이슬람 공동체 및 미국인 무슬림 공동체 안에 이슬람민족을 통합하면서 이슬람민족을 미국 무슬림선교(American Muslim Mission)라는 새로운 이름으로 바꾸었다.

흑인 무슬림 운동을 다루는 미디어 보도는 루이스 파라칸(Louis Farra-khan)에 중점을 두는 경우가 많다. 파라칸은 와리스의 개혁에 항의하여 소수 이슬람민족 구성원들을 이끌었던 인물인데, 오직 자신과 자신의 추종자들만이 엘리야 무함마드의 본래 메시지와 사명에 충실해왔다고 주장하면서 맬컴과 와리스 딘 무함마드(2008년 사망) 두 사람이 도입한 변화를 격렬하게 거부하였다. 파라칸은 이슬람민족의 흑인민족주의 및 분리주의 원칙에 따라 이슬람민족의 지도자 역할을 유지하였다. 공격적이고, 분리주의적인 메시지와 함께 파라칸이 리비아와 이란의 지도자들 같이 호전적인 지도자들과 맺은 국제관계를 보면 그와 그를 따르던 소수의 지지자들의 시각은 균형을 잃었다고 할 수 있다.

파라칸의 호전성과 반유대적 진술들은 널리 비판받아왔다. 동시에 이슬람민족은 범죄와의 싸움, 마약과의 싸움, 죄수 갱생을 향한 파라칸의 카리스마와 에너지 덕에 칭송을 받기도 하였다. 1995년 워싱턴 디시의 백만인 행진을 이끈 그의 지도력은 광범위한 미디어의 관심을 받았고, 무슬림뿐 아니라 그리스도인의 지지도 이끌어냈다. 최근 몇 년 동안 파라칸은 주류 이슬람에 좀 더 가까운 정체성을 유지하면서 이슬람민족을 정통 이슬람에 더 근접하게 이끌어왔다.

041 | 수피는 누구인가?

수피들은 수피주의(Sufism)라고 알려진 이슬람의 신비주의 전통에 속한다. "수피"라는 이름은 수프(suf, 모직)라는 아랍어 단어에서 파생하였다. 처음 수피라고 불렸던 사람들이 입었던 조악한 모직 외투를 기념하는 말인데, 그리스도교 수도자들이나 다른 신비주의 수행자들이 입은 옷과 닮았다. 그리스도교, 유대교, 힌두교, 그리고 불교의 신비주의 운동과 마찬가지로 수피는 하나님의 존재를 직접 체험하기 위하여 정신과 육체를 수련한다. 하나님을 발견하기 위해 세상으로부터 은둔하는 그리스도교 수도 전통과는 대조적으로, 수피는 세상 안에서 하나님을 발견하기 위해 노력을 기울인다.

수피들은 자기 내면의 탐욕, 나태, 이기적 자아와 싸우면서 자신을 희생하고 수련하는, 개별적이고 영적인 노력을 최우선시 한다. 이러한 투쟁은 (이슬람을 방어하기 위한 무장투쟁인 "작은 지하드"와는 상반된 것으로) "큰 지하드"로 알려져 있다.[34] 큰 지하드는 순나(무함마드의 전례典例)를 공부하고 명상하며, 종교적 의무, 특히 기도와 단식을 행하고, 하나님이 세상의 중심이라는 것과 최후의 심판에 중점을 두고, 인간을 하나님으로부터 멀어지게 할 수 있는 물질적 욕망을 부정하고, 선행을 행하며, 하나님의 의지를 완벽하게 수행하려고 스스로를 헌신하는 것이다. 유명한 여성 신비가인 라비아 알아다위야(Rabia al-Adawiyya, 714?~801)는 수피 수행에 하나님을 향한 헌

---

34 언론에서 지하드(Jihad)를 성전(聖戰)으로 옮기는 경우가 많다. 지하드는 '노력하다', '애쓰다'라는 뜻을 지닌 아랍어 동사 자하다에서 나온 동명사다. '노력함', '애씀'으로 옮길 수 있다. 작은 지하드란 신앙을 방해하는 이들과 맞서 싸우는 방어적 투쟁, 큰 지하드는 내적인 유혹과 악에 맞서 싸우는 노력을 뜻한다.

신적인 사랑을 더하였다.

이슬람법과 마찬가지로, 수피운동은 이슬람 제국이 커지고 힘이 강력해지면서 무슬림 사회의 물질주의와 부(富)가 증가함에 따라 이에 맞서기 위한 일종의 개혁운동으로 시작하였다. 이슬람법과 의례를 엄격하게 고수하면 제국의 과도한 생활방식과 사치를 해결할 수 있다고 믿는 사람들도 있었지만, 수피들은 영적으로 결핍되었기에 법, 규칙, 의무, 권리를 강조해야 한다고 보았다. 수피들은 하나님을 향한 직접적이고 개인적인 체험의 여정에서 "내면"의 길을 강조하고, 무함마드 시대의 순수함과 소박함을 추구하였다.

세상 속에 이상적인 이슬람 사회를 만들기 위해 무함마드가 남긴 전례를 따르며 쉬지 않고 노력한 수피들은 무슬림의 정치적인 삶에서도 종종 중요한 역할을 수행하였다. 예를 들어 18~19세기에 수피교단(Sufi Brother-hood)[35]은 사회를 재생하고, 이슬람 국가를 만들며, 식민지 권력에 대항하여 이슬람 부흥의 물결을 이끈 지하드 운동(예를 들어 수단의 마흐디, 나이지리아의 푸라니, 리비아의 사누시)을 이끌었다.

또한 수피교단은 선교 활동을 하면서 이슬람 확산에 중요한 역할을 하였다. 새로운 지역에서 이루어지는 비이슬람적 관습과 행위를 수용하고, 이에 적응하는 성향과 더불어 강력한 헌신적·감성적 실천행위 덕에 수피교단은 인기 있는 대중운동이 되어 기존 정통 종교의 지위를 위협하였다. 이러한 방식으로 수피주의는 이슬람에서 대중적 종교 실천과 영성의 필수적인 부분이 되었다. 하지만 지역의 전통들을 기꺼이 포용하려는 자세 때

---

35 수피들은 가톨릭의 수도원처럼 조직을 이루어 생활을 하였는데, 이를 두고 수피교
   단이라고 한다. 아랍어로는 따리까(Tariqah).

문에 보수적인 종교기관들은 수피가 이슬람 교리에 충실하지 못하다고 비판하였다. 실제로 대중적인 수피운동은 종종 세상을 피하여 은둔하였을 뿐 아니라 주술과 미신에 빠지기도 하였다. 18~20세기 주요 이슬람 부흥 및 개혁운동 중 일부는 수피주의에서 미신적인 활동을 제거하여 보다 정통적인 이슬람 해석과 보조를 맞추고자 노력하였다.

오늘날 수피주의는 무슬림 세계 전역에서 다양한 신앙 형태로 존재한다. 수피주의는 사적인 삶과 공적인 삶 모두에서 여전히 무슬림 사회의 강력한 영적 존재이자 세력으로 남아 있고, 유럽과 미국에서 여러 개종자들을 끌어들이면서 많은 추종자를 거느리고 있다.

042 | 이슬람 근본주의자는 누구인가?

이슬람 근본주의(Islamic fundamentalism)란 말을 들으면 많은 이미지가 떠오른다. 이란혁명, 아야톨라 호메이니, 세계무역센터와 펜타곤을 공격한 9·11 테러, 오사마 빈 라덴과 알카에다, 자살폭탄 테러범들. 많은 사람들은 이 용어를 단순하게 급진주의, 종교적 극단주의, 테러리즘과 같은 말로 생각한다. 하지만 이 단어를 들으면서 인질사태, 대사관 포위, 항공기 납치, 폭격 등의 이미지를 떠올린다면 이해의 폭이 무척 단순한 것이다. 근본주의라는 말은 대단히 넓은 스펙트럼을 지닌 이슬람 운동과 행위자를 가리키기에, 이상화된 과거를 향한 순수하고 청교도적인 비전을 재도입하거나 재건하기를 원하는 사람들과 이슬람의 원칙과 가치에 뿌리를 두고 근대적 개혁을 시도하려는 사람들을 모두 포함한다.

극단주의자뿐만 아니라 학교, 진료소, 사회복지기관 등에서 가난한 사람들에게 교육, 의료, 사회복지 서비스를 제공하는 사람들도 이슬람 근본주의자에 속한다. 이슬람 과격분자들(militants)이 폭력과 테러를 통해 자신들의 목적을 달성하려 애쓰고 있는 모든 나라에는 이슬람 정당과 사회복지조직이 있어 전국 및 지방선거에 참여하고 주류 사회 안에서 효과적으로 역할을 수행한다.

편리하기는 하지만 그리스도교에서 유래한 근본주의라는 용어를 이슬람에 사용하면 오해를 낳을 가능성이 크다. 이슬람에서 이 말은 광범위하고 다양한 정부, 개인, 조직을 가리키는 데 쓰였기 때문이다. 보수적인 사우디아라비아 왕정, 급진적인 사회주의 국가 리비아, 성직자가 지배하는 이란, 탈레반의 아프가니스탄, 이슬람 공화국인 파키스탄은 모두 "근본주의자"로 불려왔다. 이 용어는 이들의 차이를 모호하게 만든다. 예를 들어 리비아와 이란은 과거에 반서구적 시각을 견지한 반면, 사우디아라비아와 파키스탄은 미국과 친밀한 동맹국이다. 이슬람이 현실 정치에서 하는 역할을 말할 때는 정치적 이슬람(political Islam)과 이슬람주의(Islamism)가 더 유용한 말이다.

이슬람주의 또는 정치적 이슬람은 1960년대 후반에 시작되어 무슬림의 개인적 삶과 공적인 삶 모두에 영향을 끼쳐온 현대의 종교부흥에 뿌리를 두고 있다. 많은 무슬림이 기도, 단식, 의복, 가족적 가치뿐 아니라 이슬람 신비주의 혹은 수피주의에도 새로운 관심을 보이며 보다 종교적인 사람이 되었다. 또한 다수의 생각처럼 세속주의, 서구 자본주의, 마르크스 사회주의가 대다수 무슬림을 빈곤과 실업, 정치 억압에서 해방시키는 데 실패하면서 이를 대체하는 정치와 사회사상으로서 이슬람이 공공의 삶에 다시 등장하였다. 온건부터 극단에 이르는 정부, 이슬람 운동, 조직들이 정통성을 확보하고 대중적 지지를 얻기 위하여 이슬람에 호소하였다.

이슬람 활동가는 극단주의자나 주류 무슬림이나 모두 "근본주의자"로 불리는데, 교육적으로나 사회적으로 매우 다양한 출신 배경을 갖고 있다. 빈민촌과 난민 캠프에 사는 가난한 사람, 실업자들뿐만 아니라 번창한 지역의 중산층 사람들도 이슬람 활동가가 된다. 경제적으로나 정치적으로 소외되거나 "억압받는" 출신 배경이 있는가 하면, 좋은 교육을 받은 대학생이나 전문직업인들도 있다. 많은 이들이 과학, 교육, 의학, 법 혹은 공학 분야 학위를 가지고 사회에서 활약하며 기여하는 전문가들이다.

이슬람 활동가 다수는 주류 사회의 비폭력적인 정치·사회 세력의 한 부분을 차지하고 있다. 이들은 터키의 수상, 인도네시아의 국회의장과 대변인, 말레이시아의 부총리로 봉직하였다. 이집트, 수단, 터키, 이란, 레바논, 쿠웨이트, 예멘, 요르단, 파키스탄, 방글라데시, 말레이시아, 인도네시아, 그리고 이스라엘-팔레스타인과 같은 다양한 국가의 각료, 의원, 시장도 역시 활동가 출신이다.

동시에 소수 과격분자들은 종교 극단주의자이자 테러분자들이다. 미국의 주요 도시에 폭탄을 터뜨리는 계획에 가담하였다가 투옥된 종교지도자 셰이크 오마르 압두르라흐만(Sheikh Omar Abdel Rahman)은 이슬람학 박사학위를 가지고 있고, 대학 졸업자이자 사우디아라비아에서 가장 부유한 가문 중 하나에 속했던 오사마 빈 라덴은 세계적 테러분자이자 알카에다의 지도자가 되었다. 오사마 빈 라덴의 오른팔인 아이만 앗자와히리(Ayman al-Zawahiri)는 이집트 유력 가문 출신의 외과의사였다.

043 | 이슬람은 중세적이고 변화에 저항하는가?

이슬람과 대부분의 무슬림 세계는 문화적(예를 들어 강력한 가부장적 사회, 여성의 베일, 여성 격리), 사회적(한편으로는 권위주의적이고, 다른 한편으로는 근본주의적), 경제적(발전 결핍과 경제 실패) 이유 때문에 종종 중세적으로 보인다. 하지만 사실 현대 무슬림은 과거와 마찬가지로 여러 다른 방식으로 이슬람을 해석한다. 아브라함의 유일신 신앙을 따르는 '형제자매들'[36]과 마찬가지로 극보수주의부터 더 진보적이거나 개혁적인 성향에 이르기까지 너른 접근법과 지향점을 보여준다.

이슬람과 그리스도교 혹은 유대교의 차이가 더욱 생생하게 드러나는 이유는, 흔히 우리가 그리스도교와 유대교를 에티오피아, 에리트리아, 혹은 수단 같은 더 전통적이고 전근대적이며 덜 발전한 사회의 그리스도교와 유대교보다는 근대 유럽과 미국의 그리스도교, 유대교처럼 보기 때문이다. 하지만 지역의 부족적·문화적 전통과 밀접하게 연결된 에티오피아나 에리트리아, 혹은 수단의 유대교와 그리스도교 역시 서구 유대교, 그리스도교와 뚜렷하게 대비된다. 물론 지리적으로 한정된 곳에 거주하는 1,400~1,800만의 유대인보다는 전 세계에 걸쳐 널리 퍼진 15억 그리스도인 사이에서 이러한 차이가 더욱 도드라진다.

다양한 역사적 동력과 경험 때문에 이슬람에서는 전통의 힘과 과거의 권위가 강화되어왔다. 17세기에서 21세기까지 4세기 동안 이슬람 세계의 대부분 지역이 유럽 식민주의의 지배를 받았다. 종교도 국가와 마찬가지로 포위를 당하면, 변화를 모색하고 수용하기보다는 자신들이 가진 것을

---

36 아브라함의 유일신 신앙을 공유하는 사람들, 즉 유대인과 그리스도인을 뜻한다.

아프가니스탄에서 벌어진 민주주의 규탄 시위. 전통적 가치와 근대성의 충돌은 이슬람의 개혁 과정에서 풀어야 할 숙제로 남아 있다.

유지하고 지키면서 생존에 집중하는 경향이 있다. 그래서 변화를 반대하는 사람들은 이슬람의 개혁을 요청하는 목소리를 이슬람을 서구화하려는 시도라고 종종 매도한다.

보수주의자들은 이슬람을 지킨다고 하면서 계시된 신앙의 원천을 이슬람법 서적과 신학 서적에 보존되어 전승된 인간적 해석과 구별하지 않는다. 이러한 인간적 해석은 계시와 달리 각자가 처한 사회적 맥락 안에서 이루어졌다. 이와 반대로 개혁가들은 현대 세계가 직면한 문제에 이슬람적 지침을 재적용하는 재해석과 개혁을 대담하게 시도하는 과정에서 신성하게 규정된 믿음과 실천이 과거의 법이나 인간적 해석과 차이가 있음을 강조한다.

이렇게 서로 다른 종교적 해석과 지향점 사이에 변화가 계속 일어났고, 때로는 두 발짝 앞으로 나가다가 한 발짝 물러서는 것처럼 보이는 과정 속에서 변화가 계속 이어지고 있다. 세속적·종교적 개혁가들은 각각 종교 이해, 종교교육, 가족법(결혼, 이혼, 상속), 여성의 교육과 고용 기회 확대, 민주화, 다원주의, 인권 등에 영향을 끼치는 변화를 이끌어내고자 노력하였다.

한편 보다 보수적인 종교지도자 및 일부 극보수주의적 활동가와 조직은 종종 엄격하고, 호전적이고, 청교도적이며 비관용적인 믿음, 가치, 입장을 구현하려고 시도하였다.

끝으로, 여러 (세속적·종교적) 권위주의 정부가 사상과 표현의 자유를 억압하기 위하여 종교를 이용해왔다는 사실을 지적해두고 싶다. 이들은 종교의 이름으로 독립적인 언론, 미디어, 정당, 노동조합을 제한하거나 금지한다.

오늘날 무슬림은 매우 중요한 교차로에 서 있다. 서양 세계가 수십 년간 점진적으로 대처하였던 사회적·정치적·경제적 변화를 급진적으로 실행해야 하는 상황을 맞고 있다. 세계화가 심화되는 가운데 무슬림은 한정된 자원을 가지고 생존하고 경쟁하며, (문화적으로나 정치적으로나 경제적으로) 서구가 지배하는 세계 안에서 자신의 정체성을 유지하고자 애쓰고 있다. 많은 이들은 개인적·민족적 정체성을 유지하는 데 종교의 역할이 매우 중요하다고 생각한다. 종교 덕분에 이슬람적 유산과 현대적 삶이 이어지고 있다는 감정을 느낀다. 일부는 과거의 권위와 과거가 주는 안도감에 집착하려는 유혹에 빠진다. 그러나 자신들의 신앙과 수세기 동안 존재해온 이슬람적 개혁의 전통이 무슬림 사회가 활력을 회복하는 데 매우 중요한 역할을 할 수 있다고 확신하면서 새로운 길을 따르고자 하는 사람들도 있다.

044 | 이슬람과 근대화는 양립할 수 있는가?

무슬림 세계는 일반적으로 발전이 부족한 것처럼 묘사된다. 이를 이슬람 탓으로 돌리는 사람들이 있지만, 무슬림 세계의 발전 결핍은 다른 곳과 마찬가지로 사실 종교보다는 주로 경제, 한정된 자원, 교육 문제 때문이다. 오늘날 전 세계 무슬림 사회는 분명히 근대화를 추구하고 이행할 가치가 있는 목표로 여기고 있다.

여행자들은 흔히 외진 마을에도 텔레비전 안테나나 위성접시가 있는 것을 보고 놀란다. 주요 도시의 스카이라인에는 세계무역센터, 현대적 공장, 기업 본사들이 어우러져 있다. 세속적인 사람들, 보수적인 근본주의자, 개혁가 등은 모두 똑같이 휴대폰, 컴퓨터, 인터넷, 팩스, 자동차와 비행기 등 현대 기술의 산물을 이용하고 있다. 일부 무슬림 국가에 인터넷과 같은 특정 기술이나 시설이 없는 것은 사람들의 저항 때문이 아니라 비용이나 치안을 고려하였기 때문이다.(권위주의적 지도자들은 인터넷 때문에 자신들의 통제권이 약화될 것을 두려워하고 있다.)

근대화를 서구화·세속화와 동일시하면서부터 이슬람과 근대화 사이에 내재적인 갈등이 있을 것이라는 믿음이 생겼다. 어느 서구 전문가는 근대화가 필연적으로 신앙을 위협하고 약화시켰다면서 무슬림들은 메카와 메카나이제이션(기계화, Mecca and mechanization) 둘 중 하나를 선택해야 한다고 말했다. 이러한 태도는 신앙과 이성, 종교와 과학이 궁극적으로 양립할 수 없다는 믿음을 반영한다. 즉 지성적·정치적·종교적으로 근대적으로 된다는 것은 신앙과 정체성, 그리고 가치를 잃거나 희석시킨다는 것을 뜻한다.

세속적 무슬림과 이슬람 활동가는 같은 사회에서 같은 전문 직업을 가지고 공존한다. 이들은 종교적 믿음과 사회·정치의 관계를 서로 달리 바라보는 시각 때문에 갈등을 겪는다. 성공 가능한 근대 국민국가가 되려면 종교와 정치, 또는 모스크와 국가의 분리가 필요하다고 믿는 사람들이 있는가 하면, 이슬람적 원칙과 가치가 더 많이 작동하는 정부와 사회를 옹호하는 사람들도 있다. 하지만 여러 무슬림 세계(이집트, 터키, 말레이시아, 카타르,

카페에서 인터넷을 하는 젊은 무슬림. 이슬람의 근대화는 신앙과 정체성의 문제와 맞물려 있다.

인도네시아)와 일본이나 중국과 같은 여타 다른 국가의 사례가 보여주듯, 근대화가 사회의 전면적인 서구화 혹은 세속화를 뜻하지는 않는다. 근대 대학에서 과학, 의학, 법, 기계공학, 언론학, 경영학 및 사회과학을 전공한 소위 근본주의자들 또는 이슬람 활동가들이 이를 극명하게 잘 보여준다. 효과적으로 활동하고 사회 근대화에 기여하며 각자의 직업군에서 중요한 지위를 차지하고 있는 사람들이 많다.

045 | 현대 무슬림 사상가나 개혁가가 있는가?

폭력과 테러가 신문 일면을 장식하기 때문에 우리 대다수는 '투쟁'을 옹호하는 호전적인 지하드 전사들에 관해서는 잘 알지만, 평화적인 혁명과 문명 간 대화를 위해 일하는 사람들에 대해서는 잘 모른다. 오늘날 전 세계 지식인, 종교지도자, 행동가가 이슬람과 서구의 만남에 대해 이야기하고 있다.

20세기 초 이슬람 근대화운동, 이후 이집트의 무슬림 형제단, 파키스탄의 '자마아티 이슬라미(Jamaat-i-Islami)'의 이슬람('근본주의') 운동처럼 오늘날 이슬람에 경도된 지식인과 행동가들은 이슬람 근대화와 개혁운동을 계속 시도하고 있다. 소수이긴 하지만 이들은 이슬람 개혁뿐만 아니라 정부기관과 여타 공공의 장에서 자신들의 생각을 실천에 옮기면서 창조적인 새로운 실험을 하고 있다.

회원이 3천만 명에 달하는 인도네시아 나흐다툴 울라마(Nahdatul Ulama, 종교학자의 부흥) 지도자였던 개혁가이자 근대주의자 압두르라흐만 와히드(Abdurrahman Wahid, 1940~2009)는 인도네시아 역사상 민주적으로 선출된 최초의 대통령이었다. 미국 시카고 대학에서 공부한 정치학자이자 인도네시아의 무함마디야(Muhamaddiyya) 지도자였던 아미엔 라이스(Amien Rais) 박사는 인도네시아 국회의장을 지냈다.

말레이시아 이슬람 청년운동(ABIM, Malaysia's Islamic Youth Movement) 설립자 안와르 이브라힘(Anwar Ibrahim)은 말레이시아 부총리, 공학도인 네즈메틴 에르바칸(Necmettin Erbakan)은 터키의 총리, 종교학자 모함마드 하타미(Mohammad Khatami)는 이란의 대통령이 되었다. 이슬람 신앙을 중요하게 여기는 전문직 종사자들이 대통령직과 총리직을 수행하고, 국회에서 일하거나 주요 도시의 시장직을 맡았으며, 각기 자신의 직업군(변호사, 의사, 공학자, 과학자 등)에서 지도적인 역할을 하고 있다.

여러 무슬림 국가와 달리 자유롭고 개방된 환경 덕에 특별히 미국과 유럽에서 개혁사상이 활발히 논의되고 있다. 유럽에는 이집트 무슬림 형제단 설립자 하산 알반나(Hasan al-Banna)의 손자이자 스위스 학자이며 행동가인 타리끄 라마단(Tariq Ramadan) 박사, 파리 소르본 대학의 모함메드 아르쿤(Mohammed Arkoun, 1928~2010) 박사 같은 무슬림 학자와 행동가가 있다. 미국에는 수피사상 및 이슬람과 과학의 전문가인 조지타운 대학의 세예드 호세인 나스르(Seyyed Hossein Nasr) 교수, 이슬람과 민주화, 인권에 대해 많은 글을 쓴 버지니아 대학의 압둘아지즈 사체디나(Abdulaziz Sache-dina) 교수, 미국과 아프리카의 이슬람에 대해 많은 글을 쓴 하워드 대학의 술래이만 냥(Sulayman Nyang) 교수, 꾸르안, 다원주의, 이슬람 개혁에 대한 글을 다수 남긴 파트히 오스만(Fathi Osman, 1928~2010) 박사, 꾸르안과 여성에 대해 쓴 저자로 버지니아 커먼웰스 대학에서 은퇴한 아미나 와두드(Amina Wadud) 교수, 법, 다원주의, 성, 폭력극단주의 문제를 연구한 칼레드 아부 엘파들(Khaled Abou El Fadl) 캘리포니아 주립대학 UCLA 법대 교수 등이 있다. 이들 학자는 새로운 생각을 발표하고 토론하며, 개혁을 위한 논리와 전략을 개발하고, 좀 더 역동적이고 진보적인 비전으로 다음 세대를 가르친다. 이들의 사상이 번역을 통해 수출됨에 따라 서구뿐 아니라 무슬림 국가에서도 그 영향력을 감지할 수 있다.

오늘날 쌍방향에서 소통하는 초고속도로가 세상을 연결하고 있다. 무슬림 국가 내 이슬람 학문의 전통적 중심지에서뿐만 아니라 서구에 있는 종교학자, 종교지도자, 종교기관, 또 서구에서 배운 후 자신의 나라에서 전문직업인과 지도자가 된 사람들로부터도 개혁적 사고가 발산되고 있다. 진보적인 무슬림과 보수적인 무슬림 사이의 토론이 인터넷을 통해 전 세계로 퍼지고, 이슬람과 국가의 관계, 이슬람 금융, 민주주의, 종교와 정치적 다원주의, 가족의 가치, 동성애자의 권리 등 다양한 주제를 두고 열띤 토론이 온라인상에서 벌어지고 있다.

유대교와 그리스도교의 근대 개혁 과정과 마찬가지로 지도력에 대한 질문과 과거(전통)의 권위는 이슬람의 개혁에서 매우 중요하다. "누구의 이슬람인가?"는 중대한 물음이다. 누가 변화를 재해석하고, 결정하고, 지도하며 실행할 것인가? 선출되지 않은 왕, 군인, 전직 군인이 대다수를 차지하는 통치자와 정권이 할 것인가, 아니면 선거로 뽑힌 의회가 할 것인가? 근대의 현실에 창조적으로 대응할 준비가 되어 있지 않지만, 스스로를 이슬람 해석의 적임자라고 여기는 울라마(종교학자) 또는 성직자가 주도할 것인가? 아니면 근대적 교육을 받은 이슬람적 지성인과 활동가들이 최적임자인가? 사상과 표현의 자유, 효율적인 리더십을 제한하는 권위주의 사회에서는 대립과 증오의 신학을 내세운 오사마 빈 라덴과 같은 극단주의자들이 지나치게 자주 이러한 개혁의 공백을 메운다.

두 번째 주요 질문은 "이슬람은 무엇인가?"이다. 이슬람 개혁이 단순히 과거 교의와 법을 회복하는 것인가? 아니면 현대적 삶의 요구를 충족시키기 위해 이슬람을 재해석하고 재규정하여 개혁하는 것인가? 이슬람법의 고전적인 원칙 재이행을 기반으로 이슬람 국가 건설을 요구하는 사람들이 있는가 하면, 현대 사회라는 새로운 현실 아래 법을 재해석하고 재규정할 필요가 있다고 주장하는 사람들도 있다.

이슬람 개혁의 과정은 어렵다. 모든 종교가 그렇듯 수세기에 걸친 오랜 신행(信行)인 전통은 꾸르안의 가르침이나 예언자의 행위(순나)에 뿌리내렸기에 강력하다. 종교교육과 수많은 무슬림의 세계관에 심대한 영향력을 행사하는 대다수의 종교학자, 지역 모스크의 지도자(이맘), 설교자들은 더욱 전통적인 종교교육을 받았다. 개혁의 선봉에 선 이들의 생각이 종교를 가르치는 신학교, 학교, 대학의 교육과정 안에 편입되지 않는 한 결코 널리 전파되거나 받아들여지지 않을 것이다. 강력한 보수주의 세력, 한정된 인력과 재원, 사상의 자유를 제한하거나 통제하는 여러 국가의 권위주의 문화에 직면해 있기 때문에 개혁에는 지적이고 제도적이라는 이중 과정이 필요할 것이다.

2장

이슬람과 다른 종교들

046 | 무슬림은 이슬람만이 진실한 종교라고 믿는가?

이슬람은 그리스도교와 마찬가지로 모든 인류에게 진정한 유일신을 숭배하라고 요청하는 보편적 사명을 띤 세계 종교다. 역사적으로 무슬림은 하나님이 무함마드와 무슬림 공동체에게 최종적으로 이러한 계시를 내렸다고 믿어왔다. "우리는 인류에게 복음과 경고를 전하기 위해 그대를 보냈다"(꾸르안 34장 28절)는 믿음을 확산시킬 의무가 무슬림 공동체에 있다.

이슬람은 하나님이 모세와 유대인들과 처음 계약을 맺었고, 그다음 계약을 맺은 것은 예수와 그리스도인이었지만, 최종 계약은 무함마드와 무슬림 공동체와 맺었다고 가르친다. 꾸르안과 무슬림 믿음에서는 하나님이 사도와 예언자를 많이 보냈다는 것을 인정하지만, 유대인이나 그리스도인과 마찬가지로 무슬림 역시 자신들이 하나님의 말씀과 진리를 완전하게 소유한다고 믿는다. 또한 유대인 공동체와 그리스도인 공동체가 무심결에, 그리고 목적을 가지고 하나님의 계시를 변경했기 때문에 불완전하고, 변질되고, 왜곡된 형태로 하나님의 말씀을 믿고 있다고 생각한다. 따라서 토라의 왜곡된 계시를 바로잡기 위해 하나님이 복음을 계시한 것과 마찬가지로 성서와 토라의 오류를 바로잡기 위해 또 다시 하나님이 꾸르안을 계시했다고 다수의 무슬림은 믿는다.

꾸르안은 인류에 내린 하나님의 최종계시로, 왜곡됨 없이 순수하다. 따라서 움마는 이러한 말씀을 세상과 나누고, 모든 사람들이 진정한 유일신을 섬겨 믿는 자들의 공동체에 참여하도록 초대할 책임을 지고 있다.

이른 시기부터 사회 모든 계층의 무슬림은 어디를 가든지 자신들의 신앙을 전파하는 일(dawa, 선교)에 참여해왔다. 이슬람 공동체가 정치적으로 팽창함에 따라 종교지도자와 군인은 물론 상인도 신앙을 전파했다. 과거와 마찬가지로 오늘날에도 많은 무슬림이 설교를 하고, 글을 쓰고, 모범을 보이며, 모스크와 학교를 짓고, 이슬람 출판물을 내고, 비무슬림을 개종시키려는 단체를 지원하고자 재정지원을 하며 신앙을 증언하고 있다.

047 | 무슬림의 종교적인 비관용은 어떠한가?

신문을 읽거나 인권보고서에 관심을 기울이고 있는 사람이라면 누구나 무슬림 세계의 종교다원주의와 종교적 관용 문제를 잘 알고 있다. 유감스럽게도 극소수 무슬림은 자신의 신앙을 강하게 확신하는 매우 보수적이고 청교도적인 그리스도인이나 유대인과 마찬가지로, 타인의 신앙에 대해 다원주의적 태도를 지니지 않고 있다.

오늘날 헌법상 동등한 시민권과 종교의 자유를 보장받고 있는 무슬림 세계의 소수 종교인은 점차 이러한 권리를 누리지 못할 것이라고 우려하고 있는데, 여기에는 나름 이유가 있다. 예언자에 대한 모독적인 발언과 꾸르안 모욕을 빌미로 그리스도교에 대한 공격이 종종 정당화되는 경우가 있다. 게다가 파키스탄과 이라크의 순니파와 시아파 무장단체 사이에서 벌어지는 무슬림 집단 내 비관용과 폭력행위는 지나치게 일상적인 일이 되었다. 차별, 폭력, 마을과 교회 및 모스크 파괴, 성폭행과 살인 등 종교적·공동체적 긴장과 갈등이 파키스탄, 이집트, 수단, 나이지리아, 이란, 이라크, 아프가니스탄, 방글라데시, 말레이시아, 인도네시아에서 불꽃같이 타올랐다.

오늘날 다원주의와 관용을 둘러싼 주요 논쟁 중 하나는 과거의 이슬람 교리를 활용하여 현안을 해결할 수 있는지 여부다. 일각에서는 딤미(dhimmi, 보호받는 사람) 지위를 복원하여 소수 종교인을 보호하고자 한다.

딤미는 무슬림 지배 하에서 살며 특별세(jizyah)[1]를 내는 대가로 신앙생활을 하고 자신들의 종교지도자의 지도를 받으며, 그들 자신의 종교법과 관습을 따를 수 있는 비무슬림이었다. 이러한 처우는 당시로서는 매우 진보적인 것이었다. 유대인, 무슬림, 교황의 권위를 거부한 그리스도인이 박해받고, 개종을 강요받거나 추방당했던 그리스도교 세계에는 이러한 관용이 존재하지 않았다.

그러나 과거 이러한 정책이 제아무리 진보적이었다고 할지라도 오늘날 비무슬림에게는 이등 시민권에 불과하다. 그래서 일각에서는 모든 사람이 평등하다고 한 꾸르안의 말씀에 따라 비무슬림이 완전한 권리를 누려야 한다고 주장한다. 이들은 단지 단일한 민족이나 부족이 아니라 서로 다른 민족, 인종, 부족, 언어를 가진 세계를 창조하기로 한 하나님의 결정을 묘사하고 있는 꾸르안 구절을 인용한다. "사람들이여, 우리는 남자와 여자로부터 너희를 창조하였고, 너희를 종족과 부족으로 만들어 서로 알게 하였다."(꾸르안 49장 13절)

꾸르안은 인류 공동체의 종교적 다양성을 인정하고, 종교다원주의를 지지하는 계시를 다음과 같이 담고 있다.

모든 이에게 우리는 법과 명백한 길을 정해주었다.(꾸르안 5장48절).

모든 이에게는 저마다 향하는 방향이 있다. 그러므로 서로가 선행을 두고 경쟁하라. 너희가 어디에 있든지, 하나님께서는 (심판의 날에) 너희를 한데 모아들이신다. 진정 하나님께서는 만물에 전능하시다.(꾸르안 2장 148절)

---

1   꾸르안 9장 29절에 나오는 용어로 유대인과 그리스도인에게 요구한 것인데, 그 내용은 정확히 알 수 없다. 역사적으로도 뜻을 명확하게 파악하기 힘들지만, 대체로 인두세(人頭稅)라고 부른다.

저명한 무슬림 학자들의 주장에 따르면, 배교자를 사형에 처하는 이슬
람법은 꾸르안에 바탕을 둔 것이 아니라 이슬람 초기에 공동체의 단합과
안전, 안위를 위협하는 적에 맞서 싸울 때 이탈이나 배신을 막고 처벌하
기 위한 인위적 노력이었다고 한다. 따라서 배교는 신앙을 거부하는 것뿐
만 아니라 공동체에 정치적 충성을 하지 않는 것과 관련되었다. 예를 들어,
무함마드 사후 아랍 부족 일부가 무함마드 추종자들과 맺은 정치적 동맹
을 파기하려고 하자 첫 번째 칼리파가 이들과 전쟁을 벌였는데, 이를 두고
후대 역사가들은 "배교전쟁"이라고 불렀다. 이들 부족은 신앙을 버린 것이
아니라 무함마드 공동체와 맺은 정치적 유대를 파기한 것이었다.

배교전쟁은 사실상 정치적 이탈이나 배신 행위였다. 이와 마찬가지로
카리지파는 칼리파 알리를 비난하고 반기를 들었는데, 이는 칼리파 알리
가 이슬람을 저버렸기 때문이 아니라 반란을 일으킨 시리아 총독 무아위
야와 협상하는 데 동의했기 때문이다. 카리지파는 이를 하나님의 뜻과 공
동체의 합의에 반하는 행동으로 보았다. 개혁가들은 적에게 둘러싸여 있
던 초기 이슬람 공동체 국가가 반대, 이탈, 혹은 정치적 동맹 파기를 정치
적 위협으로 보았기 때문에 배교로 간주하였다고 주장한다.

인도네시아 학자 누르콜리슈 마지드(Nurcholish Madjid) 같은 개혁가들은
시대가 변했으니 법도 변해야 한다고 주장한다. "누구든 이슬람 아닌 다른
종교를 찾는 이는 받아들여지지 않을 것이고, 내세에 패배자가 될 것이다"
라는 꾸르안 3장 85절을 언급하면서, 누르콜리슈는 배교행위 처벌은 국가
가 아니라 심판의 날 하나님이 결정할 사항이라고 주장한다. 이집트의 대
무프티 셰이크 알리 곰아(Sheikh Ali Gomaa)는 역시 "무슬림이 이슬람이 아
닌 종교를 선택할 수 있느냐?"는 질문에 "그렇다. 꾸르안은 '너에게는 너
의 종교, 나에게는 나의 종교'(109장 6절)라고 하였고, '누구든지 원하는 사

평화의 고리를 만들어 시나고그(유대교회당)를 지켜주는 노르웨이의 무슬림

람은 믿게 하시고, 누구든지 원하는 사람은 믿지 않게 하신다'(18장 29절)고 하였으며, '종교에는 강요가 없노라'(2장 256절)고 하였기 때문이다"라고 대답하였다.

역사적으로 종교적 배타주의는 모든 세계 종교, 특히 유대교, 그리스도교, 이슬람교에 공통적인 현상이었음을 기억하는 것은 중요한 일이다. 이들 종교는 각자 자신만이 진정한 신앙을 가진 것처럼 행동하는 경향이 있다. 하지만 무슬림과 그리스도인이 세계 인구의 절반을 차지하는 미래를 생각하면, 그리스도교와 그리스도인처럼 이슬람과 무슬림 역시 자신이 특별하다는 감정을 지니면서도 다른 신앙을 존중하는 균형 잡힌 태도를 유지하여야 한다. 사실 미국 무슬림 대중의 여론은 이러한 방향으로 움직이고 있다. 2008년 퓨 여론조사(Pew Survey)[2]의 이슬람과 종교다원주의에 관

---

2   미국 퓨리서치센터(Pew Research Center)의 여론조사.

한 질문에 응답한 무슬림 중 소수(33%)만이 "나의 종교가 영원한 삶으로 이끄는 유일하고, 진정한 신앙이다"라고 말한 데 반해, 다수(56%)는 "많은 종교가 영원한 삶으로 인도할 수 있다"고 생각하였다.

048 | 이슬람은 그리스도교 및 유대교와 어떻게 비슷한가?

유대교, 그리스도교, 이슬람은 힌두교나 불교와는 달리 모두 아담과 아브라함, 모세의 하나님-우주를 창조하고 유지하는 주님-을 숭배하는 유일신 신앙이다. 이들은 하나님의 유일성(유일신 신앙), 신성한 역사(하나님의 활동이 펼쳐지는 장이자 하나님과 인간이 만나는 곳), 예언자와 신성한 계시, 천사와 사탄에 대해 서로 같은 믿음을 공유한다. 이들은 모두 도덕적 책임감과 의무, 심판의 날, 영원한 보상과 형벌을 강조한다.

이 세 신앙은 모두 하나님과 특별한 계약을 맺었다고 강조한다. 유대교는 모세, 그리스도교는 예수, 이슬람은 무함마드를 통해서 말이다. 그리스도교는 유대인이 하나님과 맺은 계약 및 하나님이 유대인에게 내린 계시를 받아들이지만, 예수가 옴으로써 유대교를 대체했다는 전통적인 생각을 가지고 있다.

그리스도교는 새로운 계약과 신약성서를 말한다. 마찬가지로 이슬람과 무슬림은 유대교와 그리스도교를 인정한다. 성서의 예언자(아담, 아브라함, 모세, 예수)와 이들이 받은 계시(토라와 복음서)를 받아들인다. 무슬림은 성서의 모든 예언자를 존경하는데, 이는 어떤 예언자든 간에 이름을 언급한 후, 또 무슬림식 예언자 이름인 이브라힘(아브라함), 무사(모세), 다우드(다윗), 술래이만(솔로몬), 이사(예수)를 말한 후 "그에게 평화와 축복이 깃들길"이라는 말을 덧붙이는 관습에서 잘 드러난다. 더 나아가 이슬람은 예수와 동정녀 마리아를 자주 언급하는데, 동정녀 마리아는 신약성서보다 꾸르안에 더 많이 나온다.

그러나 무슬림은 이슬람이 유대교와 그리스도교를 대체한다고 믿으며, 꾸르안은 최종적이고 완전한 하나님의 말씀이고, 무함마드는 예언자들의 봉인[3]이라고 믿는다. 히브리 성서 대부분을 수용하는 그리스도교와는 달리, 무슬림은 구약과 신약이 모세와 예수에게 내린 원계시가 변질된 것이라고 믿는다. 더 나아가 예수는 하나님의 아들이라는 믿음, 구원과 속죄 등 그리스도교에서 발전한 새로운 교리는 하나님의 계시를 인간이 왜곡한 결과물이라고 본다.

평화는 세 종교 모두에게 핵심적이다. 역사적으로 보면 이들 세 종교가 모두 "당신들에게 평화가"(유대교의 샬롬 알레이켐shalom aleichem, 그리스도교의 팍스 보비스쿰pax vobiscum, 이슬람의 살람 알레이쿰salam alaykum)라는 서로 비슷한 인사말을 사용하는 것을 보면 잘 알 수 있다. 하지만 이 평화의 인사는 주로 신앙공동체 내의 구성원끼리만 나누었다. 여호수아, 다윗왕부터 콘스탄티누스, 사자왕 리처드에 이어 무함마드와 살라훗딘(Salah al-Din)[4]에 이르기까지 각 종교의 지도자들은 공동체나 제국을 확장하거나 방어하기 위해 성전(聖戰)에 참여했다. 북아일랜드, 남아프리카, 미국, 이스라엘, 중동에서 볼 수 있듯, 신앙과 정치의 결합은 서로 방식은 달라도 근대에도 계속 존재한다.

이슬람은 믿음보다 행동, 신조보다 법을 강조한다는 점에서 유대교와 비

---

3   예언자 계보를 완성하는 최후의 예언자를 뜻한다. 집으로 말하자면 집을 완성하는 마지막 벽돌.
4   영어로는 흔히 "살라딘(Saladin)"이라고 부른다.

숫하다. 유대교와 이슬람에서 주요한 종교 과목은 종교법이고, 그리스도교에서는 신학이다.[5] 역사적으로 유대교와 이슬람에서는 종교적 실천 문제를 두고 종교 법학자들이 주요한 논쟁과 다툼을 벌인 반면, 그리스도교에서는 삼위일체의 본질이나 예수의 인성과 신성의 관계와 같은 신학적 믿음을 두고 초창기에 논쟁을 벌여 공동체가 분열되었다.

049 │ 무슬림들은 유대교와 그리스도교를 어떻게 보는가?

무슬림은 하나님이 자신의 뜻을 아브라함, 모세, 예수 등 예언자를 통해 계시했다고 믿기 때문에 이슬람 안에서 유대인과 그리스도인은 모두 특별한 지위를 갖는다.

> 말하여라. 우리는 하나님을 믿고, 계시된 것을 믿으며, 아브라함과 이스마엘, 이사악과 야곱과 그의 자손들에게 보내진 것을 믿으며, 모세와 예수, 주님의 예언자들에게 주어진 것을 믿습니다. 우리는 그들 사이에 어떠한 차별도 두지 않습니다. 우리는 하나님께 복종하는 자입니다.(꾸르안 3장 84절)

꾸르안과 이슬람은 유대인과 그리스도인을 아브라함의 자손으로 간주하고, 이들을 "경전의 백성"[6]이라고 부른다. 이 세 유일신 신앙이 모두 똑

---

5   이를 두고 유대교와 이슬람교는 올바른 행동(Orthopraxis), 그리스도교는 올바른 신조(Orthodoxa)를 중요시한다고 말한다.

6   하나님으로부터 받은 계시의 계시의 책, 즉 성서를 가지고 있다는 뜻이다. "성서의 백성"이라고도 한다. 이슬람이 확장되면서 피지배지역의 종교를 관용적으로 대할 때 이

같이 아브라함으로부터 나왔기 때문이다. 유대인과 그리스도인은 자신들의 기원을 아브라함과 그의 아내 사라로 거슬러 올라가 찾고, 무슬림은 아브라함과 그의 종인 하갈에게서 찾는다. 무슬림은 하나님이 예언자 모세를 통해 계시(토라)를 유대인들에게 먼저 준 후에 예언자 예수를 통해 그리스도인들에게 주었다고 믿는다. 무슬림은 성서의 많은 예언자들, 특히 모세와 예수를 인정하는데, 이들은 일반적인 무슬림의 이름이기도 하다. 마리아 역시 흔하게 쓰이는 무슬림 이름이다. 꾸르안 19장을 마르얌(Maryam)이라고 이름 붙인 것을 보면, 이슬람에서 마리아가 차지하는 위치를 잘 알 수 있다. 마리아의 이름은 신약성서보다 꾸르안에 더 많이 등장하고, 무슬림 역시 예수가 동정녀에게서 탄생했다고 믿는다.

하지만 무슬림은 모세와 예수에게 내려온 계시가 시간이 흐름에 따라 변질되었다고 믿는다. 무슬림은 구약성서, 더 구체적으로 토라에는 하나님의 계시와 인간이 왜곡한 것이 혼합되어 있다고 여긴다. 복음서도 마찬가지다. 예수가 하나님의 아들이고, 예수가 인류를 원죄로부터 구원하기 위해 대신 죽었다고 하는 것은 그리스도교가 발전시킨 "새롭고" 잘못된 신조라고 무슬림은 생각한다.

050 | 무슬림 국가에서 왜 무슬림은 그리스도교를 박해하는가?

종교적인 갈등과 박해는 여러 종교에 걸쳐 역사적으로 존재해왔고, 오늘날에도 계속되고 있다. 인도에서 힌두근본주의자들은 무슬림, 그리스도인,

———

용어를 상대 종교에 붙여 인정하기도 하였다.

시크교도와, 세르비아 그리스도인은 보스니아와 코소보의 무슬림과, 유대인은 팔레스타인의 무슬림 및 그리스도인과, 스리랑카에서는 타밀(힌두)과 싱할라(불교도)가, 레바논에서는 그리스도인과 무슬림이, 북아일랜드에서는 가톨릭교인과 개신교인이 서로 갈등을 빚었다.

역사 속에서 우리는 종교가 선악 모두에 이용된 강력한 힘이라는 사실을 배운다. 이집트, 수단, 나이지리아에서 파키스탄, 인도네시아, 필리핀 남부에 이르기까지 무슬림은 그리스도인과 충돌하였다. 더 나아가 과거에는 종교 다원주의가 인상적으로 시행되었음에도 불구하고, 현재 동남아시아의 상황은 개선되기보다는 악화되고 있다. 정치나 경제와 달리 종교가 주된 요인이 되어 발생한 분쟁을 구체적으로 밝혀내기란 쉬운 일이 아니다.

역사적으로 타종교, 특히 유대교와 그리스도교를 대하는 이슬람의 태도는 그리스도교보다 더욱 관용적이었다. 하지만 무슬림과 그리스도인의 관계는 십자군과 유럽 식민주의부터 현대 정치에 이르기까지 갈등과 불만 속에 시간이 흐를수록 악화되었다. 무슬림은 자신이 사는 지역의 토착 그리스도인들이 식민지배 덕에 특혜와 이익을 받았거나, 원래 무슬림이었던 이들이 유럽 선교사나 선교사들이 세운 학교 교육을 받고 개종하여 그리스도인이 되었으며, 그리스도교 서양과 어느 정도 관계를 유지하고 있다고 믿는다.

이처럼 뿌리 깊은 믿음은 호전적인 종교지도자들이 조장한 것으로, 식민주의가 남긴 유산의 일부이다. 그리스도인들이 더 풍족하거나 성공한 지역에서는 상황이 더욱 복잡하다. 이스라엘 국가의 탄생과 뒤이은 아랍-이스라엘 간 전쟁 및 갈등으로 팔레스타인 무슬림과 그리스도인, 이스라엘 유대인의 관계가 악화되었다.

최근 수십 년 동안 패트 로버트슨, 프랭클린 그래험, 제리 팔웰, 존 해지

등과 같은 지도자의 보수적이고 근본주의적 그리스도교 설교와 마찬가지로, 보수적이고 근본주의적 이슬람 해석은 비관용, 박해, 폭력, 테러의 원천이 되었다. 배타적이고 공격적인 종교관을 옹호하고 설교하는 지역 종교 지도자들이 환경만 조성되면 거리에서 시위하고 공동체 간 혹은 종파 간 전투에 기꺼이 참여할 편협한 마음의 신자 세대를 길러냈다. 그 결과 나이지리아, 인도네시아의 교회와 모스크 방화, 파키스탄의 교회 폭파, 이집트와 필리핀 남부의 그리스도인 학살이 일어났다. 근본주의와 함께 등장한 비관용의 증오 신학이 이집트의 '이집트 이슬람 지하드(al-Jihad al-Islami al-Misr)', '가마아 이슬라미야(Gamaa Islamiya)' 또는 그리스도교를 공격하는 인도네시아의 '라스카르 지하드(Laskar Jihad)'와 같은 조직의 동인이 되었다. 그리스도인들은 수단과 파키스탄의 자칭 이슬람 정부 하에서 고통을 겪어왔다. 파키스탄과 아프가니스탄은 신성모독법이라는 '이슬람법'으로 그리스도인들을 투옥하고, 이를 근거로 사형에 처하겠다고 위협하였다.

하지만 앞서 언급했듯이, 종교보다는 종종 정치와 경제가 갈등의 주된 원인이다. 다종교 모자이크 사회로 유명했던 레바논을 산산조각 낸 내전이 좋은 예다. 마론파 그리스도인이 주류인 그리스도교 다음으로 순니, 시아, 드루즈가 뒤를 이은 1932년 인구조사 결과에 따라 인구 비례대표를 기반으로 레바논 정부가 구성되었다. 대통령직은 마론파 그리스도인, 총리직은 순니 무슬림이 맡았다. 정부, 관료, 군의 직위는 종파나 종교공동체에 배분되었다. 그런데 인구에 변화가 생기자 무슬림 지도자와 조직들이 권력과 부의 재분배를 요구하고 나섰다.

이스라엘 국가의 건립과 함께 팔레스타인의 팔레스타인 국가 건설 및 귀향이 이스라엘과 팔레스타인 간 갈등의 핵심이다. 이와 동시에, 문제의 핵심은 극소수 무슬림과 유대인이 같은 땅을 두고 자신들의 종교를 근거

내전으로 처참하게 파괴된 베이루트의 순교자 광장(1982). 레바논 내전은 겉으로는 종교 갈등처럼 보이지만 실제로는 정치적 경제적 갈등에서 비롯되었다.

로 소유권을 주장하는 데에도 있다.

이와 비슷하게 필리핀 남부의 소수 무슬림 중 일부도 결집하여 한목소리로 자치나 국가 건설을 요구하면서 가톨릭이 지배적인 수도 마닐라의 필리핀 정부에 대항하고 있다. 이들은 북부에서 남부로 가톨릭 신도를 이주시킨 역사를 결코 용납할 수 없는 무슬림 영토 정복으로 간주한다. 말레이시아와 인도네시아에서는 전체 인구 대비 극소수 중국인들이 상당한 부와 권력을 장악하여 오랫동안 반감과 갈등의 원인이 되고 있다. 이들 중국인의 다수는 그리스도인이다.

또 다른 사례로는 인도네시아 무슬림으로부터 독립하기 위해 오랜 투쟁을 벌인 동티모르 그리스도인을 들 수 있다. 비록 종교적 측면이 없지는 않지만, 이 갈등은 어디까지나 이전의 포르투갈 식민지와 관련된 정치적 독립문제다. 인도네시아 정부의 동티모르 정책이 종교에 좌우되지는 않았다.

끝으로 북수단과 남수단이 벌인 오랜 내전은 주로 북부의 아랍 무슬림과 남부의 그리스도인 사이의 갈등으로 알려져 있다. 사실 남수단 군지휘관 다수가 그리스도인이기는 하지만, 남수단 사람들 대부분은 동물과 같은 비인간적인 실체들이 영혼을 지니고 있다고 믿는 정령신자(精靈信者, animist)들이다. 이 갈등에 종교적 요소가 있고, 그리스도인들이 수단의 "이슬람" 정권 하에서 박해를 받긴 했지만, 이보다 더 중요한 것은 이러한 분쟁이 종교적일 뿐 아니라, 수단의 유전통제권을 둘러싸고 벌어진 정치적이고 경제적인 것이라는 사실이다.

051 | 유대인과 그리스도인들은 항상 이슬람의 적인가?

유대인 및 그리스도인과 이슬람의 관계는 그리스도교와 유대교의 관계와 마찬가지로 종교적인 교리뿐만 아니라 역사적이고 정치적인 현실의 영향을 받아 유구하고 복합적이다. 유대인 부족과 그리스도인 부족은 예언자 무함마드 시대에 아라비아에서 살았다. 유대인과 그리스도인들은 메디나의 초기 무슬림 공동체의 구성원 또는 시민이었다.

초창기에 무함마드는 "경전의 백성"인 유대인과 그리스도인이 자신의 예언을 받아들여 자연스럽게 동맹이 될 것으로 기대했다. 꾸르안은 예언자들과 계시가 유대인과 그리스도인에게 보내졌다면서 이들을 무슬림 역사의 일부로 인식한다. "우리는 모세에게 성서를 주고, 사람들을 이끌게 하였다. 그리고 우리는 마리아의 아들과 그의 어머니를 징표로 삼았다."(23장 49~50절. 아울러 5장 44~46절, 32장 23절, 40장 53절도 보라.)

처음에 무함마드는 아브라함의 종교를 재건하는 예언자적 개혁자로 자처하였다. 예를 들어, 유대인처럼 무슬림도 처음에는 예배 때 예루살렘을 향하였고, 음력 1월 10일에 단식을 했다.[7] 무함마드는 메디나의 유대인 부족에게 접근하기 위해 특히 주의를 기울였다. 하지만 메디나의 유대인들은 메카의 꾸라이시 부족과 정치적 연대를 맺고 있었기 때문에 무함마드의 제안을 받아들이지 않았다. 그러고 나서 얼마 지나지 않아 무함마드는 예배 방향을 예루살렘에서 메카로 바꾼다는 계시를 받았는데, 이는 이슬람이 유대교를 대체한다는 뜻이었다.

무함마드는 메디나를 정치적·군사적으로 장악한 후, 오늘날 '메디나 헌장(Constitution of Medina)'이라고 부르는 문서를 작성·공표하였는데(622~624년), 이는 사회적·정치적 생활을 규제하는 문건이었다. 이 헌장은 신자들이 하나의 공동체, 즉 움마(Ummah)를 구성한다고 규정한다. 움마는 구성원 모두가 사회 질서와 안전을 도모하고, 전쟁과 평화의 시기에 적에 대항하는 책임을 함께 나누어 갖는다. 부족들은 여전히 부족 구성원 개개인의 행동에 책임을 지고, 무슬림이 이끄는 확장된 공동체의 일부로 다른 종교를 포함하는 선례가 명백하게 마련되었다. 유대인 주민들은 무슬림들에게 정치적 지지와 연대를 표현하는 반대급부로 유대 율법 준수 권리를 포함한 종교적·문화적 자치권을 받았다.

무슬림들은 메디나 헌장을 가리켜 이슬람 고유의 평화공존 메시지이고, 무슬림 지배 지역에서 종교다원주의가 허용된다는 것을 보여주며, 비무슬림이 넓은 의미에서 무슬림 공동체의 구성원이 되어 공동체에 참여할

---

7   유대인력으로 1월 10일은 속죄의 날이다. 이날 유대인들은 종일 단식하면서 지난 한 해 동안 자신이 행한 옳지 않은 일을 참회한다. 초기 무슬림 공동체도 유대인을 따라 이날 단식을 한 것 같다. 후에 단식기간이 라마단 한 달 단식으로 변경되었다. 오늘날도 1월 10일 단식은 권장사항이다. 아슈라 단식일이라고 하는데, 아슈라는 10일을 뜻한다.

권리를 가진다는 것을 보여주는 증거라고 말한다. 하지만 유대인들이 무함마드의 메카 경쟁자들을 지원하면서 초기 무슬림 공동체와 일부 유대인 부족의 관계는 껄끄러워졌다. 무함마드의 적을 지원하였기 때문에 배신자로 낙인 찍혀 많은 유대인들이 공격을 받고 죽임을 당하였다. 이러한 갈등은 역사적 앙금으로 남아 이후 수세기 동안 일부 무슬림의 태도에 지속적으로 영향을 끼쳤다.

최근에는 이러한 역사적 유산을 하마스와 오사마 빈 라덴의 공식 성명에서 찾아볼 수 있다. 이 둘은 모두 이스라엘 점령과 팔레스타인 정책을 두고 유대인을 비난할 뿐만 아니라 현재의 갈등이 바로 메디나에서 유대인들이 이슬람과 예언자 공동체를 "거부"하고 "배신"한 해묵은 사건을 최근 다시 반복한 것이라고 본다.

그럼에도 불구하고 유대인들은 역사적으로 다양한 시기에 여러 무슬림 공동체를 고향으로 삼아 "경전의 백성" 혹은 딤미로 살고, 일하며, 종종 번성하였다. 활기찬 유대인 공동체가 이집트, 모로코, 터키, 이란과 같은 무슬림 국가 안에 존재하였다. 가톨릭 신자인 페르디난드(Ferdinand)와 이자벨라(Isabella)가 유대인들을 스페인에서 쫓아내자[8] 많은 이들이 북아프리카와 오스만 제국으로 피난하였다. 이스라엘 국가 수립은 무슬림과 유대인 관계의 전환점이었다. 팔레스타인 사람들과 시온주의 간 투쟁의 정치적 파장 때문에 무슬림 국가에서 유대인과 무슬림 관계가 심각하게 악화되었다. 그 결과 유대인 다수가 이스라엘 및 세계 다른 지역으로 이주하거나 피신하였다.

---

8   1492년 스페인 코르도바의 마지막 무슬림 왕국인 그라나다가 함락되면서 무슬림과 유대인은 스페인에서 쫓겨났다.

그리스도인과 무슬림의 관계는 훨씬 더 복잡하다. 공통의 신학적 뿌리가 있음에도 불구하고 이슬람과 그리스도교는 처음부터 서로 다투었다. 이슬람은 대안적인 종교적·정치적 관점을 제시하였다. 그리스도인이 그리스도교가 유대인이 하나님과 맺은 계약을 대체한다고 보았던 것과 마찬가지로, 이슬람은 이제 하나님이 하나님의 말씀을 최종적으로 완전하게 "예언자의 봉인", 또는 최후의 예언자라고 하는 무함마드에게 계시하여 새로운 계약을 맺었다고 주장하였다. 그리스도교와 마찬가지로 이슬람은 보편적인 메시지와 사명을 선언하면서 그리스도교에 도전하였다. 더 나아가 이슬람은 경이적으로 팽창하여 로마제국의 동쪽 지역(비잔티움)을 점령하면서 그리스도교 세계의 정치권력과 패권에 도전하였다.

그리스도교와 이슬람의 역사는 갈등과 공존, 둘 중 하나였다. 비잔티움을 점령했을 때, "공식" 그리스도교, 즉 보편교회(Catholicism)로부터[9] 이단이라고 박해를 받았던 일부 그리스도교 종파와 단체는 비잔티움을 점령한 무슬림들을 환영하였다. 더 많은 신앙의 자유를 주고, 더 가벼운 세금을 부과한 무슬림을 반기는 그리스도인이 많았다. 처음에는 공포감이 흘렀지만, 무슬림 정복자들은 토착 그리스도 교회와 유대인에게 종교의 자유를 부여하면서 비잔티움 제국의 그리스도교보다 훨씬 더 관용적임을 증명하였다.

이러한 관용 정신은 비잔티움과 사산조 페르시아의 제국 경영과 행정, 그리스의 과학, 건축, 예술, 의학, 철학 등 주변 문명으로부터 가장 발전된 요소들을 수용하여 통합한 초기 이슬람 제국에서 더 많이 발견할 수 있

---

9 가톨릭은 보편교회를 의미한다. 그리스도론을 두고 논쟁을 벌인 초기 네 차례의 공의회에서 확립된 이른바 정통교회가 가톨릭교회로, 오늘날 로마가톨릭과 동방정교회를 통칭한 말이다.

다. 다마스쿠스의 요한[10] 같은 그리스도인들은 궁정에서 요직을 차지하였다. 그리스도인과 유대인 신민은 동서의 위대한 과학, 의학, 철학서를 수집하고 번역하며 무슬림 지배자를 도왔다. 하지만 이슬람의 급속한 팽창은 또한 그리스도교 유럽을 위협하였다. 무슬림은 유럽 전역을 휩쓸 듯 기세가 등등하였는데, 732년 프랑스 남부에서 샤를르 마르텔(Charles Martel)[11]이 무슬림의 진격을 저지하였다.

오스만 제국이 발흥하여 유럽으로 팽창한 시기와 마찬가지로 십자군, 종교재판, 유럽의 식민주의는 주요한 대립과 갈등이 발생한 시대를 보여준다. 역사 속에서 가장 자주 언급되는 종교간 관용의 예는 756년부터 약 1000년까지 무슬림의 스페인(알안달루스, al-Andalus) 지배시기로, 흔히 신앙간 조화의 시기 혹은 콘비벤치아(convivencia, 함께 살기)로 이상화된다. 무슬림의 스페인 지배기는 유럽의 계급제도로부터 벗어나 피난처를 찾던 그리스도인과 유대인에게 부유한 소지주가 될 수 있는 기회를 제공하였다. 그리스도인과 유대인은 번역가, 기술자, 의사, 건축가로 봉직하며, 10세기 칼리파 궁정의 요직을 차지하였다. 세비야의 대주교는 아랍어를 사용하는 그리스도교 공동체를 위해 주해가 달린 성서 번역을 의뢰하였다.

이슬람 역사를 돌이켜보면 종교간 논쟁과 대화는 무함마드 시대 때부터 시작되었다. 무함마드 자신도 나즈란(Najran)[12]에서 온 그리스도인들과 대화를 하여 상호 원만한 관계를 맺었고, 그리스도인들이 예언자 모스크

---

10 다마스쿠스의 성 요한(675/676~749). 칼리파 치하에서 국가재정을 담당하는 고위관리로 일했다.
11 오늘날 프랑스 뚜르(Tours) 인근 쁘와띠에에서 벌어진 전투에서 프랑크 왕국의 궁재 샤를르 마르텔이 무슬림 군대를 격파하였다. 스페인을 장악한 무슬림군은 이후 피레네 산맥 북쪽으로 더 이상 진출하지 못하였다.
12 오늘날 예멘과 접경해 있는 사우디아라비아의 남동부 도시.

알안달루스에서 함께 체스를 하는 무슬림과 유대인(엘 에스코리알 도서관Escurial Library, 스페인). 이 작품은 콘비벤치아(convivencia)를 상징하는 그림으로 널리 알려져 있다.

에서 기도할 수 있도록 허락하였다. 다섯 번째 순니파 칼리파인 무아위야 (재위 661~680년)는 서로 다투고 있던 야콥파와 마론파 그리스도인들에게 궁정에서 상호 차이점을 논의하도록 정기적으로 초대장을 보냈다. 중세기에 무슬림과 유대인의 논쟁이 스페인 무슬림 궁정에서 있었고, 16세기 무굴제국 아크바르 대제는 가톨릭 사제와 무슬림 종교지도자 간 종교 신학 논쟁을 주재하였다. 이러한 논쟁이 항상 "동등한 자들" 간에 이루어졌던 것은 아니다.(실제로 다른 종교가 "틀렸다"는 것을 증명하기 위해 많은 논쟁이 열렸는데, 그리스도인들이 시작한 대화 역시 그러했다.) 하지만 논쟁을 허용하고 권장하였다는 사실을 보면, 종교 간에 공개적인 상호접촉이 있었고, 무슬림 세계에서 이루어진 교육적·문화적 성취도가 상당한 수준이었음을 알 수 있다.

더 나아가 무슬림은 그리스도교 유럽의 종교재판 중 박해를 피해 도망쳐온 유대인을 받아들이는 정책을 펼쳤다. 십자군 전쟁 중에도 무슬림은 그리스도인의 신앙행위를 허용하였지만, 그리스도인은 무슬림의 신앙행위를 용납하지 않았다. 13세기에 그리스도인과 무슬림이 맺은 조약에 따르면 그리스도인들이 성소에 자유롭게 드나드는 것을 용인하였다고 한다. 이후 성소는 무슬림에게 재점령되었다. 일례로, 위대한 그리스도교 성인 아시시의 프란치스코는 1219년에 무슬림 지도자 살라훗딘의 조카 술탄 알말리크 알카밀과 만났다. 적대행위가 중단되자, 술탄은 3만 명이 넘는 그리스도인 전쟁포로들에게 종교의 자유를 허용하고, 고향으로 되돌아가거나 아니면 자신의 군대에서 싸울 수 있는 선택권을 주었다.

오스만 제국은 무슬림이 다수인 상황에서 소수 종교인을 긍정적으로 우대하였다. 오스만 제국은 밀레트(millet)라고 알려진 종교 기반 공동체를 공식 인정하여, 그리스정교, 아르메니아정교, 무슬림, 유대인 등 네 종교의 공동체가 존재하였다. 밀레트 제도에서 이슬람이 가장 주요한 위치를 차지하지만, 각각의 밀레트는 각기 종교지도자가 통솔하고 각자의 종교법을 따르는 것을 허용하였다. 밀레트 제도 덕분에 오스만 제국은 종교적 다원성을 포용할 수 있었다. 그리고 비무슬림은 무슬림에 종속시키고, 피보호 지위를 부여하였다. 이렇듯 제한된 형태의 종교다원주의와 관용은 오스만 국정 운영에서 중요한 부분을 차지하였다.

현대에 들어서 종교적·정치적 다원주의는 무슬림 세계에서 중요 안건이 되었다. 이슬람 국가 수립을 모색하는 다수가 비무슬림의 지위를 결정하기 위해 역사적 선례를 살펴본다. 과거 딤미의 지위를 반영하여 차별적 시민권을 엄격하게 재도입하자고 요청하는 이들이 많지만, 이러한 접근법이 현대 세계의 다원주의 및 국제 인권기준과 양립하지 않는다고 인정하는 사람도 많다.

종교에 따른 차별적 시민권 도입을 옹호하는 사람들은 무슬림만이 이슬람법을 해석할 수 있기 때문에 이슬람법이 국법인 이슬람 국가는 필연적으로 무슬림들이 운영해야 한다고 믿는다. 이것이 바로 파키스탄, 수단, 아

술탄 알카밀과 성 프란치스코의 만남(프라 안젤리코Fra Angelico, 13세기, 독일 린데나우 박물관)

프가니스탄, 이란이 취해온 이슬람화 정책이다. 이에 따르면 오직 무슬림만이 정부 고위직을 차지할 권리를 지닌다. 완전하고 평등한 시민권을 요구하는 비무슬림이 이에 만족할 수 없다는 것은 명백하다. 사실 탈레반의 아프가니스탄, 파키스탄, 수단 등 일부 무슬림 정부 하에서 소수 종교인은 박해와 차별에 시달려왔다. 따라서 이러한 고전적 전통을 현대에 적용하는 것에 동의하지 않는 다수의 개혁가들은 비무슬림이 완전한 시민권을 누려야 한다고 주장한다.

개혁을 옹호하는 사람들은 다원주의가 순수한 서양의 발명품 내지 사상이라기보다는 꾸르안에 계시되고, 무함마드 및 초기 칼리파들이 실행했던 데에서 볼 수 있듯 이슬람의 본질이라고 주장한다. 이들은 다원주의 허용 가능성과 합법성의 증거로써 종교와 경배의 자유를 허용하고 딤미를 보호했던 이슬람 제국을 거론한다. 공격적 주류 보수주의자 내지 전통주의적 무슬림은 고전적인 딤미 혹은 밀레트 제도를 옹호하는 반면, 개혁주의자들은 다원주의의 재해석 내지 재이해를 요구한다. 무슬림 세계에 만연한 일당(一黨) 권위주의적 정치체제를 개방할 필요성을 인식하면서 (극단주의자들과는 구분되는) 주류 이슬람주의자들 다수 역시 정치 과정에 다원주의라는 단어를 적용하기 시작하였다. 1990년대 이후 이 용어는 현대적 형태의 종교다원주의와 관용뿐만 아니라 다당제를 정당화하는 데에도 사용되고 있다.

052 | 누가 십자군 전쟁에서 이겼는가?

십자군에 대한 서양의 관념 속에는 두 가지 신화가 배어 있다. 첫째는 십자군이 오직 예루살렘을 해방시키려는 종교적인 욕구를 동기로 삼았다는 것이고, 둘째는 궁극적으로 그리스도교 세계가 승리했다는 것이다. 십자가(Crux)에서 파생된 십자군(Crusades)은 2세기 동안 이어진 일련의 군사작전이었다. 이 종교전쟁 내지 "성전"은 예루살렘 및 성지에 대한 (라틴) 그리스도교의 통제권을 회복하기 위해 교황 우르바노 2세(Urbanus II)가 시작하였다. 예루살렘은 세 종류의 아브라함 신앙, 즉 유대인과 그리스도인, 그리고 무슬림 모두에게 성시(聖市)이자 성스러운 상징이었고, 지금도 그러하다.

십자군 전쟁으로 이어지는 일련의 사건은 셀축(Selçuk) 튀르크 군대가 비잔티움 군대를 결정적으로 무찌른 1071년에 시작하였다. 비잔티움 황제 알렉시오스 1세(Alexios I)는 소아시아 전역이 유린당할 것을 두려워하여 동료 그리스도인 군주들과 교황에게 순례나 십자군으로 콘스탄티노플을 도와달라고 요청하였다. 무슬림 지배로부터 예루살렘과 주변지역을 해방시켜 달라는 부탁이었다.

무슬림들은 638년 이래 예루살렘 지역을 다스려왔다. 그동안 그리스도인들은 피해를 입지 않았고, 그리스도인 순례자들은 지속적으로 성소를 방문할 수 있었다. 그리스도인 지배자들 때문에 오랜 기간 동안 예루살렘에서 살 수 없었던 유대인들은 솔로몬과 다윗의 도시에서 거주하며 경배하기 위해 귀향하였다. 무슬림은 이전에 헤롯의 성전이 있던 지역 근처이자 두 번째 성전 유적인 서쪽(통곡의) 벽 가까이에 바위의 돔(Dome of the Rock)과 알아끄사 모스크(al-Aqsa)를 세웠다.

교황 우르바노 2세에게 예루살렘 "방어"는 교황의 권위와 함께 세속군주들의 행위가 정당하다고 인정받을 수 있는 기회였다. 성스러운 도시를 해방시키는 "성전"을 위해 결속한다는 표면적인 목표 아래 프랑스와 서유럽 다른 지역(무슬림은 프랑스와 서유럽을 "프랑크"라고 불렀다)에서 온 전사들이 "불신자"와 싸우기 위해 한데 모이면서 분열된 그리스도교 세계는 힘을 합쳤다. 그러나 이는 참으로 역설적이다. 그 이유는 프란시스 피터스(Francis E. Peters) 교수의 말에 잘 드러난다.

하나님이 진정 그것을 원하셨을 수도 있다. 하지만 확실한 것은 예루살렘의 그리스도인들이 원했다거나, 혹은 역사상 바로 그 시점에 그러한 반응을 촉발시킬 만한 일이 예루살렘 순례자들에게 벌어지고 있었다는 증거는 전혀 없다.

사실 주로 정치적·군사적인 야망을 쫓아 십자군에 가담한 그리스도인 군주, 기사, 상인들은 경제적·상업적 보상과 중동에 라틴 왕국을 세우기

십자군의 예루살렘 점령(에밀 시뇰Émile Signol, 1847, 브리지맨 아트 박물관)

위해 싸우다 죽은 전사자에게 약속된 구원에 더 관심이 있었다. 종교의 이름으로 호소하자 대중들은 마음을 움직여서 광폭적인 지지를 보냈다.

제1차 십자군에서 그리스도인 군대와 무슬림 군대가 보여준 현격한 행동의 차이는 무슬림의 집단기억 속에 깊이 각인되었다. 1099년 십자군은 예루살렘을 급습하여 성스러운 땅에 그리스도인 통치를 확립하였다. 이들은 무슬림을 한 명도 남겨두지 않았고, 여성과 어린이들도 학살하였다. 바위의 돔이 교회로 바뀌었고, 알아끄사 모스크는 솔로몬 성전으로 개명된 뒤 왕궁이 됨에 따라 고결한 성소 '하람 앗샤리프(Haram al-Sharif)'[13]가 훼손되었다. 그리고 안티오키아(Antiochia), 에뎃사(Edessa), 트리폴리(Tripoli), 티르(Tyre)에 라틴 공국이 세워졌다.

사람들은 이 전투의 승리와 예루살렘의 라틴 왕국이 채 100년도 이어지지 못했다는 사실을 거의 기억하지 못한다. 1187년에 이집트의 파티마조

---

13   성전산(Temple Mount)의 아랍어 이름.

를 무너뜨리고 압바스조의 지배를 재확립한 살라훗딘이 격렬한 전투를 치르고 예루살렘을 재정복했다. 이 무슬림 군대는 전투에서 완강하였고, 승리한 후에는 관대하였다. 시민들에게 해를 끼치지 않았고, 교회와 성상은 대부분 그대로 두었다. 십자군 전쟁의 두 인물 살라훗딘과 사자왕 리처드(Richard the Lion-Hearted)는 군사행동에서 현격한 차이를 보였다. 기사도 정신을 지닌 살라훗딘은 비전투원을 자비롭게 대하겠다는 자신의 말을 충실히 지켰다. 그에 반해 리처드는 오늘날 북부 이스라엘인 팔레스타인 지역 악코(Acre)에서 적의 항복을 받은 후 약속과는 달리 여성과 어린이를 포함하여 주민 모두를 학살하였다.

13세기에 이르러 십자군은 그리스도인끼리 서로 싸우는 전쟁으로 전락하였다. 즉 이단이요 교회분리주의자로 매도된 반교회 그리스도인들을 공격하는 교황의 전쟁이 되었다. 그 결과 그리스도교 세계는 약화되었다. 역사가 로저 세이버리(Roger Savory)가 언급하듯, 성스러운 땅에 사는 소수 그리스도교 종파의 지위가 추락한 것은 역설적이지만 부정할 수 없는 십자군의 결과다.

이전에 이 소수 종파 신도들은 무슬림 지배 하에서 권리와 특권을 누렸다. 하지만 라틴 왕국이 세워진 후에 이들은 스스로가 '혐오스러운 교회분리주의자'로 취급된다는 사실을 깨달았다. 동료 그리스도인의 박해에서 벗어나기 위하여 많은 이들이 네스토리우스적 혹은 단성론 신앙을 포기하고 로마 가톨릭이 되거나, 아니면 너무나 역설적이게도 이슬람을 받아들였다.

15세기에 이르러 십자군은 힘을 소진했다. 처음에는 그리스도교 세계를 통합하고, 무슬림 군대를 돌려보내기 위해 시작되었지만, 실제로는 정반대의 일이 일어났다. 그리스도교 세계가 심각하게 분열된 가운데 1453년 콘스탄티노플이 튀르크 무슬림 지배자 손에 떨어졌다. 비잔티움의 수도 콘스탄티노플은 이스탄불로 이름이 바뀌어 오스만 제국의 중심지가 되었다.

053 | 무슬림은 종교간 대화에 참여하는가?

오늘날 무슬림과 주요 무슬림 조직은 국내적으로나 국제적으로 종교간 대화 및 문명간 대화의 주요 참석자다. 과거에 무슬림은 종교간 대화를 의심하였다. "우리와 대화를 하려는 이들의 실제 의도는 사실상 우리를 개종시키려는 것이 아닐까?", "우리가 최종적이고 완전한 계시를 가지고 있는데 대화가 왜 필요할까?" 혹은 "다른 종교와 하는 대화가 상대주의로 이어지지는 않을까?" 하는 의구심을 품었다.

그리스도교 선교사들이 자신들의 "우월한" 신앙을 가르치기 위해 유럽 식민주의자들과 함께 왔던 식민주의 시대를 생생히 기억하고 있을 뿐 아니라 현대 사회의 세계화가 서구 세계의 정치경제적 지배를 동반한다는 사실 때문에 무슬림들은 대화를 주저하였다. 무슬림들은 "종교다원주의와 종교간 대화가 실제로는 이슬람을 약화시키려는 '문화적 제국주의'는 아닌가?" 하고 의심한다. 그럼에도 불구하고 수십 년 동안 무슬림은 종교간 대화의 상대가 되었다. 이러한 대화는 세계 여러 도시 및 소도시에서 지역적으로 열리고 있을 뿐 아니라 바티칸, 세계교회협의회, 전국교회협의회, 미국주교회의와 함께 국제적으로도 이루어져 왔다.

종교간 대화, 종교·정치다원주의, 인권은 현대 이슬람 담론에서 중요한 부분이다. 여러 주제를 광범위하게 수용한 「우리와 여러분의 공통된 말씀

(A Common Word Between Us and You)」(2007)은 그리스도인과 무슬림 지도자들을 움직여서 서로가 소통할 수 있는 가교를 놓도록 무슬림이 기획한 문건이다. 이 문서는 한정된 지면 외에는 언론의 별다른 관심을 받지 못하였는데, 이는 언론이 "좋은 뉴스"에 무관심하다는 것을 보여주는 전형적인 본보기다.

「우리와 여러분의 공통된 말씀」은 세계적으로 무슬림 다수를 당황하게 만들었을 뿐 아니라 분노하게 만든 2006년 교황 베네딕토 16세의 독일 레겐스부르크 연설에 대한 무슬림의 응답이었다. 베네딕토 교황은 연설에서 14세기 비잔티움 황제가 예언자 무함마드와 관련해서 한 말을 인용하였다. "무함마드가 새롭게 가져온 것이 무엇이지 내게 보여주라. 너희들은 자신이 가르치는 신앙을 칼로써 전파하라는 명령같이 사악하고 비인간적인 것만을 발견할 것이다." 그리고 "종교에는 강요가 없나니"(꾸르안 2장 256절. 이 구절은 이슬람이 종교의 자유를 수용하며, 다른 신앙인들이 이슬람으로 개종하도록 강요해서는 안 된다는 것을 나타내기 위해 학자들이 흔히 사용한다)라는 꾸르안 구절은 무함마드의 초기 메카 시기, 즉 "무함마드가 아직 힘이 없어 위협을 받고 있을 때" 계시되었다가 "나중에 발전되어 꾸르안에 기록된 성전(聖戰)에 관한 가르침들"로 대체되었다는 교황의 주장 역시 무슬림에게는 모욕적인 언사였다.

애석하게도 교황의 두 가지 진술은 모두 역사적으로 부정확한 것이었다. 무슬림과 많은 비무슬림 학자는 무함마드가 칼로써 이슬람의 확장을 명했다는 교황의 주장을 강력히 거부하였다. 이 진술이 틀렸다는 것을 증명하기 위하여 무슬림과 학자들은 두 가지 주장을 내놓았다. 첫째, 꾸르안은 지하드를 성전과 동일시하지 않는다. 무함마드가 세상을 떠난 지 수년 후에 통치자(칼리파)들이 제국 확장 전쟁과 이슬람의 지배를 정당화하면서 지하드를 성전이라고 한 해석이 발전하였다. 둘째, 학자 다수는 꾸르안 2장 256절이 메카 초기 계시가 아니라 메디나 후기 계시임을 확인하였다.

레겐스부르크 연설이 있은 지 한 달 후, 무슬림 학자 38명이 교황 베네딕토 16세에게 연설과 관련하여 자신들의 우려를 표명한 공개서한을 보냈다. 이 서한을 기념하여 전 세계에서 저명한 무슬림 지도자(무프티,[14] 학자, 지성인, 정부 요인, 작가) 138명이 더 나은 상호이해의 필요성을 인식하며, 「우리와 여러분의 공통된 말씀」이라는 또 다른 공개서한을 세계의 주요 그리스도교회 수장들에게 보냈다. 공개서한은 두바이, 런던, 워싱턴에서 열린 기자회견과 동시에 발송되었다. 서한의 목적과 핵심은 다음과 같다.

> 무슬림과 그리스도인은 세계 인구의 절반 이상을 차지한다. 이 두 종교 공동체 간의 평화와 정의 없이 이 세상에 의미 있는 평화는 없을 것이다. … 이러한 평화와 이해의 근간은 이미 존재하고 있다. … 이슬람과 그리스도교의 성스러운 경전에서 반복적으로 나오는 유일신 사랑, 이웃사랑이 그것이다. 따라서 유일신성, 신을 향한 사랑과 이웃 사람의 필요성은 이슬람과 그리스도교가 공통으로 지니고 있는 근간이다.

서명자들은 토라, 신약, 꾸르안에 담긴 두 가지 위대한 계명을 주목하면서 "무시무시한 무기가 가득한 현대 세계에서 무슬림과 그리스도인들이 전례 없이 모든 곳에서 서로 얽혀 있는 현실을 고려하면, 세계 인구의 절반 이상 사이에서 벌어지는 갈등에서 어느 쪽도 일방적으로 승리할 수는 없다. 우리의 공통된 미래가 위협에 처해 있다. 세계의 생존 그 자체가 위협에

---

14 파트와, 즉 이슬람법적 의견을 낼 수 있는 이슬람법 전문가를 무프티(Mufti)라고 한다.

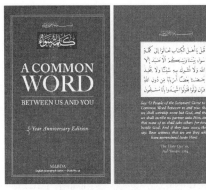

「우리와 여러분의 공통된 말씀」 발표 5주년 기념 책자. 책의 첫 쪽은 꾸르안을 인용하고 있다.

처해 있을 것"이라고 강조하였다.

「우리와 여러분의 공통된 말씀」에 대한 그리스도교 지도자, 학자들의 응답은 즉각적이고 전 지구적이었다. 캔터베리 대주교, 교황 베네딕토 16세, 러시아정교회 총대주교 알렉세이 2세, 루터교 세계연맹 주교를 위시하여 많은 이들이 서한의 중요성을 인정하였다. 「우리와 여러분의 공통된 말씀」의 공식 홈페이지에 의견과 비평을 올린 수많은 개인 및 단체도 마찬가지였다. 300명 이상의 미국의 주류 및 복음주의 지도자와 학자들이 「함께 하나님과 이웃을 사랑하기」라는 공개서한을 「뉴욕타임스」 등에 게재하면서 지지 의견을 표명했다. 「우리와 여러분의 공통된 말씀」에 서명한 무슬림 지도자와 학자 수는 처음 138명에서 300명 이상으로 증가하였고, 460개 이상의 이슬람 기구와 연합이 지지하였다. 공개서한에 이어 이 문건이 지닌 신학적·성서적·사회적 함의를 찾아보기 위하여 종교 지도자와 학자, 비정부기구의 국제회의가 예일 대학과 케임브리지 대학, 조지타운 대학, 교황청에서 열렸다.

교황의 연설에 대한 무슬림의 반응을 고려하여 교황청은 종교간 상호이해를 추구하기 위하여 무슬림 지도자들을 3일간 열리는 지도자 회담에 초대하였다. 이슬람이 15억 신자를 가진 반면, 로마가톨릭은 세계 20억 그리스도인의 절반 이상을 차지한다. "하나님 사랑, 이웃 사랑"이라는 주제 아래 50여 명의 교황청 인사, 이슬람 지도자, 학자들이 2008년 역사적인 지

도자 회담에서 만났다. 회담 말미에 교황은 대표단과 만나 솔직한 대화를
나누었다.

보스니아 헤르체고비나의 대무프티로 무슬림 대표단을 이끈 무스타
파 세릭(Mustafa Ceric)과 교황청 대표단의 수장인 장 루이 또랑(Jean-Louis
Tauran) 추기경은 지도자 회담을 "오랜 역사의 새로운 장"이라고 불렀다. 교
황청은 실제적인 차이와 안건을 얼버무리지 않고 공유된 믿음 및 가치를
강조했는데, 특히 사우디아라비아와 같은 국가에서 그리스도인들이 교회
를 세우고 자유롭게 신앙을 실천할 자유를 뜻하는 "호혜(reciprocity)"를 역
설하였다.

「우리와 여러분의 공통된 말씀」이 발표된 후 무슬림과 복음주의자 간
중요한 대화가 이어졌는데, 공통가치(평화, 정의, 연민, 자비)를 살펴보는 것에
초점을 맞추었다. 주류 복음주의 지도자 그룹은 빈곤, 환경과 같은 사회 문
제부터 치안까지 공통 관심사를 다루는 다종교간 대화와 프로젝트를 가
동해왔다. 그리스도인과 무슬림이 모두 상호이해 과정에 참여하도록 이끌
때 필요한 통찰력은 크리스 세이플(Chris Seiple) 국제참여연구소장(President
of the Institute for Global Engagement)이 제시한 "무슬림에게 쓰지 않아야 할
10가지 용어"에서 찾아볼 수 있다.

- "문명의 충돌"에서 충돌이라는 말이 문명에 찬성하는 사람과 문명에
  반대하는 사람들 간의 충돌을 뜻할 때 "우리는 좋은 사람이고 그들은
  나쁜 사람"이라는 상황을 조성한다.
- "세속적"이라는 말은 서양인의 귀에는 민주주의에 필요한 교회와 국가
  의 분리를 뜻하지만 무슬림에게는 종종 "신이 없는 사회"를 함의한다.
- "다원주의"는 신이 중심이 된 세계관을 가진 사람들과 그런 세계관을

갖고 있지 않은 사람들이 모두 공공의 영역에서 환영받고 동등한 지위를 누릴 수 있도록 한다.

- "통합." 다수든 소수든 간에 모든 관점이 서로서로 예의를 갖추는 한 함께하는 사회의 공공 영역에서 똑같이 존중받는다는 것을 뜻한다.

- "통합"은 "동화(同化)"보다 더 효과적이다. 동화란 소수 무슬림이 "다른 이들과 같게 보여야 한다"는 유럽이나 북미의 주류 그리스도교 문화를 뜻한다.

- "다른 사람의 존재 혹은 행위를 용인한다"는 의미의 "관용"은 21세기 전 지구적 도전에 맞서는 데 필요한 신뢰와 관계를 확립할 수 없을 것이다.

- 서로를 진정으로 존중해야만 우리는 "우리가 지닌 차이와 공통성을 알고", "신의 피조물로서 우리가 지니고 있는 내재적 존엄"을 인식한다. 서로 다른 신앙을 가졌기에 우리는 "평화, 정의, 자비, 연민 속에서 함께 걸어야 한다."

3장

관습과 문화

054 | 왜 이슬람은 남성과 여성을 분리하는가?

모두 다 그런 것이 아니고, 정도의 차이도 다양하지만 모스크, 대학, 시장과 같은 공공장소에서 남녀를 분리하는 무슬림 사회가 많다.

모스크에서 남성과 여성은 별도로 분리된 예배 공간을 사용하거나, 장막이나 커튼으로 공간을 분리하기도 한다. 가족 모임 혹은 여성의 보호자가 자리한 가운데 배우자가 될 가능성이 있는 두 남녀가 만나는 것과 같은 특정한 상황을 제외하면, 미혼 남성과 미혼 여성은 서로 섞이지 않는다. 격리는 성별에 따른 공적 분리와는 다르다. 격리는 여성을 집 안에 잡아두는 행위로, 여성은 공공장소에 나갈 수 없다.

일부 무슬림 사회에서 성별에 따른 분리와 격리를 실시하고 있음에도 불구하고, 이집트, 튀니지부터 말레이시아, 인도네시아에 이르기까지 여러 무슬림 국가에서는 갈수록 더 많은 남녀 무슬림이 함께 공부하고 일한다. 특히 도시와 마을에서 그러하다. 가계를 유지하는 데 맞벌이 수입이 필수적으로 요구되는 현대의 세계화된 사회에서 점점 더 많은 여성이 노동시장에 진입함에 따라 전통적인 성별분리 공간 개념이 사라지고 있다.

분리는 종교적 기원과 문화적 기원을 모두 가지고 있다. 예언자가 살던 메디나에서는 성별에 따른 분리를 실행하지 않았다. 예언자의 부인들은 공동체의 일부이지만 그들이 지닌 특별한 지위 때문에 꾸르안은 이들을 다음과 같이 언급한다.

오, 예언자의 부인들이여! 당신들은 다른 여성들과 같지 않다. 하나님을 두려워한다면, 고분고분하게 말하지 마라. 마음에 병이 든 이가 욕정을 품을 것이다. 그러므로 바르게 말하라. 집에 머물라. 예전 무지의 시대 사람

들처럼 장신구를 내보이지 말라.(꾸르안 33장 32~33절)

나중에 꾸르안은 예언자의 아내들에게 그들과 무관한 남성들 사이에 가림막을 두라고 한다. 무슬림 남성들에게는 "(예언자의 아내들에게) 원하는 것을 요청할 때, 가림막을 앞에 두고 요청하여라. 그것이 너희 마음은 물론 그들의 마음도 더 정결하게 할 것이다"(꾸르안 33장 53절)라고 이른다.

이처럼 가림막, 분리와 관련된 구절을 어떻게 일반 무슬림 여성과 관련된 것으로 해석해야 하는가에 대해 많은 논쟁이 이루어졌다. 근대 학자들은 이 구절들이 모든 여성을 대상으로 한 것이라기보다는 예언자의 부인들만 특별히 언급하는 것이라고 지적했다. 이들은 근대시기까지 이슬람법 전문가들이 주로 예언자의 언행록(hadith)이나 또는 여성은 남성을 유혹(fitnah)하는 근원이라는 믿음에 기대어 여성 분리를 지지했다고 주장한다. 최근 수십 년간, 더욱 극보수주의적·원리주의적이며, 간혹 와하비주의자들(90쪽 '와하비 이슬람은 무엇인가'를 보라.)의 영향과 지지를 받아온 무슬림 지도자들은 예언자의 부인들을 언급하는 꾸르안 계시가 무슬림 여성 모두에게 해당되며, 무슬림 여성은 모두 무함마드의 부인들이 한 행동을 따라해야 한다고 주장했다.

그러나 절대분리를 믿는 사람부터 가림막 규정은 성별이 섞여 있을 경우 적절하게 옷을 입고 조심스럽게 행동하는 것으로 충족된다고 생각하는 사람들까지 오늘날 성별에 따른 분리의 필요성에 관한 의견은 다양하다. 모스크나 사회에서 여성들이 점차 더 가시적이고 보다 중요한 역할을 맡음에 따라 이러한 다양한 의견은 심지어 종교 영역에서도 적용되고 있다. 여성은 남성과 함께 예배에 참석하고 기도할 뿐만 아니라 이슬람을 해석하고 꾸르안 강의를 하며, 여성 예배를 이끄는 종교전문가이기도 하다.

최근에는 몇몇 국가에서 여성이 무프티로 봉사하고, 행정직 선거에 출마하여 선출되기도 하였다. 또한 여성이 수상이나 대통령이 되어 통치행위를 하고, 내각이나 국회에서 일하며, 대사가 되어 이집트, 세네갈, 터키, 바레인, 쿠웨이트, 이라크, 이란, 파키스탄, 아프가니스탄, 방글라데시, 말레이시아, 인도네시아 등 여러 국가를 대표하기도 한다.

055 | 이슬람에서 여성은 이등시민인가?

무슬림 국가에서 여성의 지위는 원하는 대로 옷 입을 자유부터 이혼할 수 있는 법적 권리에 이르기까지 여러 문제에서 오랫동안 "이슬람"이 여성을 억압하는 증거로 거론되었다. 그렇지만 이슬람에서 여성의 실상은 이보다 훨씬 더 복잡하다.

이슬람의 계시는 여아살해를 금지하였을 뿐 아니라 여성을 재산으로 간주하던 관습을 철폐하였으며, 여성의 법적 행위능력을 확립하여 여성의 지위를 향상시켰다. 여기에는 여성에게 혼례금(婚禮金)[1]을 받을 수 있는 권리를 주고 혼인을 소유관계에서 계약관계로 전환시키며, 여성이 자신의 재산을 통제할 수 있는 권리를 보유하고, 결혼 후에도 결혼 전 성을 사용하도록 허용하는 것이 포함되었다. 또한 꾸르안은 여성이 이혼 후에도 옛 배우자로부터 재정적 지원을 받을 수 있도록 하여 남성이 자유롭게 이혼할 수 있는 권리를 통제하였다.

---

1   혼례금을 아랍어로는 마흐르(mahr)라고 한다. 무슬림은 혼인할 때 남성이 여성에게 혼례금을 반드시 지불하여야 한다.

꾸르안은 남성과 여성이 하나님 앞에 평등하다고 선언한다. "남성과 여성은 서로 동등한 한 쌍으로 창조되었다."(꾸르안 51장 49절) 꾸르안은 남성과 여성의 관계를 "사랑과 자비"의 관계로 묘사한다.(꾸르안 30장 21절) "남성과 여성은 서로가 서로에게 속한 것과 같으며"(꾸르안 3장 195절), "서로가 서로에게 의복과 같다"(2장 187절)고 한다.

남성과 여성은 서로 동등하게 이슬람의 다섯 가지 기둥을 지킬 책무를 지닌다. 꾸르안 9장 71~72절에서는 다음과 같이 말한다.

신앙을 가진 남성과 여성은 서로 보호자다. 그들은 정의로운 것을 의무로 하고, 악한 것을 금지한다. 그들은 규칙적으로 예배를 드리고, 희사를 하며, 하나님과 그분의 사도에게 복종한다. 오, 그들에게 하나님께서 자비를 베푸시니, 하나님께서는 지극한 권능과 지혜를 가지셨도다. 하나님께서는 신앙을 가진 남성과 여성에게 강이 흐르는 낙원에서 살 것이라고 약속하셨다.

이 구절은 남녀관계를 언급한 마지막 계시라는 점에서 의의가 있다. 일부 학자는 내용과 연대기적 측면에서 보았을 때, 이 구절이 평등과 균형이라는 이상적인 이슬람의 남녀관을 보여준다고 주장한다.

이슬람 사회 대부분은 가부장적이었고, 여성은 이들 사회 안에서 오랫동안 문화의 담지자로 여겨져왔다. 20세기 이전에는 남성들이 꾸르안, 하디스(예언자에 대한 전통적인 이야기들), 이슬람법을 해석했다. 따라서 남성 해석자들은 가부장적 환경을 투영하였다. 20세기까지 여성은 꾸르안, 하디스 혹은 이슬람법 해석에 적극적으로 참여하지 않았다. 그러나 이후 개혁가들은 남성에게 유리한 꾸르안 구절을 20~21세기의 새로운 사회적·문화적·경제적 실체의 관점에서 재해석할 필요가 있다고 주장해왔다.

무슬림 학자들은 흔히 꾸르안 4장 34절을 이슬람에서 여성을 이등시민으로 간주한 것이라고 해석해왔다.

하나님께서 한편에게 다른 편보다 우선권을 주시고, 부를 사용해야 하기 때문에 남성은 여성을 보호하고 부양한다.

하지만 오늘날 학자들은 이 구절에 언급된 "우선권"이 여성에 대한 남성의 사회경제적 책임에 바탕을 두고 있다는 사실에 주목한다. 이는 여성이 자신의 일을 해나가거나, 스스로를 통제하거나, 지도자가 될 능력이 없다는 것을 뜻하지 않는다. 꾸르안 어디에서도 모든 남성이 모든 여성보다 우월하고, 남성을 여성보다 선호하며, 남성이 더 낫다고 말하지 않는다. 하나님이 어떤 개개인을 선호한다는 꾸르안의 표현은 그들의 신앙에 기반을 둔 것이지 성별에 따른 것이 아니다. 따라서 유명한 꾸르안 전문가이자 번역자인 압델 할림(M. Abdel Haleem)은 "하나님께서 다른 이들에 비해 좀 더 많이 주신 것(하사물)과 함께 자신의 돈을 지출하여 남편은 부인을 잘 보살펴야 한다"고 이 구절을 해석한다.

꾸르안 해석은 여러 논쟁의 중심에 서 있다. 일부 무슬림은 꾸르안 자체가 구절을 구체적으로 두 유형, 즉 보편적인 원칙에 관한 것과 특정한 사회적·문화적 맥락이나 질문에 대한 대답 및 해석이 필요한 것(꾸르안 3장 7절)으로 구분한다고 말한다. 이들은 남성에게 더 많은 권리를 부여하는 구절(2장 223절, 2장 228절 같은 구절)이 남성이 지배하고 남성만이 여성을 부양할 책임을 진다고 하는 가부장적 상황을 반영한다고 믿는다. 오늘날 이러한 구절은 문자적으로 해석하기보다는 공공의 복리를 감안하여 다시 해석해야 한다. 더 나아가 개혁가들은 하나님이 신앙에 관해서는 성별 구분을 하지 않았기에 양성평등이야말로 하나님이 확립하고 의도한 질서라고 주장한다.

그러나 꾸르안을 문자적으로 해석하는 것을 옹호하는 무슬림들은 꾸르안이 규정하는 바 성불평등이 하나님이 계시한 사회질서이고, 이는 모든 시간과 공간에 적용된다고 믿는다. 흔히 이러한 주장을 정당화하는 근거로 생물학을 이용한다. 여성만이 아이를 낳을 수 있기 때문에 여성이 아이를 낳고 양육하는 일을 할 수 있도록 남성은 가족을 부양하고 유지하여야 한다고 주장한다.

여성이 이등시민이라는 또 다른 명백한 사례는 여성 증인 두 명이 남성 증인 한 명과 같다는 꾸르안 계시(2장 282절)다. 만약 한 명의 여성 증인이 실수를 범하면, 또 다른 증인이 그녀에게 진실을 상기시켜줄 수 있다.

> 그리고 너희 남성들 중 두 명을 증인으로 불러라. 만약 남성 두 명이 가능하지 않으면, 너희가 승인한 한 명의 남자와 두 명의 여성을 불러라. 그러면 두 여성 중 한 명이 잘못을 하더라도 다른 한 명이 상기시켜줄 것이다.

남성 학자들은 지속적으로 이 구절이 여성의 증언은 항상 남성 증언의 절반 가치로 계산해야 한다는 것을 뜻한다고 해석하였다. 오늘날 학자들은 이 구절이 계시된 사회역사적 상황에 관해 여러 방면에서 관측하면서 논의를 이어가고 있다.

첫째, 이 구절은 거래, 계약 혹은 소송에서 증인이 필요하다는 것을 명시한다. 꾸르안이 계시되었을 당시 여성 대부분은 사업이나 재정 문제에 관여하지 않았다. 이들 분야에서 여성의 전문성이 남성의 전문성보다 덜

했을 공산이 크다. 또 다른 해석에 따르면 두 명의 여성 증인을 남성 증인 한 명과 같다고 한 이유는 남성 가족 구성원들이 자신들에게 유리한 증언을 하도록 여성에게 압력을 가할지도 모른다는 염려 때문이라고 한다.

일부 현대 여성 학자들에 따르면 여성 증인 두 명을 요구하는 것은 꾸르안이 금지하지 않은 사업 환경에서 남성과 동등한 훈련을 받고 경험을 쌓기 위해 여성이 세속적 교육과 종교적 교육 모두 받을 필요가 있다는 것을 보여준다고 한다. 여성이 재산을 소유하고 투자할 권리를 지니고 있다는 점에 비추어보면 이러한 해석은 전반적으로 꾸르안적 가치에 부합한다.

역사적으로 성차별이 이루어져온 또 다른 분야는 이혼이다. 남성은 이혼을 선언할 때 정당한 근거나 이유를 댈 필요가 없었던 반면, 여성은 이혼을 제기할 권리를 거의 갖지 못했다. 하지만 꾸르안은 이혼할 때 중재는 물론 동정심을 갖고 관용을 베풀 것을 권하며, 배우자들이 "서로에게 관용을 베풀라"(2장 237절)고 강조한다.

이상적으로 보면, 이혼은 최후의 수단이고, 예언자의 언행록에 "허용된 모든 것 중 이혼은 하나님께서 가장 싫어하시는 것"이라고 쓰여 있듯이 권장하기보다는 만류한다. 역사적으로 보면 이러한 이상은 가부장적 사회의 현실 속에서 훼손되고 지켜지지 못했다. 여성이 자신의 권리를 인식하지 못했기 때문이든, 아니면 남성이 지배하는 사회 속에서 압력을 받았기 때문이었든 간에 여성 스스로 자신의 권리를 행사할 수 없었기에 상황은 악화되었다.

많은 무슬림 국가에서 근대적 개혁가들은 남편의 권리를 제한하고 여성의 권리를 확대하기 시작했다. 하지만 보다 보수적이고 근본주의적인 세력이 이러한 개혁을 제한하고 막았다. 또한 꾸르안은 일부다처제 시행을 규제하는 기준 역할을 해왔다. 꾸르안은 4장 3절에서 "너희에게 적합한 여성

둘, 셋 혹은 넷과 결혼해라. 하지만 너희가 (그들을) 공평하게 대우할 수 없다면, 오직 한 명과" 결혼하라고 명령한다. 이와 연결된 꾸르안 계시(4장 129절)는 "아무리 너희가 간절히 원한다고 할지라도, 너희는 여성들 사이에서 결코 공평할 수 없다"고 말한다. 현대 개혁가들은 위 두 구절이 일부다처를 금하고 있다면서 꾸르안의 진정한 이상적 규범은 일부일처제라고 주장한다.

21세기에 들어서 공공과 개인영역에서 여성권리와 관련하여 여러 중요한 개혁이 이루어졌다. 대다수 무슬림 국가에서 여성은 대학까지 공공교육을 받을 수 있는 권리를 누린다. 여러 국가에서 여성은 집 밖에서 일하고, 투표하고, 공직에 복무할 수 있는 권리를 지닌다. 특별히 주목할 만한 것은 최근 혼인법과 이혼법 개혁이 이루어졌다는 사실이다.

여러 국가에서 일부다처제를 금지하거나 크게 제한한 것은 가장 중요한 개혁 중 하나다. 그리고 혼인 시 여성이 누릴 수 있는 권리가 확대되었다. 여성이 혼인계약에 참여하여 계약서에 자신에게 유리한 조건을 넣을 수 있다.[2] 남녀의 혼인 가능 최소연령도 상향하여 아동 결혼을 금지하였다. 이혼할 경우 여성에게 재정적 보상을 받을 권리를 주어 아내가 자녀양육권을 가지고 있는 한, 남편이 아내와 자녀를 위해 거주지를 제공하도록 하였고, 아내가 성장한 자녀 양육권을 갖도록 하였다.

---

2   혼인을 성사(聖事, Sacrament)로 여기는 그리스도교와 달리 이슬람에서 혼인은 계약이다. 혼인 시 계약서를 작성한다.

056 | 무슬림은 여성의 권리에 대해 어떻게 말하는가?

여러 무슬림 (그리고 여러 서양) 사회에서 여성들이 처한 상황에 만족하는 사람은 아무도 없을 것이다. 미국인들은 분명히 만족하지 않는다. "무슬림 혹은 이슬람 세계와 관련해서 가장 인정할 수 없는 것은 무엇인가?"라는 질문을 던졌을 때 가장 많이 나온 응답 중 하나가 머리가리개를 쓰는 것, 여성을 분리하는 것, 문맹, 무기력이라는 말과 관련된 "양성불평등"이다. 여러 다양한 차원에서 도전을 받았음에도 불구하고, 종교의 이름으로 정당화된 가부장제와 그 유산은 여전히 여러 무슬림 국가에 남아 있다.

아랍과 무슬림 세계에서 여성들이 처한 현실을 보면 상이한 상황과 다양한 사회적 맥락 속에 살아가는 개개인의 복합적인 모습이 드러난다. 많은 이들이 가부장제와 종교의 강력한 힘에 부당하게 좌우되고 있긴 하지만, 또 다른 상당수의 여성은 우리가 고정 관념상 믿고 있는 것과 달리 자신이 속한 문화 안에서 훨씬 더 강력한 힘을 행사하고 존중받고 있다. 무슬림 세계에서 여성의 지위와 역할은 상당히 다양하고, 종교만큼이나 문자해독 능력, 교육, 경제발전의 영향을 받는다. 무슬림 사회의 남녀는 여성 교육, 여성 고용 범위부터 가족 내 여성의 역할, 이슬람에서 여성의 종교적 지도력과 종교적 권위의 본질에 이르기까지 여러 가지 젠더(gender) 문제를 해결하기 위해 노력하고 있다.

오늘날 여러 이념적 성향을 대변하는 남녀 이슬람 학자와 활동가들의 공개 발언 빈도가 점차 늘어나고 있다. 이들은 여성 권리의 옹호자로서만 아니라 이슬람 전통의 해석자로도 활동한다. 종교만큼이나 가부장제, 혹은 종교와 연결된 가부장제가 전통 관습이 되어 오랜 동안 사회 내 젠더 관계와 여성의 지위에 영향을 끼쳤다고 주장하는 이들이 많다.

이집트 대통령 선거에서 투표권을 행사하는 무슬림 여성

　여성의 권리를 대하는 무슬림 대중의 태도가 항상 우리의 예상과 같지는 않다. 2007년 갤럽의 세계여론조사에 따르면, 가장 보수적인 무슬림 사회에 사는 일부 무슬림을 포함하여 무슬림 대다수는 여성의 평등권을 지지한다. 사실상 조사한 모든 나라의 다수가 여성이 정부 최고위층에서 일할 수 있도록 남성과 동일한 법적 권리를 누려야 한다고 답하였다. 게다가 전 세계 수십 개 무슬림 국가에서 다수의 남성과 여성 모두(사우디아라비아 61%, 이란 85%, 인도네시아, 터키, 방글라데시, 레바논 90%)가 남성과 여성이 동일한 법적 권리를 가져야 한다고 말한다. 또한 다수(말레이시아 90%, 터키 86%, 이집트 85%, 사우디아라비아 69%)가 자격을 갖춘 여성이 집 밖에서 직업을 가지고 일할 수 있는 권리와, 여성이 가족 구성원들의 간섭을 받지 않고 투표할 권리(인도네시아 80%, 이란 89%, 파키스탄 67%, 방글라데시 90%, 요르단 76%, 터키 93%, 사우디아라비아 56%)를 지지한다. 동시에 국가마다 지니고 있는 모순을 통해 여성의 지위와 관련하여 문제가 복잡하다는 것을 알 수 있다.

- 이집트 여성은 오늘날 최상의 교육을 받을 수 있고 사실상 모든 분야에서 책임 있는 전문가 위치를 차지하고 있다. 그러나 대다수 무슬림 사회의 여성과 마찬가지로 최근까지도 여행을 하려면 남성 가족 구성원의 허락을 얻어야 했다.
- 사우디아라비아에서 여성은 투표를 할 수 없는[3] 반면, 거의 모든 무슬림 국가의 여성은 투표를 한다. 또한 선거에 출마하고, 국회에서 활동한다. 이란, 파키스탄, 터키, 인도네시아, 방글라데시에서는 여성이 나라의 수반 혹은 부통령을 지냈거나 지내고 있다.
- 사우디아라비아 여성은 사우디아라비아 은행 예금의 70%, 왕국 내 사기업의 61%를 소유하고 있다. 이들은 리야드와 제다에서 부동산을 많이 소유하고 있고, 개인사업장을 소유하고 경영할 수 있다. 그러나 남성과 분리되고 "적절한" 직업만 가질 수 있으며, 자동차 운전을 할 수 없다.[4]
- 쿠웨이트에서는 여성이 사회에서 자유롭게 활동하고, 많은 분야에서 책임 있는 지위에 오를 수 있지만, 몇 년 전까지만 해도 투표를 할 수 없었다.
- 아프가니스탄과 파키스탄 일부 지역에서는 탈레반이 이슬람의 이름으로 전문직 여성이 직업을 포기하도록 압력을 가하고, 소녀들이 학교에 다니는 것을 금지하였다.
- 공공장소에서 여성이 반드시 머리를 가리고, 긴 소매 옷과 발목까지 내려오는 겉옷을 입어야 하는 이란에서 여성은 대학생 다수를 차지하고,

---

3   2015년 12월에 실시된 지방선거부터 여성의 참정권이 인정되었다.
4   2018년 6월 24일부터 여성 운전자에게 면허증을 발급하는 등 여성의 권리와 관련된 몇 가지 법률 개정이 이루어졌다.

다양한 전문직을 가지며, 의회에서 활동한다. 이란 이슬람공화국에서는 부통령 중 한 명이 여성이다.
- 근대 이집트에서 여성은 최근까지 판사로 일할 수 없었지만, 모로코에서는 판사의 20% 이상이 여성이다.

여성의 권한 결핍과 불평등의 원인, 변화의 바람은 기초적인 문자해독 능력과 교육에서 찾아볼 수 있다. 문자해독 능력을 보면, 예멘은 남성의 70%가 글을 읽고 쓸 줄 아는데 비해, 여성은 28%에 불과하다. 파키스탄은 남성 53%, 여성 23%다. 고등교육을 받는 여성의 비율은 모로코와 파키스탄에서 각기 8%와 13%까지 내려간다.(브라질 3.7%, 체코공화국 11%)

극히 대조적으로, 이란과 사우디아라비아 여성 문자해독률은 70%이고, 요르단과 말레이시아에서는 85%까지 올라간다. 교육의 측면에서 보면 이란(52%), 이집트(34%), 사우디아라비아(32%), 레바논(37%)에서 상당 비율의 여성이 고등교육을 받는다. 아랍에미리트도 이란과 마찬가지로 대학생 다수가 여성이다.

오늘날 많은 무슬림 국가와 무슬림 공동체에서 여성이 꾸르안 연구 모임을 이끌고 참여하며, 모스크를 기반으로 교육과 사회봉사 활동을 펼친다. 이 여성들은 종교학자이고, 그중에는 심지어 무프티도 있다. 법률개혁과 투표권, 점증하는 교육 및 전문직 진출 기회(의료인, 언론인, 변호사, 엔지니어, 사회복지사, 대학교수, 그리고 기업가로 진출) 등에서 볼 수 있듯 여성의 권한이 신장되고 있다.

057 | 초기 이슬람에서 여성은 어떤 역할을 하였는가?

여성은 초기 무슬림 공동체와 무함마드의 삶에서 중요한 역할을 하였다. 역사 및 기타 증거를 보면 여성(무함마드의 아내 카디자)이 꾸르안의 계시를 처음으로 배웠다. 게다가 카디자는 개인사업을 하고 있었고, 무함마드를 고용했으며, 나중에는 무함마드에게 청혼했다. 이러한 선례를 보고 이슬람법 전문가들은 원한다면 여성이 남성에게 청혼할 수 있다고 하였다. 예언자 시대에 여성은 전장에서 싸우고, 부상자를 치료했다. 여성은 무함마드 사후 누가 그의 뒤를 이어야 하느냐는 문제를 두고 조언하였다. 여성은 또한 꾸르안의 수집과 편집에도 기여했고, 수많은 하디스(예언자의 전통) 전승에도 중요한 역할을 담당하였다.

여성이 모스크에서 남성과 함께 정기적으로 예배한다는 사실 역시 이슬람 초기시대 공공생활에서 여성과 남성이 평등했다는 증거다. 초기 무슬림 공동체에서 여성은 자산을 소유하고 팔았으며, 상거래에 종사하고, 교육을 받거나 제공하였다. 많은 여성이 무함마드의 집에서 종교교육을 받았다. 무함마드의 딸 파티마는 유일하게 무함마드보다 더 오래 산 자녀로 공동체에서 중요한 역할을 했다. 그녀는 이맘 알리의 아내이자 이맘 후세인과 이맘 하산의 어머니이며, 티끌 하나 없이 깨끗하고 죄가 없으며, 도덕성이 높은 모범적인 여인이자 기도와 청원의 대상이었다. 아들 후세인과 마찬가지로 그녀는 헌신, 고통, 연민의 화신이다. 무함마드의 아내 아이샤 역시 가장 중요한 하디스 전승자 중 한 명일 뿐만 아니라 역사, 의학, 운문, 수사의 권위자로 인정받으며 공동체에서 특별한 역할을 하였다.

정치적 문제에서 여성은 종종 남성 가족 구성원 모르게, 또 허락 없이 독자적으로 무함마드에게 충성(바이아, bay'ah) 맹세를 하였고, 뛰어난 여성이 가족 내 남성보다 먼저 이슬람으로 개종하는 경우도 많았다. 두 번째 칼리파인 우마르 이븐 카탑은 여성들을 메디나 시장의 공무직에 임명하였다. 한발리 법학파(237쪽 '이슬람법이란 무엇인가'를 보라.)는 여성이 판사로 활동할 권리를 옹호한다.

꾸르안은 시바의 여왕 빌끼스의 지도력을 긍정적인 사례로 든다.(꾸르안 27장 23~44절) 꾸르안은 성별에 초점을 맞추기보다는 영향력 있는 정치지도자로 활동하는 여성의 모습을 묘사하면서 공무에 맞게 일을 수행하는 여성의 능력, 순수한 신앙, 독립적인 판단, 정치적 능력을 설명한다.

058 | 무슬림 여성은 왜 머리가리개와 긴 옷을 착용하는가?

'머리가리기'라는 단어는 느슨한 옷과 (혹은) 머리가리개 착용을 묘사하는 데 사용하는 포괄적인 용어이다. 머리를 덮는다는 구체적인 표현은 없지만, 꾸르안은 단정함을 강조한다. 머리가리개를 쓰는 관습은 "믿는 여인들에게 시선을 낮추고 단정함을 지켜야 한다고 말하라. 그들은 가슴 위에 머리가리개를 늘어뜨리고 아름다움을 내보이지 말아야 한다"(꾸르안 24장 31절)는 단락 때문에 이슬람과 관련된다. 구체적인 여성의 옷차림은 꾸르안 어디에도 명기되어 있지 않다. 꾸르안은 남성들에게도 단정함을 강조한다. "믿는 남성들에게 시선을 낮추고 단정하라고 이르거라."(꾸르안 24장 30절)

모로코에서 이란, 말레이시아, 유럽, 미국에 이르기까지 여러 나라 무슬림 여성이 옷 입는 스타일, 옷의 색깔, 천의 다채로움, 그리고 다양한 관습과 꾸르안 구절 해석 때문에 이슬람의 의복은 히잡, 부르까, 차도르, 갈라베야 등 여러 가지 이름으로 알려져 있다.

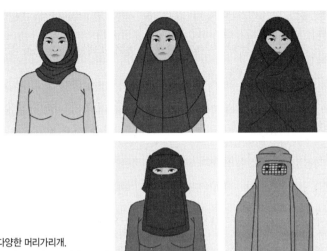

무슬림 여성의 다양한 머리가리개.
왼쪽 위부터 히잡, 키마르, 차도르, 니깝, 부르까

　여성의 머리가리개 착용은 무함마드 사후 3~4세대까지 이슬람 제국에 널리 퍼지지 않았다. 머리가리개는 본래 명예와 구별의 상징이었다. 무함마드 시대에 무함마드의 아내들과 상류층 여성은 지위의 상징으로 머리가리개를 착용했다. 몇 세대가 지난 후 무슬림 여성은 이러한 관습을 더욱 폭넓게 수용했다. 남성뿐 아니라 하류층과 구분하기 위한 지위의 표식으로 머리가리개를 착용한 중상류층의 페르시아, 비잔티움 여성의 영향을 받았다. 예배 때나 시장에서는 모든 계층이 서로 뒤섞이므로 도시의 무슬림 여성 사이에서 머리가리개 사용이 권장되었다.

　머리가리개는 종종 이슬람에서 여성의 열등한 지위를 상징하는 것으로 간주된다. 머리가리개 착용에 반대하는 사람들은 머리가리개를 퇴보와 억압, 서구 복식은 개성과 자유로 이해한다. 머리가리개를 비판하는 무슬림과 비무슬림은 자기표현이 중요하다고 강조하며, 여성이 옷을 입고 머리를 하는 독특한 방식을 자기표현으로 여긴다. 이들은 성숙한 여성에게 특정한 방식으로 옷을 입으라고 요구하는 사람이나 종교, 문화는 여성의 권리와 자유를 침해한다고 믿는다. 이들은 머리가리개가 여성을 보호하기 위한 것이라고 말하는 사람들에게 왜 남성에게는 스스로를 통제할 책임을 부과하지 않는지 묻는다.

머리가리개 착용을 옹호하는 사람들은 히잡이 신체적 모습을 강조하거나 다른 여성과 외모를 두고 경쟁하는 것에서 벗어날 자유를 주기 때문에 히잡을 쓴다고 설명한다. 더 나아가 히잡 덕분에 여성이 남성의 성적 대상이 되지 않는다고 한다. 그래서 여성 자신이 영적·지적·직업적으로 발전하는 데 집중할 수 있다는 것이다. 일부 학자들은 특별히 1980년대에 이슬람식 옷차림을 채택하면서 많은 무슬림 여성이 자신을 근대 무슬림 여성으로 다시 정의하고 이슬람 전통과 근대적 삶의 방식을 조화시키기 위해 노력했다고 주장하였다.

이슬람식 옷차림은 저항과 자유의 상징이기도 하다. 서양의 정치적·문화적 지배와 권위주의 정부에 대한 저항일 뿐만 아니라 민족적 자부심의 근원으로 정치적 의의를 지닌다. 젊은 무슬림 여성 다수가 문화적 뿌리를 되찾고, 여성을 존중하지 않는 서구 제국주의 전통을 거부한다는 것을 나타내기 위하여 이슬람식 옷차림을 선택하였다. 이들 젊은 여성들은 불편하고 품위 없는 서양식 옷을 입으면 여성이 예의와 자존감이 없는 성적 대상으로 전락한다고 생각한다. 이슬람식 옷차림을 한 여성들은 사람들이 단정한 옷차림을 억압적이고 여성혐오적이라고 비난하는 것을 이상하게 생각하거나 불쾌하게 받아들인다.

그들은 서양이 히잡이나 이슬람을 비난해서는 안 되며, 오히려 비현실적인 이상을 부추기는 사회 시스템 때문에 소녀들이 육체적 아름다움과 몸무게에 집착하고, 소년들이 이러한 이상을 기준으로 삼아 소녀들을 평가하고 있다고 말한다.

그러나 이슬람식 옷차림을 꼬집는 서양과 무슬림 비평가들은 머리가리개 착용이 자유로운 선택이라고 하는 사람들의 주장을 받아들이지 않는다. 그런 복장을 한 여성들이 억압적인 가부장 문화의 지배하에 있거나 종교 독재에 순응한다고 본다. 비평가들은 또한 히잡이 탈레반 지배하의 아프가니스탄에서처럼 여성을 통제하고 분리하는 데 사용되어왔기 때문에 머리가리개는 순응과 감금의 상징이라고 주장한다.

하지만 일부 무슬림은 서양 여성들이 스스로 자유롭다고 믿고 있을 뿐이라고 말한다. 서양 여성들은 사회문화가 자신들을 어떻게 착취하는지 알지 못한 채 스스로 수많은 시간을 써서 외모를 가꾸고, 몸에 달라붙는 불편한 옷을 입고 위험한 하이힐을 신으며, 선정적인 자동차, 면도크림, 맥주의 광고 모델이 되는 것을 "선택"한다. 이들 무슬림은 서양인들이 스스로 머리가리개를 쓸 자유가 없기 때문에 머리가리개를 비난한다고 말한다.

1970년대 이후 카이로에서 자카르타에 이르기까지 상당히 많은 "근대" 여성들이 이슬람식 옷차림으로 바꾸거나 되돌아갔다. 이는 종종 교육수준이 높고 사회 각 분야에서 활동하는 도시의 젊은 중산층 여성들이 자발적으로 이러한 움직임을 이끌었다. 여성들의 사회적 지위와 역할을 반영하는 새로운 패션이 나타났다. 실제로 현대적인 이슬람식 복장 디자인은 수익성 높은 사업으로 연결되었다. 일부 무슬림 여성들은 길게 늘어뜨린 다양한 외투와 여기에 잘 어울리는 머리가리개의 특징을 살려, 패션 감각이 뛰어난 단정한 옷을 전문적으로 디자인하고 마케팅 하는 개인사업에 뛰어들고 있다.

머리가리개를 쓴 여성들은 사람들이 머리가리개가 자신들에게 어떤 의미를 갖는지 묻지 않고, 단순히 머리가리개를 쓴 여성은 억압을 받는다고 생각한다며 불만을 표한다. 옷 입는 방식보다 이러한 생각 때문에 무슬림 여성들이 더 많이 억압을 받는다고 말한다. 머리가리개를 착용한 여성이 강하고 지적이어도 그런 여성과 알거나 함께 활동하기를 꺼리는 사람들이 많고, 그런 사람들이 머리가리개 쓰는 여성의 가치를 무심결에 깎아내린다.

러시아 여성, 힌두 여성, 유대 여성, 그리스 여성, 가톨릭 수녀들처럼 문화와 종교가 다른 여성 다수도 머리가리개를 쓰는데, 왜 이들은 억압을 받고 있다고 생각하지 않는가? 만일 머리가리개를 한 이들 여성이 자유롭다고 생각한다면, 왜 머리가리개를 쓰는 무슬림 여성 또한 자유롭다고 상상하지는 못하는가? 무슬림 여성들은 히잡이 종교적 헌신, 수련, 성찰, 존경, 자유, 근대성을 상징한다고 자주 이야기한다. 하지만 스카프가 무엇을 뜻하는지 묻는 사람은 아무도 없다.

059 | 왜 무슬림 남성은 터번이나 모자를 쓰는가?

모든 무슬림 남성이 터번을 쓰는 것은 아니고, 터번을 쓴 남성이 모두 무슬림인 것도 아니다. 예를 들어 시크(Sikh)교도는 종교 규율에 따라 터번을 쓴다. 무슬림 남성 다수가 머리를 전혀 가리지 않는다. 머리를 가리는 것은 종교보다는 문화와 관련되는 경향이 짙다.

무슬림 남성용 머리덮개로는 터번, 페즈[5], 예배용 모자 혹은 스컬캡, 케피예[6], 아랍의 전통적인 머리덮개가 있다. 터번은 아프가니스탄의 탈레반

---

5   챙이 없는 모자. 요리사들이 쓰는 모자 같이 생겼으나 높지 않다. 모로코의 도시 파스 (Fas)에서 만들어졌다고 해서 파스(fas)로 불렸는데, 영어나 불어에서는 페즈(fez)로 통용되었다. 터키어로는 페스(fes)다.
6   이라크 도시 쿠파(Kufah)에서 착용했다고 하여 쿠피야 또는 케피야로 부른다고 한다.

1. 페즈 2. 케피예
3. 터번 4. 스컬캡

이나 이란의 성직자와 가장 흔히 연관된다. 터번의 색깔은 착용자의 지위를 나타낸다. 착용자가 무함마드의 후손이 아니면 하얀색, 무함마드의 후손, 즉 사이드(sayyid)면 검은색을 쓴다. 페즈는 오스만 후반기 터키 남성이 쓰던 전통적인 머리덮개였다. 20세기 초반에 페즈는 챙이 넓은 유럽 스타일 모자로 강제 대체되었다. 케피예는 요르단이나 팔레스타인과 관련되는 경향이 있다. 종종 팔레스타인의 민족적 명분에 공감을 표하기 위해 착용한다. 사우디아라비아에서 쓰는 것과 같은 전통적인 아랍의 머리덮개는 본래 태양으로부터 머리와 목을 보호하기 위해 고안한 것이다. 예배모자와 스컬캡은 전형적으로 파키스탄에서 쓰는데, 일부 아프리카계 미국 무슬림도 착용한다.

060 | 왜 무슬림 남성은 수염을 기르는가?

수염이 있었던 예언자 무함마드에게 경의를 표하는 마음으로 많은 무슬림 남성이 수염을 기른다. 일부는 무함마드가 한 것처럼 수염을 손질하지 않은 채로 그냥 놔두어야 한다고 믿지만, 다수가 이러한 주장을 받아들이지 않는다. 따라서 턱과 볼 전부를 덮는 전체 수염부터 턱 주변만을 덮도록 단정하게 손질한 염소수염에 이르기까지 다양한 형태의 수염이 있다.

수염을 기르지 않고, 수염이 종교적 요구사항이라고 믿지 않는 무슬림 남성도 많다. 이슬람 행동주의나 근본주의를 제어하는 무슬림 국가에 사는 사람들은 수염이 있을 경우 의심을 받거나 체포될 가능성이 크기 때문에 수염을 기르지 않는다. 서양에 거주하는 무슬림들은 특별히 9·11 사건 이후 수염이 있을 경우 극단주의와 연루되었다고 보는 경향이 있기 때문에 수염 기르는 것을 피한다.

061 | 이슬람은 할례를 요구하는가?

전통과 무함마드의 전례(순나) 모두에 따르면, 유대교와 마찬가지로 이슬람도 남성에게 할례를 요구한다. 무슬림 다수는 이슬람으로 개종할 때 할례가 필요하다고 믿는다. 할례는 하나님의 뜻과 명령에 복종하고, 저급한 욕망을 억제하여 더 높은 차원의 영적 요구에 응하는 종교적 과정을 상징한다. 다시 말하면, 남성기관을 물리적으로 변형하여 성적인 문제마저 하나님께 맡긴다는 것을 상징한다.

사회적으로 보면 할례는 소년에게 중요한 통과의례다. 10세나 12세에 할례를 행하면 어른이 되고, 정기적으로 예배에 참석하는 것을 포함하여 남성으로서 책임을 진다는 것을 뜻한다. 더 나아가 그보다 더 나이가 들어서 할례를 한 남성은 낯모르는 여성과 더 이상 자유롭게 어울릴 수 없다.

중동에서는 일반적으로 10세에서 12세 사이에 할례의식을 행한다. 많은 무슬림 국가에서 할례는 혼례처럼 선물을 준비하고 잔치를 여는 축제다. 유럽과 미국에서 할례는 일반적으로 남아가 태어난 직후 병원에서 이루어진다.

여성할례는 이슬람적 행위도 아니고 무슬림 사이에 널리 퍼져 있지도 않다. 그보다는 수단과 이집트 같은 나라에서 무슬림과 비무슬림이 행하는 아프리카 전통인 것 같다.

062 | 무슬림의 중매결혼이 변하고 있는가?

결혼은 이슬람에서 전통적으로 두 개인뿐만 아니라 신부와 신랑 두 가족이 행하는 신성한 의무다. 중매결혼은 전통적으로 대다수 무슬림 사회의 규범이다. 부모들은 그들 자녀에게 걸맞은 배우자를 찾기 위해서 친척, 가까운 가족의 친구부터 중매쟁이에 이르기까지 가족과 공동체 내에서 여러 사람을 동원한다. 장래 배우자가 될 사람의 스승, 교수, 고용주, 친구, 이웃, 동료들을 접촉하여 성격을 철저히 파악한다.

이러한 시스템이 오랫동안 지속되었지만, 여러 무슬림 국가와 서구 무슬림 공동체에서 변화가 천천히 일어나고 있다. 유럽과 미국의 일부 부모와 자녀는 적절한 배우자감을 고국에서 찾기도 한다. 가족이나 지역사회 행사 모임, 아니면 무슬림 공동체 네트워크나 대학에서 배우자를 찾는 사람들도 있다. 어떤 사람들은 보호자가 동반한 일명 (이슬람적으로 허용된) 할랄 데이트를 한다. 그 밖에 전문직에 종사하는 젊은 무슬림은 무슬림이 간행하는 매체나 무슬림 인터넷 사이트의 구혼란에 광고를 낸다.

눈여겨보아야 할 중요한 점은 할랄 데이트의 경우에도 신심 깊은 무슬림은 좀 더 정확히 표현하면 "구애"를 한다는 사실이다. 왜냐하면 단순히 가볍고 구속력 없는 연애가 아니라 혼인할 배우자를 찾겠다는 분명한 의도를 지니고 있기 때문이다. 좀 더 가벼운 데이트에 관심을 가지는 일부 젊은 무슬림은 새로운 관계의 패러다임에 비추어 전통 이슬람의 기준을 다시 생각하면서 근대적인 관계 규범과 전통적인 감수성 사이에서 적당한 타협안을 모색한다. 물론 다른 종교 공동체에서 그러하듯, 더 넓은 사회에 동화되어 전통적인 지침은 물론 근대적인 종교적 가르침마저 무시하는 젊은이들도 있다.

063 | 무슬림 남성은 한 명 이상의 부인을 둘 수 있는가?

다혼, 더 정확히 말해서 일부다처제(한 명 이상의 아내와 결혼하는 것)는 이슬람 사회에서 논란이 되고 있는 주제다. 근대 이슬람 국가 다수는 일부다처제를 금지(법정 심의와 승인, 부인의 허락을 요구하는 등)하거나 다양한 방식으로 엄격하게 규제해왔다. 비록 일부다처제가 몇몇 무슬림 사회에서 시행되고 있기는 하지만, 오늘날 압도적 다수의 무슬림은 일부일처제를 따르고 있다.

다혼이나 일부다처제는 여러 다른 종교와 문화 전통에서도 찾아볼 수 있지만, 우리는 이를 특별히 이슬람과 연관시키는 경향이 있다. 실제 역사적으로 일부다처제는 일반적으로 셈족 사회에서, 구체적으로는 아랍 문화에서 이루어졌다. 아랍 사회의 귀족층과 지도층 사이에 퍼져 있었고, 이보다 다소 덜 일반적이기는 하지만 성서 속의 유대교에서도 찾아볼 수 있다. 아브라함, 다윗, 솔로몬은 모두 여러 명의 부인을 두었다.

일부다처제는 이슬람 이전 아라비아에서 일반적이었고, 혼인은 아무런 통제도 받지 않았다. 남성은 원하는 수만큼 아내를 얻을 수 있었다. 여성은 열등한 존재로 아무런 권리도 없이 노예처럼 취급받았다. 7세기 아라비아는 잦은 부족전쟁과 다툼의 장이었다. 남성이 전투에서 죽으면 미망인과 고아 혹은 미혼의 여형제나 여자조카가 남성 보호자 없이 생존하는 것은 거의 불가능했다. 상속, 이혼, 증인 등에 관한 꾸르안의 계시와 개혁처럼 이러한 상황에서 혼인과 관련된 꾸르안 계시는 여성의 지위를 향상시키는 경향을 보였다.

꾸르안은 남성이 부인을 공평하게 부양하고 대할 수 있다는 조건 아래 네 명의 배우자와 결혼하는 것을 허용하였다.

> 고아들에게 재산을 주어라. 나쁜 것을 좋은 것과 바꾸지 마라. 그들의 재산을 탐하지 마라. 진정 그것은 큰 죄악이다. 만일 너희가 고아들을 공평하게 대우할 수 없을 것 같은 두려운 마음이 든다면, 너희에게 적합한 여성 둘, 셋 혹은 넷과 결혼해라. 하지만 너희가 (그들을) 공평하게 대우할 수 없다면, 오직 한 명과만 하라.(꾸르안 4장 2~3절).

이와 같은 꾸르안의 명령은 결혼이라는 우산을 난폭한 사회 안에서 여성을 보호하는 방책으로 사용하면서 원하는 만큼 부인을 둘 수 있는 남성의 권리를 제한한다. 꾸르안 24장 32절에서 "너희들 가운데 배우자가 없는 사람과 결혼하라. 그리고 너의 남성 노예와 여성 노예 중 올바른 사람과 결혼하라. 만일 그들이 가난하면 하나님께서 부유하게 하실 것이다. 하나님께서는 모든 것을 포용하시고, 모든 것을 알고 계신다"고 말한 것처럼 말이다.

근대 개혁가들은 "아무리 노력할지라도, 너희는 여인들을 결코 공평하게 대할 수 없으리라"(4장 129절)는 또 다른 계시를 들어 남자가 아내들 사이에서 공정함을 유지할 수 있는 가능성을 일축하고, 일부일처제가 꾸르안 뒷부분에서 강조되고 있는 것에서 볼 수 있듯, 꾸르안은 일부일처제가 이상적이라고 가르친다고 주장한다. 좀 더 보수적인 무슬림들은 이러한 해석을 비이슬람적이고 서양을 모방하려는 개혁가들의 성향을 반영한다고 하면서 거부한다.

064 | 무슬림과 비무슬림은 결혼할 수 있는가?

이슬람의 혼인 규정은 혼인에서 생기는 자녀의 신앙을 주요 관심사로 여긴다. 무슬림 남성과 계시를 받지 않은 공동체 출신 여성 간의 혼인은 위법이다. 무슬림 남성은 무슬림 여성과 결혼하는 것이 좋지만, 그리스도인 여성이나 유대인 여성과도 결혼할 수 있다. 하나님의 계시를 받은 사람들, 즉 "경전의 백성"이기 때문이다. 신앙이 서로 합치하는 것이 조화로운 결혼생활과 가족생활에 중요하다고 생각한다. 남성이 가장으로서 어떠한 공식적인 역할을 하든 간에 여성은 자녀들과 대부분의 시간을 보내는 경향이 있기 때문에 특히 자녀들이 어릴 때 아주 이른 나이부터 어머니가 믿는 종교에 더 많이 노출될 가능성이 크다. 그러므로 남성은 유일신교와 하나님의 계시를 지키는 아내를 선택해야 한다.

무슬림 여성은 무슬림, 또는 이슬람으로 개종하는 사람과 결혼해야 한다. 이슬람법에서 남성은 가장이고, 아내는 남편 쪽 법에 따라 국적과 지위를 취득한다. 남성은 또한 자녀 종교교육을 책임지고, 특별히 자녀들이 결혼할 때 보호자 역할을 하여야 한다. 따라서 무슬림 여성과 비무슬림 남성의 혼인은 두 사람으로 결합으로 나온 자녀들이 이슬람 신앙을 가지지 않을 수 있기 때문에 이슬람의 입장에서 보면 잠재적 '상실'을 뜻한다.

065 | 이슬람은 가정폭력에 대해 어떻게 말하는가?

가정폭력은 서양과 전 세계의 심각한 사회문제로 무슬림 세계도 예외가 아니다. 남녀 교육을 통해 가정폭력을 근절하기 위해 노력하는 대중운동과 여성조직은 꾸르안의 남녀권리, 책임, 결혼에 관한 가르침을 강조한다.

일부 무슬림 사회에서 남성은 꾸르안을 이용하여 가정폭력을 정당화한다. 그러나 꾸르안은 여러 구절에서 남녀가 서로 관대하고 서로 도와야 한다고 가르친다. 가족 관계에서 사랑과 정의를 강조하고 학대를 금한다. 꾸르안은 30장 21절에서 "그리고 하나님의 표징 중 하나로, 하나님께서는 너희를 위해 너희 가운데에서 배필을 창조하시어 너희가 배필에게서 평온을 얻도록 하셨다. 그리고 하나님께서는 너희들에게 사랑과 자비를 주셨다. 생각하는 사람들을 위한 표징이 진정 여기에 있나니"라고 말한다. 더 나아가 꾸르안 4장 19절은 "오 믿는 자여! 너희는 여성들을 억지로 상속하지 말라. 그들이 부정한 짓을 하지 않았는데도, 준 것을 되찾아오기 위해 그들을 곤란에 처하게 해서는 안 된다. 만일 너희가 그들을 싫어한다면, 아마도 너희가 싫어하는 것 안에 하나님께서는 좋은 것을 만드실 것이다"라고 명한다.

시간적으로 보았을 때 가장 나중에 계시된 꾸르안 구절로 남편과 아내의 관계를 언급한 9장 71절은 남녀가 동반자로서 함께 살면서 협력할 것을 강조하면서 둘의 관계를 적대나 종속관계가 아니라 서로를 지켜주는 친구이자 보호자로 묘사한다. 이와 마찬가지로 하디스(예언자 전승) 역시 무함마드가 여성을 존중하고 보호했다는 사실에 주목한다. 무함마드는 "아내에게 최고인 사람이 최고의 남자다"라고 말하였다. 무함마드의 아내 아이샤는 무함마드가 노예나 여성을 절대 때리지 않았고, 어느 누구든 손으로 친 적이 없다고 말하였다. 꾸르안이나 하디스에 따르면 무함마드는 심기가 불편하거나 불만이 있을 때조차 아내들을 학대하거나 화를 낸 적이 없었다고 한다.

꾸르안을 근거로 아내 학대를 정당화하는 사람들은 "바른 여성은 하나님이 지키라고 하신 것을 지키고 순종적이다. 여성들이 불복종하리라고 걱정이 된다면, 충고하고, 침실에서 내쫓고, 때려라. 그러나 만일 순종한다면, 그들을 적대시 하지 말라"고 한 4장 34절을 들먹인다. 최근 들어 학자들은 "순종"이 남편이 아니라 하나님을 향해 여성이 갖추어야 할 태도를 뜻한다고 주장한다. 더 나아가 이 구절에서 순종은 여성이 정조를 지키는 것과 관련되어 있으므로 순종적인 여성이란 성적으로 부정한 짓을 저지르지 않는 사람을 뜻한다고 한다.

일반적으로 "불복종(nushuz)"으로 번역하는 단어는 한쪽 배우자가 결혼의 의무를 지키는 데 실패하여 조화로운 결혼생활이 중단됨을 가리킨다. 이는 꾸르안의 다른 구절에서는 남녀 모두에게 적용된다. 위 꾸르안 계시의 마지막 구절은 복종하는 여성을 학대하지 말라고 남성에게 충고한다. 개혁가들에 따르면 이 구절은 아내를 때릴 권리를 남성에게 준 것이 아니라 남성이 여성을 공평하게 대해야 하는 의무를 지니고 있다는 사실을 알려준다.

꾸르안 4장 34절은 부부간 다툼을 해결하는 세 가지 방법을 제시한다. 첫 번째는 책망 내지 논의가 부부 단 둘 사이에서, 아니면 중재자의 도움을 받아 진행된다. 이는 꾸르안 4장 35절과 4장 128절에서도 권고하는 것인데, 이혼을 고려하고 있는 부부가 택할 수 있는 방법이다. 이것이 실패하면, 두 번째 방법은 물리적 별거다. 서로 다른 침대를 쓰면서 부부가 서로 마음을 가라앉히고 부부관계의 미래에 대해 생각할 여유를 갖는다. 마지막 세 번째 방법은 때리거나 치는 것이다. 때린다는 것은 문법적으로 단수형을 취한다. 그러므로 오직 한 번만 때릴 수 있다.

꾸르안 4장 34절은 메디나 시기 초반에 계시되었는데, 여성에 대한 가혹한 행위와 폭력이 만연했던 시공간이었다. 따라서 오늘날 일부 무슬림 학자는 이 구절에서 단 한 번만 때리라고 한 것은 기존에 횡행하던 폭력을 제어하기 위한 방법이지 아내를 다루는 방법으로 제안한 것은 아니라고 주장한다.

무슬림, 부카리, 티르미디, 아부 다우드, 나사이, 이븐 마자흐 등 주요 하디스집[7]의 구타 관련 하디스는 모두 고통이나 위해를 초래하지 않는 방법으로 때려야 한다고 강조한다. 이들 하디스는 한 번 치는 것은 단지 상징적인 것이어야 한다고 강조한다. 샤피이 법학파의 창시자는 때리지 않는 것이 전적으로 더 바람직하다고 주장하였다. 가정폭력이 남성 지배적인 문화 속에 계속 존재하고 종교의 이름으로 정당화되고 있음에도 불구하고 꾸르안 구절이나 하디스 대다수는 이를 지지하지도 허용하지도 않는다.

---

7 순니 이슬람의 주요 하디스로, 보통 하디스 6서라고 한다.

이슬람은 이혼을 어떻게 다루는가?

가톨릭이나 여타 그리스도교 교파들과는 대조적으로 이슬람에서 결혼은 계약이지 성사(聖事)가 아니다. 이슬람은 특정한 상황에 처한 경우 이혼할 수 있다고 항상 인정해왔다. 이슬람 이전 시대 아랍 관습에 따르면, 남성은 어느 때고 어떤 이유에서든 이혼할 수 있는 반면 아내에게는 아무런 권리도 없었다. 그렇지만 꾸르안은 남편의 자의적인 행동을 통제할 수 있는 새로운 지침을 확립하였다. 꾸르안은 허락한 것 중에서 이혼을 가장 마지막 수단으로 간주하고 배우자 간 중재를 권장하였다.

> 만일 부부간 불화가 걱정된다면, 남자의 가족과 여자의 가족에서 각각 중재자를 한 명씩 세워라.(남녀의 이해관계가 동등하게 맞도록) 만약 양쪽 모두 화해를 원하면 하나님께서 허락하실 것이다.(꾸르안 4장 35절)

꾸르안은 이혼하려는 남편들에게 "그들(그들의 아내들)을 명예롭게 지키거나 그들을 명예롭게 놓아주라"(꾸르안 65장 2절)고 충고한다. 이혼을 돌이킬 수 없는 것으로 하려면 연속적으로 매달 한 번씩, 3개월 동안 남편이 "나는 너와 이혼한다"고 한 번도 아니고, 세 번을 선언해야 한다는 꾸르안의 요구사항에 이혼의 심각성이 잘 드러난다. 이는 부부가 화해할 시간을 주거나, 화해가 이루어지지 않은 상태에서 아내가 임신한 것으로 판명될 경우 아직 태어나지 않은 아이를 위해 양육지원책을 마련하기 위한 것이다.

> 그 기간에 이르렀을 때 여성들과 이혼하라. 그들의 기간을 계산하라. … 그리고 하나님, 너의 주님을 두려워하라. 그들을 집에서 내쫓지 마라. … 그

것이 하나님께서 정하신 규정이다.(꾸르안 65장 1절)[8]

꾸르안의 지침에도 불구하고, "나는 너와 이혼한다"는 말을 한 번에 세 번 연거푸 선언하는 간소화된 이혼 방식이 흔하게 통용되었다. 악용이라고 하지만 법적으로는 유효하다. 이러한 이혼은 남성 지배적 관행이 어떻게 종교적 규율을 넘어서서 여러 세대에 걸쳐 많은 무슬림 국가에서 이혼권을 침해했는지를 강력하게 보여주는 본보기다.

무슬림 국가들은 꾸르안과 재판정에 의거하여 이혼과정을 통제하고 여성의 권리를 신장시키는 다양한 법률을 제정하였다. 오늘날 많은 국가에서 무슬림 여성은 여러 가지 사유로 법원에서 이혼판결을 받을 수 있다. 미국이나 유럽에 사는 무슬림은 이혼을 하려면 민법을 따라야 한다. 하지만 남성에게 이혼할 권리를 광범위하게 부여하는 반면 여성의 이혼권은 제한적으로만 허용하는 가부장제 사회가 여전히 많다. 이는 곧 여성의 권리와 관련된 많은 문제가 이슬람이 아니라 여러 사회에서 여전히 강력한 힘을 발휘하고 있는 가부장제에서 비롯된다는 것을 보여준다.

067 | 무슬림은 왜 악수하기를 꺼리는가?

일부 무슬림이 사람들과 악수하기를 꺼리는 데에는 두 가지 이유가 있다. 보수주의자들은 신체접촉이 지닌 성적인 의미 때문에 서로 무관한 남

---

8   여기서 기간이란 아랍어로 잇다(idda)를 뜻한다. 남편이 이혼을 선언하고 기다리는 시간을 말한다. 보통 3개월인데, 아이를 임신하였을 경우 아이를 낳을 때까지 기다린다.

녀가 서로 만지는 것을 피해야 한다고 믿는다. 정통파 유대인들과 마찬가지로 일부 무슬림은 의례적 정결을 위배할까봐 악수를 꺼린다. 전통적인 시아 무슬림은 비무슬림이 영적으로 순수하지 못하기 때문에 비무슬림 남녀와 신체접촉을 하면 무슬림이 의례상 불결한 상태가 된다고 믿는다. 일부 순니 무슬림도 비무슬림들은 의례적으로 정결하지 못하다고 믿지만, 비무슬림과 신체적 접촉을 한 후 의례적 정화는 하지 않는다.[9]

068 | 무슬림은 애완동물 혹은 동물을 기르는 것을 어떻게 생각하는가?

꾸르안은 애완동물을 금지하거나 비난하지 않는다. 많은 하디스(예언자 전승)가 동물을 상냥하게 대하고, 혹사하거나 때리지 말라고 강조한다. 고양이를 굶겨 죽여 지옥에 간 여성의 이야기를 기록한 하디스가 있는 반면, 목마른 개의 목숨을 살려주어서 천국에 간 남자 이야기를 하는 하디스도 있다.

그렇지만 개는 깨끗하지 못하다고 간주하기 때문에 일반적으로 집 안에 들이는 것은 금지한다. 무슬림 다수는 개의 타액이 몸에 닿으면 예배 전에 의례적인 세정을 반복해야 한다고 믿는다. 흔히 인용되는 하디스를 보면, 무함마드가 위생 때문에 개를 집 안에 들이는 것을 금지하였다고 하지만, 또 다른 하디스는 무함마드에게 개가 있었고, 그 개는 무함마드가 집 밖에서 기도할 때 그 주변에서 놀았다고 한다. 깨끗하다고 알려진 고양

---

9   의례적 정화란 예배 전에 씻는 것처럼 정결한 상태를 유지하는 것을 뜻한다.

모스크에서 이맘과 고양이

이들은 무함마드의 집에서 살았다. 무함마드와 교우 몇몇은 고양이에게 상냥했던 것으로 잘 알려져 있다.

오늘날 일부 무슬림은 과거에 개를 비위생적이라고 여기게 한 질병 대부분이 수의학의 발달로 해결되었으므로 개와 접촉하는 것이 더 이상 문제가 되지 않는다고 주장한다. 점차 더 많은 무슬림이 애완견을 키우는데, 특별히 미국과 유럽 태생 무슬림이 그러하다. 그러나 개가 집 안에 있어서는 안 된다고 한 하디스 기록이 모든 시간과 공간에 적용된다고 믿는 무슬림도 있다.

069 | 이슬람은 알코올과 돼지고기를 어떻게 다루는가?

이슬람은 알코올과 돼지고기를 모두 금지한다. 아주 드물게 의료 목적으로 알코올 사용을 허용하기는 하지만, 이슬람법은 엄격하게 무슬림이 알코올을 소비, 판매, 구입하는 것을 모두 금지한다. 알코올 소비 금지는 꾸르안

5장 90~91절에 근거한다.

> 오 믿는 자들이여! 취하게 하는 것, 도박, 우상숭배, 점술은 사탄의 일에 속하는 추한 것이니 그러한 일을 멀리하여라. 그러면 너희가 번영할 것이다. 사탄은 취하게 하는 것과 도박을 가지고 너희들 사이에 적대심과 증오심을 불러일으키고, 하나님을 기억하고 예배하는 것을 방해한다. 그런데도 삼가지 않겠느냐?

취하게 하는 것이란 구체적으로 대추야자로 만든 술을 말한다. 비록 소수 법학자가 문자주의적 해석에 따라 오직 대추야자 술만 금지된다고 주장하였지만 압도적 다수는 이 단락을 알코올과 마약을 포함하여 정신 상태를 변하게 하는 물질을 폭넓게 금지한 것으로 해석하였다. 샤리아(이슬람법)를 시행하는 여러 국가에서는 알코올을 금지하는데, 이는 일반적으로 무슬림과 비무슬림 모두에게 적용된다. 이란, 파키스탄, 수단, 사우디아라비아, 리비아, 말레이시아 일부 지역이 그러하다. 터키와 이집트 같은 세속정 국가는 마약을 금지하는 엄격한 법률을 제정하였지만, 알코올 음료를 제한적으로 수입하여 판매하고 소비하는 것을 허용해왔다. 이슬람주의 조직들은 대체로 알코올 완전 금지를 지지한다.

오늘날 미국과 유럽의 무슬림 공동체는 무슬림이 포도원, 식당, 식료품점 등 알코올을 판매, 소비 혹은 생산하는 장소에서 일해도 되는가 여부를 두고 논쟁하며 서로 이견을 보인다. 이와 같은 연장선상에서 무슬림이 식사의 일부로 알코올이 나올 수 있거나 나온다는 것을 아는 상태에서 식당이나 개인 가정에 식사초대를 받고 이를 수락해도 되는지 여부도 논란거리다.

돼지고기 음식 규제 또한 꾸르안에 나온다. 꾸르안 5장 3절은 "하나님 이름이 아니라 다른 이름으로 도살된 것과 함께 썩은 고기, 피, 돼지를 먹어서는 안 된다"고 말한다. 꾸르안 6장 145절은 이 금지규정을 확증한다. 더 나아가 일부 무슬림은 꾸르안이 돼지고기 섭취를 금지한 것에 더하여 돼지가 세균과 질병을 옮기는 동물이기 때문에 돼지고기 제품 소비는 건강에 해롭고 비위생적이라고 생각한다. 돼지 혹은 돼지고기 제품과 접촉하면 그 사람이나 물건이 불결해진다고 믿는다. 문제가 되는 부분을 씻거나 제거해서 깨끗하게 만든다고 해도 마찬가지이다.

미국 무슬림은 일반적으로 돼지고기나 돼지고기 제품 금지령을 준수한다. 알코올과 마찬가지로 일부 무슬림은 모르는 상태에서 돼지고기 제품이 나올 것을 우려하여 비무슬림 가정의 식사초대를 꺼린다. 미국 식품제조사들이 돼지고기 제품 및 부산물을 폭넓게 사용하기 때문에 돼지고기를 회피하는 무슬림은 어려움을 겪는다. 미국에서 돼지고기 기름은 일반적으로 쇼트닝으로 사용되므로 과자와 같이 겉보기에는 해롭지 않은 식품에 돼지성분이 숨어 있을 수 있고, 감자 칩을 돼지기름으로 튀길 수도 있다. 일부 미국 무슬림은 돼지고기 제품 사용 여부를 확인하기 위하여 모든 상표를 주의 깊게 읽는다.

어떤 이들은 그렇게 세심하게 주의를 기울일 필요가 없다고 믿는다. 또 다른 문제는 식당, 특히 음식을 튀겨내는 패스트푸드점에서 식사를 할 수 있는가 여부다. 왜냐하면 소비자들은 튀기고 조리하는 데 어떤 기름과 지방이 사용되었는지 모르기 때문이다. 일부 모스크와 이슬람센터는 돼지고기나 알코올(백포도주로 만든 일부 머스터드까지도)을 함유한 것으로 알려진 특정 제품의 목록을 회람하여 신앙 공동체가 소비하지 않도록 한다.

왜 무슬림은 춤을 반대하는가?

무슬림은 출신 국가, 보수적 이슬람 이해 정도에 따라 춤, 춤의 종류, 춤추는 장소에 관해 다양한 견해를 지니고 있다. 춤은 접촉을 수반하기 때문에 미혼 남녀의 춤은 대부분 허락하지 않는다. 미혼 남녀의 신체접촉은 부적절하기 때문이다. 게다가 무슬림 다수는 중고등학교가 주최하는 미국식 춤 행사에 자녀들이 참여하도록 허락하면 비무슬림과 데이트 내지 성 행위를 할까봐 염려한다.

그렇다고 이슬람이 춤을 모두 금지한다는 뜻은 아니다. 여러 중동국가에서는 오랫동안 축하행사의 일부로 벨리댄스와 민속춤을 추었는데, 특별히 결혼식에서 그러하였다. 원이나 무리 혹은 사슬 형태를 이루어 리듬감 있게 발을 구르고, 발로 스텝을 밟으며 손뼉을 치는 동성집단의 춤이 무척 인기가 있다. 특히 부족 문화의 춤은 검, 단검, 창 혹은 막대기 같은 무기를 가지고 춘다.

'회전하는 수행자들'의 공연 모습

또 '회전하는 수행자들(Whirling Dervishes)'로도 알려진 메블레비(Mevlevi)[10] 같은 일부 수피교단은 춤을 신앙의 도구로 삼아 하나님을 직접 영적으로 체험하고 우주의 질서를 모방한다. 이슬람적인 춤의 형태는 대칭, 기하학, 리듬이라는 보다 폭넓은 이슬람 예술 유형을 따르는 경향이 있다. 따라서 이슬람 문화에서 춤은 모든 개별 단위가 대칭적이고 아라베스크 형태(원이나 다른 형태를 무한 반복함)를 따르도록 배열되어 더 큰 디자인을 이루는 특징을 보여준다. 이러한 유형은 하나님의 유일성(tawhid)에 대한 믿음을 상징적으로 표현한 것이다.

071 | 일부 무슬림은 왜 음악에 반대하는가?

무슬림은 간혹 록(Rock)음악에 반대하는데, 음악적 형태 그 자체보다는 일반적으로 록음악 문화 때문이다. 서양에서 자란 젊은 무슬림 다수는 록음악이 미국 젊은이 문화의 일부이기 때문에 록음악을 듣는다.

일부 무슬림 부모는 비무슬림 부모들과 마찬가지로 섹스, 마약, 알코올, 폭력을 강조하는 가사 때문에 너무 서양적인 음악, 구체적으로는 록음악과 힙합에 반대한다. 섹스, 마약, 알코올 때문에 젊은이들이 록 콘서트에 가는 것을 허락하지 않으려고 한다.

그리스도교 록 운동(rock movement)과 마찬가지로 일부 무슬림은 종교적인 영감을 받은 가사를 가지고 록이나 랩(rap) 밴드를 결성하여 나름 해

---

10 잘랄 앗딘 루미의 수피교단이다. 아랍어로는 마울라위(Mawlawi)라고 한다. 메블레비는 터키어 발음.

결책을 찾으려고 한다. 워싱턴 디시를 기반으로 한 그룹 네이티브 딘(Native Deen, Deen은 아랍어로 '종교'를 뜻한다)의 노래는 규칙적인 예배, 섹스와 폭력 회피, 라마단월 단식, 좋은 무슬림이 되기 위한 노력 등 전통적인 이슬람의 가르침을 힙합의 비트에 결합한다.(183쪽 '무슬림 힙합이란 무엇인가?'를 보라.)

이슬람으로 개종한 후 여러 해 동안 이어온 가수 활동을 포기한 포크 음악 가수 유수프 이슬람(과거명 캐트 스티븐스)은 가장 많이 팔린 그의 노래 '알라를 위한 에이(A Is for Allah)'처럼 이제는 어른과 아이 모두를 위한 무슬림 팝음악을 만들고 노래한다. 또한 그는 음악적 재능을 활용하여 터키 지진성금 및 보스니아 무슬림 원조 등 전 세계 무슬림을 위한 기금모금 콘서트를 주최한다. 1980년대 팜 에이드(Farm Aid) 콘서트와 "피드 더 월드 (Feed the World)" 앨범을 연상시키는 활동이다.

아프가니스탄의 탈레반과 같은 일부 극보수 무슬림은 중독성이 있기 때문에 음악이 절대 무슬림 삶의 일부가 되어서는 안 된다고 믿는다. 지금처럼 중세에도 엄격한 학자들은 전문 가수가 되거나 대중적인 음악을 사람들에게 들려주는 것에 반대하였다.

그러나 역사적으로 음악은 무슬림 세계의 중요한 예술이다. 이슬람에서 가장 중요한 음악은 꾸르안 낭송으로 매년 경연대회가 열리는 예술 장르이다. 꾸르안 낭송 녹음은 무슬림 세계 전역에서 팔리고, 이슬람의 가장 유명한 가수들 중 일부는 꾸르안 낭송가이거나 이집트 가수 움므 쿨쑴(Umm Kulthum)처럼 꾸르안 낭송을 모방하여 노래한 가수들이었다. 또한 무슬림의 예배 알림(adhan)도 엄밀히 보면 말로 하는 것이라기보다는 노래하거나 낭송하는 것이다. 음악은 종교축제나 출생, 결혼, 할례처럼 삶 속에서 거쳐야 하는 행사에서도 중요한 역할을 담당해왔다.

수피교단은 찬양할 때 단어나 문구를 반복하여 낭송하고 악기도 사용하면서 대개 음악을 신앙생활의 일부로 활용한다. 음악은 영적인 초월을 위한 매개체이고, 신적인 황홀함을 체험하도록 돕는 수단이다.

민속음악(folk music) 역시 도덕적이고 종교적인 주제는 물론 영웅적이고 사랑과 관련된 시가를 담은 무슬림 세계의 중요한 문화적 표현이었다. 안달루시아의 무슬림이 만든 음악은 시와 마찬가지로 유럽의 고전음악 발전에 지대한 영향을 끼쳤다. 영국 록스타 그룹 스팅(Sting)과 '사막의 장미(Desert Rose)'를 부른 알제리 라이(rai) 음악의 아버지 셉 마미(Cheb Mami) 등 일부 근대 음악가들은 전자기기 같은 서양 악기 및 서양의 기교를 자신들의 민속음악 전통에 접목하였다.

072 | 무슬림 힙합이란 무엇인가?

이슬람은 미국 힙합 문화에서 중요한 부분을 차지한다. 탈레반이 음악을 금지하고, 적잖은 보수적 무슬림이 근대 서양음악을 미심쩍게 보는 반면, 젊은 세대를 비롯해서 많은 무슬림은 음악의 주요한 소비자일 뿐만 아니라 힙합을 포함하여 다양한 음악을 생산하고 향유하는 음악가들이기도 하다.

힙합 가사에서 이슬람의 영향력은 널리 퍼져 있다. 퍼프 대디(Puff Daddy)와 더 패밀리(The Family)의 1997년 앨범 "노 웨이 아웃(No Way Out)"의 첫 번째 곡은 숀 "피 디디" 콤스(Sean "P. Diddy" Combs)의 기도, 즉 아잔(무슬림의 예배 알림)을 배경으로 시작한다. 로런 힐(Lauren Hill)은 1999년 그래미상 수상곡 '두 왑 댓 싱(Doo Wop That Thing)'에서 "씨라툴 무스타킴(Sirat-ul-Mustaqim, 올곧은 길), 즉 딘(deen, 종교·이슬람적 삶의 방식)을 잊지 말라"는 랩을 한다. 퍼블릭

에너미(Public Enemy), 아이스 큐브(Ice Cube), 퀸 라티파(Queen Latifah), 이브(Eve), 더 퓨지스(the Fugees), 에리카 바두(Erykah Badu), 클리프 장(Wyclef Jean), 모스 데프(Mos Def), 에버라스트(Everlast) 등 많은 아티스트가 지난 20년간 빌보드 차트를 화려하게 장식한 곡들에서 이슬람적 주제와 사유를 시적으로 표현하였다.

이슬람은 1970년대 뉴욕에서 처음으로 힙합에 등장했다. (미국 무슬림 인구의 약 35%를 차지하는) 아프리카계 미국인은 미국 사회를 비판하고, 그 속에서 자신들이 경험한 것을 표현하는 데 이슬람을 이용하였다. 1970~80년대 영향력이 컸던 힙합 음악가들은 가사에서 '이슬람민족(NOI, Nation of Islam)'과 '여러 신과 땅의 민족(Nation of Gods and Earths, NOI의 분파)'을 언급하였다. 예를 들어 1996년 퓨지스의 노래 '푸-질-라(Fu-gee-la)'의 가사 중 한 행은 "패러칸(Farrakhan, NOI 지도자)이 매일 꾸르안을 읽는 것처럼 나는 진정한 챔피언이야. 놀라워라, 노래 가사가 라마단처럼 단식을 해"라고 적혀 있다.

지난 20년 동안 등장한 무슬림 힙합의 두 번째 물결에서 아티스트들은 미국과 이슬람 모두에 끊임없이 애정을 쏟는다고 표현한다. 위에 언급한 아티스트들보다는 덜 알려졌을지 모르지만 이들은 사회변화를 강력하게 요구한다. 엠-팀(M-Team), 루페 피아스코(Lupe Fiasco), 블랙스톤(Blakstone), 메카투메디나(Mecca2Medina), 포에틱 필그리미지(Poetic Pilgrimage) 같은 대중 아티스트들은 주제와 내용을 할랄(허용되는)로 삼은 음악을 만들고 있다. 런-디엠씨(Run-DMC), 투팍(Tupac)의 음악 같이 주류 힙합에서 볼 수 있던 불경함, 성욕, 물질적 부에 대한 찬양은 사라졌다. 그 대신 가사에 꾸르안 구절, 아랍어 문구, 비스밀라(bismillah, 식사 전 또는 신에게 감사하기 위해 "신의 이름으로" 축복하는 것)가 들어가는 등 힙합이 좀 더 종교적으로 변하였다.

루페 피아스코는 자신의 인기곡 '무함마드가 걷는다(Muhammad Walks,
카니예 웨스트Kanye West의 그래미 수상곡 '예수가 걷는다Jesus Walks'의 리메이크
곡)'에서 꾸르안이 말하는 아브라함 종교 전통 간 일치를 다음과 같은 랩
으로 노래한다. "아브라함이 말했다. 무함마드가 말했다. 그리고 모세가
바다를 갈랐다. 예수가 나와 함께 걷는다. … 자, 이제 어떻게 할까. 무함
마드가 나에게 말한다. 예수가 나와 함께 걷는다." 또 다른 그룹인 네이티
브 딘(native Deen)은 '나는 가까이 있어(I Am Near)'란 곡에서 "오, 하나님이
시여! 우리의 기도를 들으시는 분. 하나님이시여!(Ya Allah Samee'li-duana …
Allahummah)"라고 기도하듯 노래하는데, 마치 꾸르안 낭송을 연상케 한다.

무슬림 힙합은 물질주의와 소비만능주의를 비판하고, 무슬림들이 재물
대신 하나님과 신앙(deen)을 찾도록 격려하는 노래를 많이 한다. 예를 들
어 미국 무슬림 힙합 아티스트인 미스 언다스투드(Miss Undastood)는 '최고
의 이름(Best Name)'이라는 노래에서 꾸르안에 나타나는 하나님의 이름으
로 랩으로 부른다. "너는 인간이 아니라 하나님만을 섬겨야 해/그분은 우
리의 라힘(Rahim, 자애로운 분)이자 라흐만(Rahman, 자비로운 분)/알말리크(Al-
Malik, 왕)이자 앗살람(Al-Salam, 평화), 정복자/그분이 하실 수 있는 것을 할
수 있는 자는 아무도 없지/땅을 창조하시고 설계하신 분."

도덕적인 행위 또한 중요한 주제이다. 캘리포니아 출신 쿠마시(Kumasi)는
그의 노래 '옷 좀 입어(Put Some Clothes On)'에서 서양에 거주하는 여성들의
천박함을 비판하기 위해 자연에서 이미지를 차용한다. "너는 숨겨진 다이
아몬드를 보려고 땅을 뒤질 수도 있어/대양의 조개껍질 속에 진주가 숨어
있어/황금은 광산에 숨어 있지." 다른 아티스트들은 무슬림들에게 분열을
지양하고 하나의 공동체로 통합하라고 격려한다. '오로지 너를 위해(Just for
You)'라는 곡에서 그룹 본트레지디(Born Tragedy)는 "흑인이 우월하다고 말

하는 흑인/그런 말은 신앙에 속하지 않아/너는 그것을 잘 알지/모든 인종, 신조, 피부색/우리는 모두 형제"라고 말한다.

뉴욕의 엠-팀(M-Team)은 힙합 고유의 성격에 충실하게 가난, 인종주의, 인권, 정치범 석방, 여성비하에 정면으로 맞선다. 캐피탈 디(Capital D)는 이라크 전쟁을 비판하고, 아미르 술래이만(Amir Sulaiman)은 미국의 사법제도를 성토한다. 호주 그룹인 더 브라더후드(The Brotherhood)는 최근 무슬림을 향한 이슬람 혐오증과 9·11 이후 서양에서 무슬림이 의심을 받는 현상을 랩으로 풀어낸다. '왜(Why)'라는 노래에서 "텔레비전에서 폭발 소식이 나오면 범인이 내 가족이라도 되는 양 사람들은 나를 왜 쳐다보지?"라고 묻는다.

무슬림 힙합 문화를 거부하는 움직임도 일부 있다. 음악을 금지(haram)하는 선언부터 이슬람 원칙을 어기지 않으면 음악을 허용할 수 있다는 주장에 이르기까지 음악을 대하는 무슬림들의 태도를 보면 이들이 얼마나 다양한지 확실하게 알 수 있다. 무슬림 대다수는 비이슬람적이거나 관능적인 주제의 음악 금지에 동의하고 있고, 일부는 무슬림 힙합이 이슬람의 가르침을 전하는 데 적절한지, 비스밀라(bismillah)와 샤하다(shahada, 신앙증언)를 힙합 리듬에 활용하는 것이 옳은지 의문을 제기한다.

적잖은 미국 사람들이 비무슬림 아티스트들의 힙합 가사가 약물남용과 갱 폭력을 지지하는 것을 비판하듯이, 일부 무슬림은 무슬림 힙합이 젊은 무슬림들의 지하드 조직 가입을 부추긴다고 비판한다. 영어로 된 무슬림 힙합을 지하드 조직이 테러 조직원을 모집할 때 활용할 수 있기 때문이다. 예를 들어 인기그룹인 솔져스 오브 알라(Soldiers of Allah)는 이슬람 국가 건설에 찬성하고, 사람들을 카피르(kafir, 불신자)와 무슬림으로 구분하는 가사를 사용하였다. 무슬림 테러리스트들이 폭력을 정당화하는 데 딱 좋은 주제다. 그룹은 해체되었지만 인터넷과 채팅방 토론에서는 여전히 인기가

이슬람 예술과 힙합을 주제로 한 전시회의 포스터(미국 로스앤젤레스)

있다. 그러나 무슬림 힙합의 대다수는 지하드를 외적 투쟁이 아닌 내적 투쟁이라고 해석하면서 테러를 거부한다. 본 트레지디가 '오직 너를 위해(Just for You)'란 노래에서 "네 외부와 싸우기 전에 네 내면과 싸워야 해. 먼저 하나님을 위해 노력하는 싸움을 해야 해"라고 랩을 하는 것처럼 말이다.

무슬림 힙합은 세계적인 현상으로 지역공동체를 넘어 전 세계로 메시지를 전한다. 급증하는 전 세계의 어린 무슬림 세대에게 힙합은 저항의 도구다. 가자(Gaza) 인구의 절반 이상이 20세 이하이고, 파키스탄 인구의 약 40%가 15세 이하다. 역사가이자 뮤지션인 마크 레빈(Mark LeVine)은 수만 명의 팬을 끌어들이는 모로코부터 언더그라운드 뮤지션들이 대중적 사회저항을 위해 인터넷을 이용하는 이란에 이르기까지 대안음악(alternative music)으로서 힙합이 무슬림에게 얼마나 인기가 있는지 생생하게 묘사한다.

무슬림 힙합 음악이 지닌 중요한 요소는 아티스트들이 폭력을 반대하고 언어를 무기로 사용하는 것이다. 주눈(Junoon) 밴드 출신으로 파키스탄에서 유명한 살만 아흐마드(Salman Ahmad)는 자신의 '수피 록(Sufi Rock)' 음악을 "지하드"라고 표현한다. 요르단강 서안 지역 지-타운(G-Town) 그룹 비보이(B-Boy)는 "나에게 힙합은 … 저항의 수단이다. 총과 돌 대신 말이 해결해줄 거야. 아니면 그저 내 기분이 더 좋아지겠지"라고 말한다. 팔레스타인 출신의 이브라힘 고님(Ibrehiem Ghoneem)은 "폭력은 아무것도 바꿀 수 없을 것 같다. 어쩌면 사람들이 이런 식으로 우리의 말을 들을지 모른다"라고 말한다. 이스라엘 출신 힙합 아티스트인 사골59(Sagol 59)도 동의한다. "유대인과 팔레스타인 사람들, 너희들이 힙합으로 대화를 시작한다. 문제의 핵심으로 들어간다." 스스로를 매우 종교적이라고 표현하는 덴마크 그룹 아웃랜디시(Outlandish)가 사미 유수프(Sami Yusuf)와 듀엣으로 세계의 고통 받는 아이들을 위해 부른 '울지 않으려고 노력해(Try Not to Cry)'는 노랫말이 가슴을 울리는데, 이처럼 힙합 아티스트들은 종종 분노나 두려움보다는 공감을 이끌어내기도 한다. 아웃랜디시의 2005년 앨범 "정맥보다 더 가까이(Closer than Veins)"는 하나님이 우리의 경정맥보다 더 가까이 계신다고 한 꾸르안 구절(50장 16절)을 사용한다.

이슬람이 더 나은 삶을 살아가도록 힘을 준다고 하듯, 무슬림은 힙합의 운율, 리듬, 랩을 동력으로 삼아 사회를 비판하고, 개혁하기 위해 노력하며, 사회 안에서 자신의 자리를 잡아나간다.

073 | 무슬림은 어떻게 서로를 맞이하며, 왜 그러한가?

무슬림은 "당신에게 평화를"이라는 뜻의 아랍어 "앗살라무 알레이쿰(As-salam alaykim)"이라고 인사하면 "당신에게도 평화를"이라는 뜻의 아랍어 "와 알레이쿠뭇 살람(Wa-alaykum as-salam)"이라고 응답한다. 이러한 인사법은 꾸르안의 명령인데, 무슬림 공통의 신앙과 하나님의 뜻에 순종하는 것을 기본 바탕으로 삼는 무슬림들의 평화로운 상호관계를 보여준다.

꾸르안 10장 10절은 천국에 들어가는 무슬림이 이런 식으로 서로를 맞이할 것이라고 말한다. "그곳에서 그들의 기도는 '오 하나님, 영광이 당신께!'이고, 그들의 인사는 '평화!'이다." 그리고 꾸르안 14장 23절에는 "하지만 올바르게 믿고 일하는 사람들에게는 강이 흐르는 낙원이 있을 것이고, 주님의 허락으로 그곳에서 영원히 살 것이다. 그곳에서 그들의 인사는 '평화!'일 것이다"라고 말한다.

074 | 왜 무슬림은 "그에게 평안 있으라"라고 말하는가? PBUH란 무엇을 의미하는가?

PBUH는 "그분에게 평안 있으라(Peace Be Upon Him)"는 영어 표현의 약자다. 무슬림은 무함마드나 예수, 모세 등 예언자 중 누군가를 언급할 때마다 이 말을 반복한다. 무슬림 일부는 이보다 좀 더 길게 "하나님의 축복과 평안이 그분에게 있으라"라고 하는데, 이는 "살랄라후 알레이히 왓살람(Sala Allah alayhi wa-salam)"이라는 아랍어의 번역이다. SAAS로 줄여서 쓰기도 한다. 이러한 축약표시는 일부 국가의 정부 문서를 포함하여 사적으로나 공적으로 무슬림 세계에서 작성되는 문서에 모두 사용된다.

PBUH를 사용하거나 "그분에게 평화 있으라"는 문구를 반복하는 것은 무슬림이 항상 예언자의 특별한 역할을 기억해야 하며, 무슬림 자신이 축복을 받으려면 하나님께 예언자를 축복해달라고 요청해야 한다는 믿음을 반영한다. 꾸르안은 그렇게 기억하라고 명령한다. 꾸르안 33장 56절은 "하나님과 그분의 천사들은 예언자를 축복한다. 오, 믿는 자들이여! 그를 축복하고 존경하는 마음으로 인사하라"고 말한다.

이러한 문구는 꾸르안 계시의 생생한 구현자로서 무함마드가 이슬람에서 수행한 역할을 보여준다. 무함마드의 삶, 하나님과 인류를 향한 무함마드의 사랑, 인간이 세상을 살아가는 법을 제시한 무함마드의 통찰력을 통하여 무슬림은 하나님의 뜻을 알 수 있다고 믿는다.

075 | 이슬람은 매장과 화장을 어떻게 다루는가?

이슬람법은 매장법과 장례법을 명백하게 규정하고 있다. 대개 사후 24시간

무슬림 장례식(호주)

무슬림의 묘지(마카오)

내에 가능한 신속하게 매장한다. 먼저 예배 전 세정과 비슷한 방법으로 주로 같은 성별의 가족이나 공동체 구성원이 시신을 씻긴 후, 하얀 천이나 수의로 완전히 감싸고, 머리 쪽과 발쪽을 묶는다. 그런 다음 시신을 특별 공동예배(살라트 알자나자Salat al-Janazah)를 드리는 장소로 옮긴다. 여타 예배와 달리 매우 간단하여 몇 분 이상을 넘지 않는다. 대부분 큰소리로 낭송하지 않으며, 공동예배는 서서 한다.(허리를 굽히거나 엎드리지 않는다.)

예배 후 시신을 묘지로 옮겨 죽은 이의 머리가 메카를 향하게 하고 관 없이 무덤에 놓는다. 필요한 경우가 아니면 관은 사용하지 않는다. 문상객은 흙을 세 줌 뿌려 상징적으로 무덤을 덮는 일에 참여한다. 비석이나 그 밖의 커다란 표지는 삼간다. 소란스러운 애도처럼 과도한 문상을 지양하는 것과 같은 이치다.

이슬람에서는 화장을 금지하는데, 죽은 이를 존중하지 않는 행위로 간주하기 때문이다. 화장이 이슬람의 가르침에 반하고, 이슬람법 위반이라고 믿는 일부 종교학자는 "그러면 하나님이 그를 죽게 하시고 무덤에 두신다"라는 꾸르안 80장 21절과 "매장은 사자를 존중하는 방법이다"라고 한 예언자의 하디스를 인용한다. 그리하여 모든 무슬림의 시신을 이슬람의 가르침에 따라 올바르게 씻기고, 천으로 싸서 매장하는 것을 무슬림 공동체의 의무로 여긴다.

076 | 이슬람은 환경에 대해 어떻게 말하는가?

최근 몇 년 동안 다른 종교 신앙인들과 마찬가지로, 무슬림 다수가 환경에 점차 더 관심을 기울이고, 이슬람의 경전과 교리 자료를 살피며 환경신학을 고안하고 있다. 꾸르안은 창조가 하나님의 첫 번째 계시라고 가르친다. 하나님은 천지, 동식물, 인간의 창조주로 모든 것을 목적을 가지고 창조하였다. 그러나 창조물은 인간 소유가 아니라 하나님에 속한다.(꾸르안 16장 48절) 인간은 하나님의 지상 대리자로 지상의 자원을 착취하거나 파괴하지 않고 활용하면서 하나님의 창조물을 보호하고 보살핀다. 꾸르안은 인간이 동물이나 주변 환경보다 더 우월하다고 생각하지 말라고 경고한다. 모든 창조물은 동등하기 때문이다. 하나님은 인간이 지상의 과실을 누리도록 하나, 허투루 낭비하지 않고 과하게 쓰지 않아야 한다고 이른다.(꾸르안 6장 141절)

예언자 무함마드는 환경, 특히 농업의 지속 가능성과 불모지 경작에 매우 큰 관심을 두었다. 자신을 따르는 사람들에게 나무를 심고 식물을 키우라고 자주 요청하였다. "믿는 자가 나무를 심거나 씨앗을 뿌려 새든 사람이든 동물이든 나무나 씨에서 나오는 것을 먹으면, 믿는 자는 자비로운 선물을 준 셈이다.(그러한 행동 덕에 큰 보상을 받을 것이다.)" 이슬람 전통은 인간을 존중하는 것처럼 하나님의 창조물인 동물을 존중하라고 가르친다.

땅 위의 동물이나 하늘을 나는 새는 모두 너희들처럼 공동체를 이룬다.(꾸르안 6장 38절)

예언자는 동물을 존중하고 자비롭게 동물을 다루라고 강조한다. 무슬림은 동물을 무시하거나 과도하게 부리거나, 유희를 목적으로 사냥하거나, 싸움을 시키지 말라는 가르침을 받는다. 불필요한 고통 없이 자비롭게 동물을 도살해야 한다. 예언자는 "심판의 날에 하나님께서는 정당한 이유 없이 참새나 참새보다 더 큰 무엇인가를 죽이는 사람에게 책임을 물으실 것이다"라고 말했다고 전해진다. 『초록의 신앙(green Deen)』이라는 제목의 책을 쓴 이브라힘 압둘 마틴(Ibrahim Abdul-Matin)은 환경을 걱정하는 신앙심 깊은 무슬림이 지닌 종교적인 세계관을 이렇게 표현한다.

이슬람에서 인간은 지구를 처음 우리가 발견하였던 것보다 더 나은 상태로 두고 떠나는 책임을 진 관리인이다. 이슬람에서 지구는 모스크이다. 모스크는 신성하고, 깨끗하게 유지해야 하며, 창조주를 경배하는 데 사용해야 한다. 이 지구가 모스크라면, 지구 또한 신성하고, 깨끗하게 유지해야 하며 숭배의 장소로 사용하여야 한다. 우리가 우리 자신을 대하듯 지구를 대해야 한다. 이제 전 세계 무슬림과 비무슬림 모두 합하여 67억 인구가 스스로를 사랑하는 것을 배워야 할 때다.

압둘 마틴의 결론처럼 "친환경 무슬림(Green Muslims)은 적절하고, 활기차고, 환경 친화적이며, 물과 쓰레기와 에너지를 다루는 방식을 바꿀 만반의 준비를 갖추고 있다." 과소비가 토지·공기·수질 오염으로 이어지고, 동식물을 위협하고 있다는 것을 인식하면서 더 많은 무슬림이 이러한 문제를 다루는 운동에 참여한다. 환경에 관해 설교하는 열정적인 학자들, 할랄 도축법만큼이나 동물 사육방법(방목사육)과 사료(유기농)에 깊은 관심을 가지고 있는 할랄 도축업자들이 친환경 무슬림 운동의 주역이다.

이제 할랄, 유기농, 방목, 농장사육 고기를 온라인으로 사는 무슬림이 일부 있고, 채식주의자(vegetarian)나 절대적 채식주의자(vegans)가 되는 무슬림도 있다. 2010년 8월 아메리칸 할랄사의 포장식품 브랜드인 사프론 로드(Saffron Road)는 전국 유기농식품매장에서 공인받은 자연주의 할랄 냉동 인도음식을 출하하였다.

영국 버밍햄에 기반을 둔 국제적인 자선단체 '생태학과 환경학을 위한 이슬람 재단(The Islamic Foundation for Ecology and Environmental Sciences)'은 이슬람적 원칙을 활용하여 환경보존 활동을 창출하고 촉진하며, 생태학적 위기에 대응한다. 꾸르안에 기반을 두고, 유기농법, 쓰레기 재활용, 태양력을 이용한 환경 개선에 역점을 두며 환경문제에 대한 이슬람적 해결책을 모색하고, 회의 및 교육을 조직한다. 또한 전 세계 무슬림을 위해 환경 위기의식을 고양하고, 대응전략을 소개하는 자료를 출판한다. 가장 최근 출판물 중 하나인 『무슬림 친환경 안내서(A Muslim Green Guide)』는 가정에서 기존과 다른 결정을 함으로써 무슬림이 기후변화에 대응할 수 있는 방법을 알려준다.

아울러 이 재단은 다양한 비정부조직, 국제기구, 정부, 대학과 협력하면서 인도네시아의 생태자원 경영, 예멘의 전통적인 이슬람적 수자원 보호책 재건, 전 세계 무슬림들이 생태 친화적 모스크를 짓도록 권장하는 '친환경 모스크 프로젝트(Green Mosque project)' 등 다양한 사업을 수행하고 있다.

영국에 기반을 둔 또 다른 기구 '자연의 지혜(Wisdom in Nature)'는 교육 행사, 생태정의 활동, 자연탐방을 조직하여 무슬림은 물론 비무슬림에게도 정보를 제공하고 환경개선 활동 동참을 이끈다. 모스크, 이슬람센터, 종교 간 대화모임, 학교에서 이슬람과 생태, 기후변화, 자연을 주제로 한 워크숍 등 교육행사를 개최한다. '자연의 지혜'를 매개로 하여 무슬림들은 '자원 재활용과 지구를 위한 단식(Resource Recycle and Fast for the Planet)' 같은 프로그램에서 자원봉사를 하고, 환경 개선을 위한 행진과 시위에 참여한다.

아랍과 무슬림 세계 정부들은 최근까지 생태환경을 고려하지 않고 발전을 추구해온 여러 정부들과 마찬가지로 이제야 환경보호 정책을 개발하고 있다. 말레이시아 정부는 말레이시아를 2020년까지 선진국가로 만드는 것을 목표로 하는 '비전2020'을 실행하였다. 이러한 과정에 이슬람 원칙이 적용되길 원하는 도시계획자들은 종합계획과 발전 독트린(Total Planning and Development Doctrine)을 만들었다. 이는 도덕적이고 영적 가치를 도시계획과 발전 프로그램에 결합시킨다. 이에 따라 공공 및 도시 계획자는 평화와 번영을 향한 신(神) 중심 원칙과 목표에 맞혀서 모든 거시적·미시적 결정을 내려야 한다.

사우디아라비아는 오염 감소와 천연자원 관리 개선을 위해 '아젠다21' 을 실행하였다.[11] 아젠다21에 발맞추어 기상환경보호청은 해양생태체계를 보존하고 보호하기 위하여 최근 해안지역을 위한 계획안을 마련하였다. 제다(Jeddah)[12]의 수질과 대기질을 향상시키기 위한 계획 또한 수립하였다.

—

11 아젠다21은 지구보전을 위한 '행동계획'으로 유엔이 주도하였다. 구속력은 없지만 각 회원국이 환경과 개발 계획에 반영하기를 기대한다.
12 사우디아라비아 동부 홍해 연안 항구 도시로 인구는 약 400만 명이다. 전통적으로

여러 중동국가 중 요르단, 이집트, 레바논, 시리아가 국제재생에너지기구(International Renewable Energy Agency)에 가입하여 재생에너지 생산에 노력하고 있다.

―

메카 순례자들이 거쳐 가는 도시다.

4장 |

폭력과 테러리즘

'노력'이나 '분투'라는 뜻을 지닌 지하드는 보통 이슬람의 여섯 번째 기둥으로 일컬어진다. 하나님의 길에서 예언자 무함마드와 그의 동료들의 모범을 따라 분투하라고 한 꾸르안의 명령을 보면 지하드의 중요성을 알 수 있다.

꾸르안이 말하는 지하드 틀 안에서 무함마드 시기부터 현재에 이르는 무슬림 공동체의 역사를 읽을 수 있다. 이러한 꾸르안의 가르침은 무슬림의 자기 이해, 경건함, 단합, 팽창, 방어가 무엇인지 파악하는 데 중요하다. 분투를 뜻하는 지하드는 좋은 삶을 산다는 것이 어렵고 복잡하다는 것을 암시한다. 고결하고 도덕적인 사람이 되기 위해 내면의 악과 싸우고, 선한 일을 하고자 진지하게 노력하며 사회를 변화시키는 데 도움을 주는 것이 지하드다. 처한 환경에 따라 불의와 억압에 맞서 싸우고, 이슬람을 전파하고 방어하며, 설교와 가르침, 그리고 필요하다면 무장투쟁 또는 성전을 통해 정의로운 사회를 만드는 것을 뜻한다.

지하드는 크게 보아 비폭력적 지하드와 폭력적 지하드라는 두 가지 뜻을 지닌다. 이 둘의 차이는 예언자 전승(하디스)에 잘 나타나 있다. 전투를 마치고 돌아오면서 무함마드는 추종자들에게 다음과 같이 말하였다. "우리는 작은 지하드(전투)에서 더 큰 지하드로 되돌아왔다." 더 큰 지하드란 개인의 자아, 이기심, 탐욕, 악에 맞서는, 더 어렵고 더 중요한 투쟁이다.

가장 일반적인 의미의 지하드는 개인과 공동체를 망라하여 무슬림 모두가 하나님의 뜻을 따라 실현해야 할 의무를 가리킨다. 설교, 교육, 모범, 저술 등을 통해 도덕적 삶을 영위하고, 이슬람 공동체를 확장하는 것을 말한다. 또한 지하드는 침략자로부터 이슬람과 공동체를 수호할 권리, 아니 사실상 의무를 포함한다. 역사를 통틀어 지하드가 요청될 때마다 무슬림들

바드르 전투(시예리 네비, 14세기). 무함마드는 624년에 벌어진 이 전투에서 승리를 거두었다. 이 전투는 지하드의 원형으로 알려져 있다.

은 이슬람을 지키기 위해 단결하였다. 구소련의 침략에 저항하여 10여 년 간(1979~89년) 싸운 아프가니스탄 무자혜딘[1]이 좋은 예다.

지하드는 다양한 뜻을 지닌 개념으로, 이슬람 역사상 활용되기도, 남용 되기도 했다. 꾸르안 구절 어디에서도 지하드가 성전과 결부되지 않음에도 불구하고 역사를 돌이켜보면 종교학자와 관료들의 지지에 힘입어 무슬림 지도자들은 제국 팽창 전쟁에 무력 지하드라는 개념을 사용하였다. 이슬 람 초기 여러 극단주의 조직도 반란, 암살, 무슬림 지도자 전복을 정당화

1　지하드를 행하는 사람을 뜻한다. 무자히딘, 모자혜딘으로 표기하기도 한다.

하기 위하여 이슬람에 호소하였다.

　최근 종교극단주의자들과 테러리스트들이 지하드가 보편적인 종교적 의무이고, 진정한 무슬림이라면 모두 지하드에 동참하여 전 지구적으로 이슬람 혁명을 촉진해야 한다고 주장한다. 급진적 소수 무슬림은 호전성과 메시아 사상을 결합하여 '하나님의 군대(army of God)'라는 개념을 만들었는데, 이 군대는 국내외 무슬림을 '해방'하는 지하드를 수행한다. 극단주의자는 무슬림 정부를 무너뜨리고자 폭력과 테러 행위에 가담하고, 오사마 빈 라덴이나 여타 극단주의 단체처럼 전 지구적인 지하드에 참여한다.

078 | 오늘날 전 지구적인 지하드가 있는가?

지하드는 수세기 동안 존재해왔고, 여전히 중요한 믿음이자 실천이지만, 20세기 중반 이후 종교사상과 종교행위에서 지하드의 전 지구화가 일어나고 있다. 지하드에서 가장 중요한 꾸르안의 종교적이고 영적인 측면, 즉 올바른 삶을 살기 위하여 하나님의 길을 따르고자 '분투'하거나 노력하는 자세는 여전히 무슬림 영성의 중심이다. 반면 무장 지하드라는 개념이 더욱 확산되고 있는데, 극단주의와 테러조직뿐 아니라 저항운동과 해방운동에서도 정당성을 부여하고, 추종자를 모집하며, 이들의 참여의식을 고양하는데 무장 지하드 개념을 이용하고 있다.

　1970년대 말부터 1990년대 초까지 무슬림 극단주의자들은 주로 자국 내부에만 관심을 기울였다. 1993년 세계무역센터와 1995년 파리 테러를 제외하면 서구인을 대상으로 한 공격 대다수가 모로코, 이집트, 사우디아라비아, 터키, 이라크, 예멘, 파키스탄, 인도네시아 등 무슬림 국가에서 일어났다. 미국과 유럽은 '멀리 있는 적'으로 2차 목표였다. 그러나 미국과 유럽이 폭압정권을 군사·경제적으로 지원하자 서구 국가에 대한 증오와 두려움이 지속적으로 쌓여갔다.

1979년부터 1989년까지 지속된 소련과 아프가니스탄 간 전쟁이 전환점이 되었다. 이때를 기점으로 지하드가 전례 없이 전 지구적으로 확장되었다. 전쟁을 지원한 여러 국가, 전쟁을 보도한 언론, 그리고 언론이 이 전쟁을 전 세계에 알려 생생한 현실로 만든 방식을 보면 아프가니스탄 국내에서 발생한 전쟁이 어떻게 국제적인 전쟁이 되었는지 알 수 있다.

소련과 아프가니스탄 간 전쟁은 서구를 비롯하여 많은 무슬림 국가가 공산주의와 호메이니의 이란혁명이 확산되는 것에 두려움을 느끼고 있던 냉전시대에 진행되었다. 미국, 유럽, 파키스탄, 사우디아라비아 및 걸프 국가들이 이란의 "사악한" 지하드를 비난하면서, 소련에 대항하는 아프가니스탄의 "좋은" 지하드를 포용하고 자금, 무기, 군사고문을 제공하고자 노심초사하였다. 통신, 기술, 여행의 세계화가 이루어지면서 초국가적 정체성을 발견하고 이슬람 공동체가 모두 연결되어 있다는 사고가 부상하였다. 아프가니스탄에서 발생하는 사건들이 매일 시시각각 무슬림 세계 곳곳에 전해졌다. 이러한 정의로운 항쟁에 동조하는 감정도 점차 강해졌다. 무자헤딘의 성전은 세계 여러 지역의 무슬림을 끌어들였다. 서로 다른 국가 출신임에도 불구하고 전사들은 "아프간 아랍인"으로 불렸다.

아프가니스탄 전쟁 이후 새로운 전 지구적 지하드가 신성한 전쟁과 신성하지 않은 전쟁 모두를 가리키는 상징이자 구호가 되었다. 아프가니스탄의 무자헤딘과 탈레반, 보스니아, 체첸, 카슈미르, 코소보, 필리핀 남부, 우즈베키스탄의 무슬림들은 각기 자신들의 무장투쟁을 모두 지하드라고 하였다.

헤즈볼라(Hezbollah)[2], 하마스
(Hamas, 이슬람저항운동)[3], 이슬람
지하드 팔레스타인은 반이스라
엘 폭력과 저항을 지하드라고 표
현하였다. 알카에다(al-Qaeda, 기
지)[4]는 오사마 빈 라덴을 지도자
로 삼아 부패한 무슬림 정부와
서양을 대상으로 전 지구적 지
하드를 벌이고 있다고 주장하였
다.

아프간 아랍인들은 그들의
조국으로, 보스니아로, 코소보
로, 중앙아시아로 옮겨 가서 또

소련의 아프가니스탄의 침공에 맞서 지하드를 촉구하
는 포스터. 미국 측에서 제작한 것이다.

다른 지하드를 수행하였다. 다른 이들은 계속 아프가니스탄에 남거나, 새
로운 지하드 마드라사와 지하드 훈련 캠프에서 교육을 받거나 그러한 곳
에 가담하였다.

아프가니스탄 전쟁의 부산물로 아프가니스탄을 "반이슬람적" 무슬림

---

2   표준 아랍어로는 히즈불라지만 보통 헤즈볼라로 쓴다. 에스포지토는 히즈볼라로 표
    기하였다. 이 책에서는 널리 알려진 헤즈볼라로 쓴다. 당, 그룹이라는 뜻의 '히즈브
    (hizb)'와 알라(Allah)가 결합하여 이루어진 합성어로 알라의 그룹, 알라의 당이라는
    뜻이다. 레바논 남부 시아파 민병대 조직으로 반이스라엘 투쟁을 벌이며, 이란의 지원
    을 받고 있다. 미국을 비롯한 서구 열강은 이 단체를 테러조직으로 규정하였다.
3   하마스(Hamas)는 이슬람저항운동이라는 뜻으로 아랍어 하라카트 알무까와마 알
    이슬라미야(Harakat al-Muqawamah al-Islamiyyah)의 약어다.
4   알카에다는 아랍어로 기지(基地), 근간(根幹)이라는 뜻이다. 아랍어 발음은 '알까이
    다'로 하는 것이 더 정확하다.

정부와 서양을 향한 전 지구적 전쟁의 첫 단계로 보았던 전사들 사이에서 전 지구적 지하드 이념이 발전하였다. 권위주의적이고 억압적인 여러 무슬림 정권의 정책 때문에 국내에서는 물론이고 이러한 정권에 우호적인 서구 국가를 향해서도 과격주의와 테러가 촉발되었다.

컴퓨터, 팩스, 인터넷, 무선전화기, 무기 등의 기술을 현대적으로 활용하는 알카에다와 연계세력 및 여타 급진단체는 초국가주의와 세계화를 배경으로 출현한 새로운 유형의 테러를 보여준다. 가담자의 국적, 단원모집 측면에서 초국가적이고, 이념, 전략, 공격목표, 조직망, 경제거래는 전 지구적이다. 개인과 단체, 종교지도자나 평신도 모두가 성스럽지 못한 전쟁을 이슬람의 이름으로 선언하고 정당화할 권리를 붙잡고 있다.

빈 라덴과 같은 테러리스트들은 이슬람의 고전적인 정의로운 지하드 기준을 넘어, 자신들이 정한 기준 외에는 한계를 따로 인정하지 않으면서 무기와 수단을 가리지 않고 사용한다. 이슬람법에서는 지하드가 법적 유효성을 갖기 위한 목적과 수단을 규정하는데, 폭력은 비례적이어야 하고,[5] 물리적 힘은 적을 쫓아내는 데 필요한 정도만 행사하며, 무고한 시민을 공격 목표로 삼아서는 안 되고, 국가 통치자나 원수가 지하드를 선언해야 하지만, 이들은 이러한 법 규정을 거부한다.

079 | 이슬람이 테러의 근본 원인인가?

다른 모든 세계 종교와 마찬가지로 이슬람은 부당한 폭력을 지지하지도

---

5 공격당한 것 이상으로 보복해서는 안 된다는 뜻이다.

요구하지도 않는다. 꾸르안은 테러를 변호하거나 용납하지 않는다. 신뢰도를 높이고, 잔학행위를 정당화하기 위해 테러분자들은 폭력사용을 폭넓게 제한하는 꾸르안과 이슬람 전통을 무시한 채 자신들이 자행하는 폭력을 이슬람과 연결시킨다. 다른 신앙전통에서도 그러하듯 급진 비주류가 주류적이고 규범적인 이슬람 교리와 법을 왜곡하고 그릇되게 해석한다. 그들은 꾸르안을 근거로 명확한 전시행동규범을 세우고 납치와 인질을 용인하지 않는 이슬람법에는 관심을 기울이지 않는다.

꾸르안은 무슬림에게 자비롭고 정의로워야 한다고 가르친다. 하지만 이슬람은 무슬림에게 종교와 공동체는 물론 가족과 자신을 외부의 침략으로부터 수호하기 위한 지침도 제시한다. 무함마드와 그를 따르던 이들이 메디나로 이주하여 메카의 박해를 피한 직후에 "방어적" 투쟁에 참가할 권리를 다룬 최초의 꾸르안 구절이 계시되었다. 목숨을 부지하기 위해 싸워야만 했던 때 무함마드는 다음과 같은 계시를 들었다.

박해를 받았기에 그들은 싸워도 된다는 허락을 받았다. 진정 하나님께서는 '우리의 주님은 하나님이시다'라고 말했다는 이유로 고향에서 쫓겨난 그들을 도우시니.(꾸르안 22장 39~40절)

히브리 성서 또는 구약성서와 같이 꾸르안도 투쟁과 전쟁 관련 구절을 담고 있다. 이슬람 공동체는 아라비아 메카에서 발전하였다. 무함마드는 그곳에서 살며 하나님의 계시를 받았다. 당시 메카는 끊임없는 부족 간 전쟁을 겪었고, 주변 지역은 비잔티움(동로마) 제국과 사산(페르시아) 제국 사이의 지속적인 분쟁에 휘말려 있었다. 이런 상황 속에서도 꾸르안은 평화가 근간이 되어야 한다고 반복하여 강조한다. 꾸르안에서는 적과 싸우는 것을 허락하면서도 수시로 강하게 평화구현을 명하여 균형을 유지한다.

만일 그들이 평화를 구한다면, 너도 평화를 구하라. 그리고 하나님께 의지하라.(꾸르안 8장 61절).

이슬람과 폭력의 연관성을 우려하는 사람들은 일부에서 "칼의 구절"이라고 부르는 곳을 종종 지적한다. 비록 '칼'이라는 단어가 꾸르안에는 없지만, 자주 인용되는 이 구절은 무슬림이 불신자를 죽이는 것을 장려하는 것처럼 보인다.

성스러운 달들⁶이 지나서 다신교도를 발견하면 죽이고, 잡고, 포위하고, 숨어서 기다려라.(꾸르안 9장 5절)

비평가들은 이슬람이 본질적으로 폭력적이라는 것을 보여주고자 이 구절을 거론하고, 종교적 극단주의자들은 이 구절의 의미를 왜곡하여 증오와 불관용의 신학을 펴고, 불신자를 향해 무조건적인 전투를 벌이는 것을 정당화한다. 사실 이 구절을 모든 비무슬림이나 불신자에 적용하는 것은 옳지 않다. 이 구절은 조약을 파기하고 계속 무슬림과 싸움을 벌이던 메카의 "다신교도"를 특정하고 있다. 더욱이 비평가들은 이 칼의 구절에 바로

---

6   꾸르안 원어로는 알-아슈후르 알후룸(al-Ashhur al-Hurum)이라고 한다. 이슬람 이전 시대의 관습이다. 단수가 아니라 복수로, 뜻은 성스러운 달들이다. 무슬림 학자들은 성스러운 달로 네 개의 달, 즉 둘까으다(Dhu al-Qaʿdah), 둘힛자(Dhu al-Hijjah), 알무하르람(al-Muharram), 아르라잡(al-Rajab)을 든다. 순례와 관련된 시기인 것으로 보이며, 이때에는 전투가 금지되었다.

뒤이어 다음과 같은 구절이 나온다는 것을 언급하지 않는다.

만일 그들이 회개하여 예배를 하고 희사(喜事)를 한다면 놓아주어라. 하나님께서는 용서하시고 자애로우시다.(꾸르안 9장 5절)

극단주의자들이 사용하는 종교적 언어와 상징은 국제테러의 근본원인일 뿐 아니라 이슬람과 폭력, 테러의 실질적 관계를 명확히 드러내지 않고 감추고 있다. 정책 입안자와 전문가가 테러와 폭력의 근본원인으로 종교를 지목하는 것은 쉬운 일이다. 대개의 경우 복잡다단한 정치적·경제적 불만이 분쟁의 주요 촉매제이지만, 종교는 목적을 정당화하고 대중적 지지를 끌어낼 수 있는 수단이다. 오사마 빈 라덴과 알카에다의 국제적 전략이나 팔레스타인, 사담 후세인 이후의 이라크 또는 카슈미르에서 볼 수 있듯, 테러분자들의 목적은 점령을 종식하고, 고국에서 '외국' 군대를 몰아내는 것으로, 무엇보다도 민족주의적이다.

물론 종교는 의미를 주고 동기를 부여하는 강력한 힘을 지녔다. 종교적으로 호소하면 도덕적 정당성, 의무, 확신, 천국의 보상뿐 아니라 테러 지도자의 권위도 올려주는 신적인 힘이 생긴다. 그 결과 "성스러운 투쟁"에 참가하여 싸우다 기꺼이 죽음을 맞이하려는 지원자의 수가 늘고 그들의 의지가 더욱 강해진다.

세속적 운동 역시 호소력을 높이기 위해 종교를 이용한다. 팔레스타인의 세속적 민족주의 운동(PLO, 이후 PNA)[7]의 지도자 야세르 아라파트는

7　PLO는 1964년 건립된 팔레스타인해방기구(Palestine Liberation Organization)의 약자다. 1994년에 자치정부를 세우면서 팔레스타인자치정부(Palestine National Authority)를 약어로 PNA라고 부른다. 2012년 자치정부는 유엔 옵서버 단체에

라말라에서 포위되었을 때 지하드와 샤히드(shahid, 순교자)라는 용어를 써서 자신의 상황을 묘사하며 종교적 상징의 힘에 의존하였다. 이슬람주의 조직인 하마스뿐만 아니라 팔레스타인 민병대도 예루살렘 소재 이슬람과 유대교의 성지인 알아끄사 모스크를 상징으로 삼고 지하드와 순교 이미지에 기대며 스스로를 '알아끄사 순교자 여단'이라고 불렀다. 종교적·비종교적 조직과 운동은 (알카에다이든 스리랑카의 마르크스주의 타밀호랑이 반군이든 간에) 공통의 전략을 공유하는데, 무슬림으로 이루어진 단체와 운동은 칼리파 제도, 즉 이슬람 정부, 혹은 단순하게 보다 이슬람적인 방향성을 갖춘 국가와 사회건설을 표방하며 이슬람적인 목표를 드러냄으로써 흔히 자신들의 대의명분을 강화한다.

종교지도자와 지식인은 대테러 이념전쟁에서 중요한 역할을 한다. 와하비 이슬람과 호전적 우파 그리스도인 단체는 폭력이나 테러를 옹호하지 않는다. 그러나 양자 모두 다른 사람들의 신앙을 비난하고 호전적인 사람들에 이용될 수 있는 배타적이고 비다원론적 증오신학을 추구한다. 증오에 찬 발언을 통해 세계무역센터 쌍둥이타워, 정부 건물, 또는 낙태병원을 폭파하거나 이른바 "하나님의 적들"을 암살하는 것을 굳게 정당화한다.

그리스도인과 무슬림은 중요한 공동의 목표를 공유하고 있으며, 그것은 바로 반다원주의적이고 관용심이 부족한 배타적 신학에 대처하는 것이다. 왜냐하면 이러한 신학은 종교적 극단주의와 테러를 키우는 믿음, 자세, 가치에 일조하고 우리 모두에게 영향을 주기 때문이다.

서 유엔 옵서버 국가가 되었다.

080 | 테러, 납치, 인질을 정당화하는 데 이슬람을 어떻게 이용하는가?

여러 잔혹한 테러가 이슬람과 관련되었다고 하지만 이슬람 전통은 폭력적인 행위를 규제하고, 테러, 납치, 인질 억류를 금한다. 다른 종교에서도 일어나는 일이지만, 급진주의자들은 대다수가 따르는 일반적인 교리와 법을 무시하고, 왜곡하거나 마음대로 끌어들여 잘못 해석하기를 일삼는다. 이슬람법은 꾸르안에 근거하여 명확한 전시행동규범을 세우고 테러 행위를 금한다. 당한 정도에 따른 비례적 보복 및 비전투원 보호를 구체적으로 요구하고 있다.

무슬림 공동체가 성장함에 따라 누가 종교적·정치적 권한을 가지고 있는지, 어떻게 반란과 내전을 다룰 것인지, 전시와 평화시기의 바른 행동은 무엇인지, 팽창과 정복, 폭력과 저항을 어떻게 합리화하고 정당화할 것인지 등 여러 가지 의문이 제기되었다. 공동체는 꾸르안의 가르침, 무함마드와 그를 추종한 사람들의 행위를 참고하며 답변을 내어놓았다.

꾸르안은 전쟁지침과 규정을 상세하게 제시한다. 48장 17절과 9장 91절에서는 누가 싸워야 하는지, 2장 192절에서는 언제 전쟁을 끝내야 하는지, 47장 4절에서는 어떻게 포로를 다루는지 말한다. 또한 전시에는 당한 만큼 갚아주라고 강조한다.

누구든지 너희를 공격하면, 너희들도 똑같이 공격하라.(2장 194절)

또 다른 구절에서는 평화를 이루라고 강하게 명령한다.

셀축조의 재상이었던 니잠 알물크(Nizam al-Mulk)를 암살하는 아사신(14세기, 터키 톱카프 궁전박물관)

만일 그들이 평화를 구한다면, 너도 평화를 구하라. 그리고 하나님께 의지

하라.(꾸르안 8장 61절)

만일 하나님께서 원하셨다면, 그들에게 너희보다 강한 힘을 주시어 너희

들과 싸우게 하셨을 것이다. 만일 그들이 너희들로부터 떨어져 싸우지 않

고 평화를 제의하면 하나님께서는 너희들이 그들과 싸우게 하시지 않으시

노라.(4장 90절)

처음부터 이슬람 공동체는 반란과 내전, 폭력과 테러 행위에 직면했는

데, 카리지(Khariji)파와 암살단[8]이 전형적인 본보기다. 카리지파는 경건

---

8   암살자를 영어로 어새신(assassin)이라고 하는데, 이 말의 어원으로 가장 널리 알
    려진 것은 하시시(hashish) 또는 하샤시(hashash)다. 하시시는 아랍어에서 원래
    마른 풀을 가리키는데, 이유는 불분명하지만 인도산 대마(cannabis sativa)를 부
    르는 용어로 정착하였다. 대마를 피우는 사람을 하샤슌(hashshashun), 하시시윤
    (hashishiyyun), 하시시야(hashishiyya)로 불렀다. 시아파 중 하나인 니자리 이스
    마일리(Nizari Isma'ili) 시아를 하시시야로 불렀다. 10~13세기에 이들은 정적을 암

하지만, 금욕적이고 공격적인 극단주의 조직으로 4대 칼리파인 알리와 척을 지고 나간 후 알리를 암살하였다. 암살단은 비밀스런 조직으로 이란 북부 알라무트(Alamut) 산 요새에 거주하며 통치한 지도자가 이끌었다. 암살단은 셀축조에 대항하는 지하드를 수행하면서 숨은 이맘[9]의 이름으로 왕자, 장군, 종교학자를 암살하였다. 이들이 무슬림과 십자군에 안긴 공포는 실로 대단하여서, 1256년 몽골군이 마지막 지도자를 처형하여 완전히 소탕한 후에도 오랜 동안 이란과 시리아에서 인구에 회자되었다.

순니 이슬람과 이슬람법은 극단주의자들을 무시하고 혼란과 무정부 대신 안정을 강조하는 정치이론을 발전시켰다. 물론 그렇다고 해서 모두가 극단주의의 길에서 돌아서지는 않았다. 최근 몇 십 년간 주류 야권 이슬람 정치세력과 함께 테러집단은 정권에 도전하고, 사람들을 공포로 몰아넣고, 외국시설을 공격하고 있다. 흔히 이들은 불신이 팽배한 "이교도" 사회 한 가운데 서서 억압정권과 싸우는 "진정한 신앙인"으로 자처한다. 자신들의 이념적인 이슬람을 강요하고 지하드와 같은 이슬람 교리를 "멋대로 빼앗아 쓰면서" 진정한 이슬람을 수호한다고 주장하며 폭력과 테러 사용을 정당화한다.

이집트에서는 이집트 이슬람 지하드와 여타 극단주의 단체가 안와르 사

살하는 테러를 감행하였는데, 십자군이 이들을 '아사신(assasin)'이라고 하였고, 이 말이 유럽 본토로 퍼져 니자리 이스마일리 시아는 불명예스럽게도 암살의 대명사가 되었다. 더 자세한 내용은 다음을 참조하라. 박현도, "이슬람 들여다보기 - 암살자(Assassin)들의 원조 하시시," 『월간조선』 2017년 4월호(통권 445호, 624~630쪽). 버나드 루이스 저, 주민아 역, 『암살단 이슬람의 암살 전통』 (살림, 2007).

9 숨은 이맘이란 시아파의 독특한 사상으로 그리스도교의 메시아사상과 유사하다. 시아파는 시아 공동체가 따르는 지도자 이맘이 죽지 않고 세상 어디엔가 존재하고 있다고 믿는다. 하나님은 세상이 불의로 가득 찼을 때 정의를 세우고자 숨은 이맘을 다시 세상 사람들에게 보낸다고 한다.

다트 대통령과 정부관리를 암살하였고, 룩소르 관광객을 살해하였으며, 교회를 불태우고 그리스도인을 죽였다. 알제리에서는 무장 이슬람 단체가 알제리 정부를 대상으로 테러전을 벌였다. 오사마 빈 라덴과 알카에다는 이슬람을 왜곡하고, 전쟁을 정당화하며 전투와 무관한 민간인 공격을 주장하는 자신들만의 파트와(fatwa, 이슬람법적 의견)를 발표하여, 무슬림 정부와 미국을 대상으로 국제 테러전을 감행하였다. 잔혹한 행위 때문에 대다수 언론의 주목을 받았지만, 이들은 주류 무슬림이 아니라 소수 극단주의자들을 대표할 뿐이다.

081 | 이슬람은 자살폭탄을 허락하는가?

1994년 2월 25일, 미국에서 이스라엘로 이민을 온 유대인 정착민 바루크 골드스타인 박사(Dr. Garuch Goldstein)는 헤브론에 위치한 이브라힘 모스크[10] 안으로 들어가 총을 난사하여 금요 합동예배 중이던 무슬림 29명의 목숨을 빼앗았다. 이에 하마스는 이스라엘-팔레스타인 분쟁에 자살폭탄이라는 새로운 형태의 공격을 도입하였다. 신속한 보복을 천명한 하마스 민병대 까심(Qasim) 여단은 갈릴리, 예루살렘, 텔아비브 등 이스라엘 국내에서 작전을 수행하였다. 이스라엘-팔레스타인 분쟁에서 자살폭탄은 2000년 9월에 발생한 2차 인티파다(Intifada)[11] 이후 기하급수적으로 증가

---

10 이브라힘은 아브라함의 아랍어.

11 반이스라엘 팔레스타인 항쟁을 뜻한다. 제1차 인티파다는 1987년 12월 9일 이스라엘군 트럭이 팔레스타인 민간인 차와 충돌하여 팔레스타인 사람 네 명이 죽으면서 시작하였다. 2차 인티파다는 2000년 9월 28일 당시 이스라엘 야당 지도자 아리엘 샤론

하였다. 가장 끔찍한 자살폭탄은 9·11 테러로 세계무역센터와 미국 국방부 본부 건물을 목표물로 삼은 것이었다.

하나님만이 사람의 목숨을 취할 권리를 가지므로 무슬림이 자살하는 것은 전통적으로 무조건 금지사항이다. 꾸르안에서 자살과 관련된 구절은 단 한 곳뿐이다.

> 믿는 자들이여, 서로 동의하여 거래하는 경우를 제하고는 서로의 재산을 부당하게 낭비하지 말라. 또 자살하지 말라. 진실로 하나님께서는 너희들에게 자애로우시다.(4장 29절)

많은 무슬림 해석가는 "자살하지 말라"는 말이 문맥상 "서로 죽이지 말라"는 뜻이라고 믿는다. 그래서 자살이라는 주제는 꾸르안 해석학에서 거의 다루지 않는다. 그러나 예언자 전승(하디스)에서는 자주 분명하고 단호하게 자살을 금지한다. 자살에 대한 처벌은 사후 자살의 무한 반복이다. 그러나 많은 주석가가 "자살한 사람은 반드시 지옥에 간다"고 말하길 꺼린다.

역사적으로 순니와 시아 무슬림 모두 "스스로를 희생물로 바치는 종교적 자살"과 테러 행위를 금지한다. 암살단으로 불린 니자리 이스마일리(Nizari Isma'ili)는 11~12세기에 적에게 악명 높은 자살 공격을 감행하였는데, 주류 무슬림은 이들을 광신도로 취급하고 거부하였다. 20세기 후반부에 들어서 순니와 시아 할 것 없이, 많은 무슬림이 자살폭탄을 믿음을 위해 목숨

이 무슬림의 성지 알아끄사 모스크가 있는 성전산을 방문하자 이에 분노한 팔레스타인 무슬림들이 봉기하였기에 알아끄사 인티파다라고 한다.

"인티파다보다 더 위대한 목소리는 없다." 인티파다 그래피티

을 버리는 순교와 같다고 봄에 따라 자살폭탄이 다시 이슈가 되었다.

일반적으로 자살폭탄은 이스라엘-팔레스타인 분쟁과 관련되는 경우가 많지만 레바논, 인도네시아 및 기타 다른 곳에서도 발생하였다. 레바논에서는 헤즈볼라와 알지하드(al-Jihad)가 1983년 베이루트 미국 해군기지와 프랑스군 지휘부에 자살폭탄 공격을 감행하여 수백 명이 사망하였다.

이스라엘-팔레스타인 분쟁에서 이스라엘의 폭력성, 잔혹성, 암살 시도가 증가함에 따라 팔레스타인 사람과 무슬림은 이른바 자살폭탄범이 자살을 감행하는 것이 아니라 이스라엘의 점령과 억압에 맞서 저항하고 보복하는 일에 자신을 희생하는 것이라는 믿음을 갖게 되었다.

요르단 강 서안과 가자 지구 내 대학교에 부착된 대자보에는 "이스라엘은 핵폭탄을 가지고 있고, 우리는 인간폭탄을 가지고 있다"는 문구가 쓰여 있다. 어느 팔레스타인 전사는 "이스라엘 사람들이 우리를 날려버렸다.

왜 내가 이스라엘에 가서 내 목숨과 함께 그들의 목숨을 끊어서는 안 되는가?"라고 말하였다.

자살폭탄 테러를 정당화하고 합리화하는 지하드, 순교와 같은 종교적 개념은 강력한 유인책이 된다. 그것은 바로 이승에서는 영광스러운 영웅이 되고 저승에서는 천국을 누릴 것이라는 기대이다. 70명의 처녀를 약속한 것은 어떤가? 꾸르안에는 천국에서 순교자들에게 보상으로 처녀를 준다는 말은 없다. 꾸르안에는 짙은 눈 또는 검은 눈의 천상배필 후리(huri)를 천국의 보상으로 이야기는 하지만, 구체적으로 순교에 대한 보상이라고는 하지 않는다. 여러 주석가는 이를 은유적인 표현으로 간주한다.

전승에 따르면 천국에서 받을 궁극적 보상은 하나님이 실재하는 공간에 거주하는 것이다. 순교자들에게 70명의 처녀가 보상으로 주어진다는 것은 "신뢰성이 약한" 예언자 전승에 따른 것으로 무슬림들이 전투에 참가하도록 장려하기 위하여 중세기에 사용되었고, 오늘날에는 급진주의 단체들이 자살폭탄 지원자를 모집하고 이들에게 동기를 부여하기 위하여 이 개념을 이용하고 있다. 그러나 꾸르안이나 예언자 전승 어디에서도 자살폭탄 감행자에 대한 언급은 존재하지 않는다.

특별히 무고한 민간이나 비전투원을 대상으로 한 자살폭탄은 무슬림 세계에서 첨예한 논쟁을 촉발시켜 종교적으로 찬성과 반대가 나뉘고 있다. 저명한 종교지도자들은 이슬람법적 의견(파트와)에서 서로 날카롭게 갈린다. 종교지도자이면서 하마스의 창시자인 셰이크 아흐마드 야신, 예루살렘 대무프티(Mufti, 법학자) 아크람 사브리 및 아랍과 팔레스타인의 여러 종교지도자들은 자살폭탄이 필요할 뿐 아니라 정당하다고 주장하였다. 그러나 다른 이들은 자살폭탄을 규탄하는데, 특히 민간인을 테러 대상으로 삼는 것을 비난한다.

저명한 이슬람학자들과 지도자들 역시 서로 의견이 극명하게 갈린다. 사우디아라비아의 대무프티 셰이크 압둘 아지즈 앗셰이크는 자살폭탄이 비이슬람적이고 이슬람이 금하는 것이라면서 비난하였다. 이집트의 대무프티이자 알아즈하르 대학의 대셰이크였던 셰이크 무함마드 사이드 딴따위는 자신을 희생하여 스스로를 방어하는 자살폭탄과 비전투원, 여성, 아이를 죽이는 행동을 명확히 구분하여야 한다고 주장하였다. 그는 비전투원, 여성, 아이의 목숨을 뺏는 것을 일관되게 규탄하였다. 그는 다음과 같이 말하였다.

무고한 시민을 공격하는 것은 용감한 행동이 아니다. … 멍청한 일이고, 심판의 날 벌을 받을 일이다. 무고한 어린이, 여성, 시민을 공격하는 것은 용감한 일이 아니다. 자유를 수호하는 것이 용감한 일이다. 스스로를 방어하면서 공격하지 않는 것이 용감한 일이다.

셰이크 유수프 알까라다위(Sheikh Yusuf al-Qaradawi)는 오늘날 세계에서 가장 영향력 있는 권위자 중 한 명이다. 그는 9·11 테러는 규탄하였지만 이스라엘과 팔레스타인에서 발생하는 자살폭탄은 자기방어용으로 인정하는 파트와를 냈다. 하나님이 보상으로 천국행을 허락할 것이라는 희망을 지니고 하나님을 위해 목숨을 바치는 행위로 본 것이다. 비슷한 생각을 지닌 종교지도자들과 마찬가지로 알까라다위는 이스라엘이 남녀 모두가 정규군과 예비군에서 복무하는 호전적인 군대사회이고, 만일 자살폭탄 때문에 나이든 사람이나 어린아이가 죽는다고 하더라도 이는 원하지 않은 살상이기에 민간인 살상이 정당하다고 판단하였다.

2001년 이스라엘 사람 26명의 목숨을 앗아간 자살폭탄 공격을 규탄하면서 딴따위는 까라다위와 충돌하였다. 까라다위는 경멸적인 어조로 다음과 같이 말하였다.

어떻게 알아즈하르의 수장이 침략자에 맞서 싸운 무자헤딘(이슬람전사)을 범죄자로 취급할 수 있는가? 어떻게 침략자들을 무고한 시민으로 간주할 수 있는가? … 일부 셰이크들에게는 식민지배자들에 대항하여 싸우는 것이 범죄이자 테러가 된 것인가? … 셰이크 중 일부가 무자헤딘을 지지하며 희생하고 순교하라고 설득하는 대신 무자헤딘을 배신하는 파트와를 낸다는 사실이 경악스럽다.

그러나 딴따위만 그런 것은 아니었다. 2001년 12월 4일 메카 대모스크 이맘인 셰이크 무함마드 빈 압둘라 앗수바일(Sheikh Muhammad bin Abdullah al-Subail)은 이스라엘인 살해를 허용할 수 없다고 선언하였다.

무고한 사람들을 공격하는 것은 불법이고 샤리아(이슬람법)에 어긋난다. … 무슬림은 무슬림 보호 아래 있고 무슬림과 평화조약을 맺은 비무슬림의 생명, 명예, 재산을 반드시 지켜야 한다. 그들을 공격하는 것은 샤리아에 위배된다.

위와 같은 논쟁에서 부각된 가장 중요한 쟁점은 대응이나 보복이 저질러진 범죄에 상응해야 한다는 '비례의 원칙'[12]이다.

---

12 과잉조치 금지의 원칙이라고도 한다. 당한 만큼만 응대하거나 보복한다는 말이다.

082 | 무슬림은 왜 그토록 폭력적인가?

최근 몇 년 동안 발생한 무슬림 극단주의자들의 행동을 보고 왜 이슬람과 무슬림은 그토록 폭력적인가 하는 의문을 품는 사람이 많다. 꾸르안에서 이슬람법에 이르기까지 이슬람은 테러 행위를 금하고 폭력행사도 규제하고 있다. 정당방위를 하거나 이슬람과 이슬람 공동체를 수호해야 할 때는 폭력사용을 허가하고 경우에 따라서는 폭력사용을 요구한다.

그러나 합법적인 폭력행사와 불법적인 폭력행사, 방어 전투와 공격 전투, 저항과 테러는 명백히 구분한다. 종교는 선을 위한 강력한 힘이 될 수도 있지만, 역사적으로 보면 폭력과 전쟁을 정당화하는 데 사용되었다. 성서 시대부터 오늘날에 이르기까지 세 유일신교는 긍정적인 힘과 부정적인 힘, 창조와 파괴의 능력이 점철된 긴 역사를 보여준다.

과거와 현재를 막론하고 무슬림 지도자와 정부는 정치적 팽창과 제국주의를 정당화하고 이를 지지하는 사람을 규합하기 위하여 종교를 이용하였

테러리즘과 폭력, 증오를 반대하는 무슬림 여성들의 시위

다. 이슬람 초기 카리지파 같은 단체부터 이집트의 이슬람 지하드, 알카에다 같은 현대 극단주의 운동에 이르기까지 종교적 극단주의자들은 경전과 교리를 비틀어 해석하여 얻은 신학적 관점을 가지고, 그들이 속한 사회와 국제사회에 대한 폭력과 테러를 정당화하였다. 이들이 만든 세상에서는 무슬림이든 비무슬림이든 간에 자신들의 믿음을 받아들여 따르지 않는 사람은 맞서 싸워야 할 적으로, 어떤 수단을 써서라도 처단해야 한다.

많은 국가가 안고 있는 폭력적인 성향은 무슬림 사회 내 폭력문제를 더욱 악화시켰다. 세속적이든 종교적이든 간에 권위주의적 통치자와 정부는 국내 안정과 안보를 위해, 경우에 따라서는 해외에 영향력을 행사하고자 무력, 폭력, 억압, 테러를 자행한다. 경제실패, 높은 실업률, 주택부족, 점증하는 빈부격차, 광범위하게 퍼진 부패 때문에 급진주의와 극단적 반대세력이 커지면서 상황이 악화되고 있다. 미국, 유럽 등 외국 열강이 얼마나 폭압적인 정권을 지지하거나 "식민지화"하고 무슬림 사회를 착취하는 것으로 보느냐에 따라 폭력과 테러에 기대는 정도가 좌우된다. 이러한 상황과 불평이 토대가 되어 전 세계적으로 사담 후세인과 오사마 빈 라덴 같은 인물들이 지원자를 쉽게 모아 성스럽지 못한 전쟁을 일으킨다.

083 | **온건 무슬림은 누구인가?**

"온건 무슬림은 누구이며, 어디에 있는가?"라는 질문이 계속 뜨겁게 제기되고 있다. 그런데 온건이라는 단어에 문제가 있다. 온건 그리스도인이나 온건 유대인, 온건 공화당원 또는 온건 민주당원이라고 할 때 기준이 무엇인가? 우리는 사람들을 '정상'이나 '온건'이라는 말로 정의하려고 한다. 누가 온건 무슬림인지 결정하는 기준은 그러한 판단을 내리는 사람이 어떤 정치적 성향이나 종교를 지니고 있는가에 달려 있다.

정치적으로 보면 서구 국가의 정부와 전문가 다수는 자신들의 생각을 반영하기 위해 노력한다. 아마도 누가 온건 무슬림인지 아닌지를 평가하려면 리트머스 시험을 외교정책 현안을 두고 하면 될 것이다. 미국, 영국 또는 프랑스의 정책을 얼마나 비판적으로 보는지, 이스라엘-팔레스타인 문제나, 이라크, 아프가니스탄, 체첸 또는 카슈미르에서 일어나고 있는 전쟁을 어떻게 생각하는지 보면 온건 무슬림 여부를 판단할 수 있을지도 모른다. 권위주의적인 무슬림 정부는 반정부 입장을 취하지 않은 사람들을 온건하다고 여긴다.

'온건'이라는 용어를 무슬림에게 사용하는 것은 단순하게 극단주의 무슬림과 비극단주의 무슬림을 구분하기 위함인가? 아니면 세속적 자유주의를 옹호하는 무슬림인지 혹은 보수주의나 전통주의에 반대하는 무슬림 개혁주의자인지 묻는 것인가?

온건 무슬림만이 세속주의와 정교 분리를 수용한다고 말하는 것이 옳은가? 아니면 온건 무슬림은 특정 종교가 특혜를 받지 않고, 모든 신자와 비신자의 권리가 보호받는 국가를 신봉할 수 있는가? 우리가 온건 무슬림이라고 생각하는 사람은 남녀평등을 증진할 뿐 아니라 히잡 착용도 반대해야만 하는가?

종종 '온건'이란 말은 이른바 진보적 혹은 자유주의적 무슬림과 같은 의미로 사용되고, 근본주의자는 물론 보수주의자나 전통주의자는 포함하지 않는다. 예를 들어 사람들 중 일부는 여성도 남녀가 함께하는 예배를 인도해야 한다고 믿는 무슬림을 온건 무슬림이라고 생각한다. 그러나 이것이 누군가를 '온건'하다고 평가하는 기준이라면, 그리스도교나 유대교의 여러 단체나 종파, 지도자(예를 들어 교황 요한 바오로 2세와 그의 후임 베네딕토 16세)는 온건하다고 할 수 없을 것이다. 우리는 피임, 낙태, 동성애자의 권리에 관한 무슬림의 입장에도 리트머스 시험을 해야 할까?

최소한 나는 사회 내에서 살고 일하며, 아래로부터 변화를 추구하고 종교적 극단주의, 부당한 폭력, 테러를 거부하는 사람이 온건 무슬림이라고 생각한다. 다른 종교와 마찬가지로 이슬람에서도 이러한 온건 무슬림이 주류의 대다수를 차지하고 있다.

084 | 왜 무슬림은 테러를 맹렬하게 비난하지 않는가?

무슬림은 9·11 테러를 규탄하지 않았고, 여전히 여러 다른 테러도 비난하지 않는다는 것이 일반적으로 통용되는 상식인 때가 있었다. 무슬림 학자와 기구들이 파트와를 발행하며 강력하게 9·11 테러를 비판하고 그 후에 일어난 여러 테러를 단죄하였음에도 불구하고 이러한 믿음은 끈질기게 지속되고 있다. 사우디아라비아에서부터 말레이시아, 미국에 이르기까지 여러 나라가 공식성명도 발표하였다.

극단주의자들이 9·11 테러에 박수를 보냈지만 대다수 무슬림은 그렇지 않았다. 2001년 9월 14일 영국 비비시(BBC) 방송국은 영향력이 큰 여러 주요 종교지도자들이 9·11 테러를 규탄하는 모습을 보도하였다. 이집트에서 말레이시아에 이르기까지 주요 이슬람 운동 지도자와 40명이 넘는 무슬림 학자와 정치가가 모두 다음과 같이 강력하게 규탄하였다.

아래 서명한 이슬람 운동 지도자들은 2001년 9월 11일 화요일에 미국에서 대량 살상과 파괴, 무고한 생명에 대한 공격이 발생하였다는 사실에 경악을 금할 수 없다. 우리는 깊은 연민과 슬픔을 표한다. 우리는 인간적이고 이슬람적인 모든 규범을 위반한 이번 사건을 가장 강력한 용어로 규탄한다. 이는 무고한 사람들을 공격하는 것을 금지하는 이슬람의 신성한 법에 근간한 것이다. 전능하신 하나님께서는 성스러운 꾸르안에서 이렇게 말씀하셨다. "그 누구도 다른 사람의 짐을 짊어질 수 없다."(꾸르안 17장 15절)

더욱이 2001년 9월 27일 북미 이슬람법 협의회는 모든 무슬림은 이러한 공격을 계획하고, 공격에 가담하거나 후원한 사람은 붙잡아 사법 심판대에 세워야 할 의무가 있다는 내용의 공동 파트와를 발표하였다. 미국 무슬림 지도자와 국제적으로 저명한 이슬람 학자들도 이 파트와에 서명하였다.

2001년 10월 17일 베켓종교자유기금(Becket Fund for Religious Liberty)은 「뉴욕타임스」에 세계에서 가장 유명한 무슬림 지도자들의 테러 규탄 성명과 함께 "오사마 빈 라덴은 네 대의 비행기와 종교를 납치하였다"라는 제목의 전면광고를 실었다. 서명자 명단에는 사우디아라비아의 대무프티이자 고위 울라마 의장인 셰이크 압둘 아지즈 앗셰이크, 런던 무슬림 대학 학장 자키 바다위, 요르단 국왕 압둘라 2세, 이슬람협력기구(Organization of the Islamic Conference)[13]가 포함되었다.

무슬림 지도자와 기구는 모든 테러 공격에 계속 대응하였다. 예를 들어 2005년 런던 테러, 2007년 글래스고 테러, 2008년 뭄바이 테러 이후 전 세계 무슬림 지도자와 기구는 테러분자와 그들의 만행을 비난하는 성명을

---

13   보통 OIC로 부른다. 1969년 9월 25일에 창설된 국제기구로, 이슬람 종교, 문화와 관련된 국가들의 모임이다. 현재 회원국은 57개국이고, 본부는 사우디아라비아 제다에 두고 있다.

발표하였다. 500명이 넘는 영국 무슬림 종교지도자와 학자들은 런던 폭탄테러 희생자 가족에게 애도의 뜻을 표명하고 부상자들의 쾌유를 빌며 파트와를 발표하였다. 이들의 성명은 이슬람이 폭력과 무고한 생명 파괴를 규탄하고 자살폭탄을 "강력히 금지한다"고 강조하였다.

계속되는 무슬림 지도자들의 테러 규탄 대열에 2010년 국제적으로 유명한 텔레비전 설교가 무함마드 까드리 (Muhammad Qadri)가 600쪽에 달하는

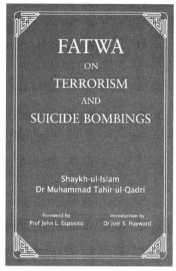

무함마드 까드리의
『테러와 자살폭탄에 대한 파트와』

파트와를 출판하면서 동참하였다. 그는 자살폭탄범을 불신자라고 비난하고 "테러는 테러이고, 폭력은 폭력일 뿐이다. 이슬람에서는 그러한 가르침도, 이를 정당화할 근거도, 어떠한 변명이나 구실도 찾아볼 수 없다"고 선언하였다. 까드리의 파트와는 테러분자들이 이슬람을 앞세워 행동하는 것을 막고 테러 조직원 모집을 어렵게 만드는 강력한 논증으로 받아들여졌다.

전 세계 주류 무슬림들은 이러한 지도자들의 정서에 공감하였다. 전 세계 약 10억 무슬림 인구를 대변하는 35개국 이상의 무슬림 국가에서 실시한 최대 규모이자 가장 조직적인 갤럽 여론조사에 따르면 대다수 응답자 (93%)가 9·11 테러를 정당화할 수 없다고 한 무슬림 지도자들의 의견에 동조한 것으로 나타났다. 많은 응답자가 미국의 정책에 대해 비판적인 의견을 지니고 있음에도 말이다.(응답자의 40%가 친미 성향을, 나머지 60%는 미국의 정책에 비판적 입장이었다.)

사람들 대부분은 왜 이런 사실을 모르는 것일까? 성명서와 무슬림 주류의 입장은 신문 1면 기사로 나오지 않을뿐더러 일반적으로 보도할 가치가 없는 것으로 취급된다. 평화나 분쟁해결의 전도사는 운이 좋을 경우 신문 뒷면에 아주 작게 다뤄질 뿐이다. 무슬림이 폭력과 테러를 반박하는 목소리를 내지 않는다는 이상하리만큼 꾸준한 믿음은 사실과 다르다.

종교적 극단주의와 테러를 규탄하는 무슬림들의 공개적인 선언이나 주요 성명서를 언론에서 다루지 않기에 "왜 더 많은 무슬림들이 공개적으로 말하지 않는가?"라는 질문이 끊이지 않는 것이다. 위험한 소수 무슬림 극단주의자와 테러분자들의 행동이 계속 지배적이고 왜곡된 프리즘 역할을 하고, 사람들은 이 프리즘을 통해 모든 주류 무슬림과 그들의 종교를 바라보며 이해한다.

085 | 무슬림은 순교 콤플렉스를 가지고 있는가?

그리스도교와 마찬가지로 이슬람교에서도 믿음을 위해, 또는 종교 공동체를 보호하기 위해 기꺼이 죽는 것을 뜻하는 순교는 길고 특별한 역사를 가지고 있다. 이슬람적 이상을 확립하기 위해, 또는 이슬람적 이상을 수호하기 위해 자신을 희생한 순교자는 이슬람에서 중요한 위치를 차지한다.

믿음을 위해 죽는 것은 하나님을 증거하는 최상의 형태이다. 아랍어와 꾸르안에서 순교자는 "샤히드(shahid)"라고 하는데, 증인이라는 뜻이다. 이슬람 신앙고백인 "샤하다(shahada)"와 같은 어원에서 나온 말이다. 샤하다는 "하나님 외에 신은 없고, 무함마드는 하나님의 사도이다"라고 증언한다. 꾸르안에는 순교를 지지하고, 순교한 이가 남기고 간 사람들을 다독이는 구절이 많다. 예를 들면 다음과 같다.

> 하나님의 길에서 살해되거나 죽더라도 하나님의 관면과 자비가 너희들이
> 모아놓은 것보다 훨씬 더 나을 것이다. 너희들은 죽든 살해되든 하나님께
> 로 갈 것이다.(3장 157~158절)
> 하나님의 길에서 살해된 자를 결코 죽었다고 생각하지 말라. 그들은 부족
> 함 없이 하나님과 함께 살아 있다.(3장 169절)

무함마드의 말과 행동을 기록한 하디스는 이슬람을 위해 죽은 사람
들이 보상을 받는다는 말을 많이 전하고 있다. 무슬림 전승은 순교자들
의 죽음 후의 삶이 여러 면에서 다른 사람들과 다르다고 가르친다. 자신
을 희생하였기 때문에 죄에서 해방되어 천사 나키르(Nakir)와 천사 문카르
(Munkar)의 심문을 받지 않는다.[14] "연옥"을 거치지 않고 하나님 옥좌에 가
까운 천국 가장 높은 곳 중 한 곳으로 바로 간다. 순교자는 정결하다고 생
각하기 때문에 입고 있던 옷 그대로 시신을 씻기지 않고 매장한다.

순니와 시아 전통 모두 순교를 높이 받들고 존경을 표한다. 순니 이슬람
은 초기 메디나 공동체가 메카 아랍인에 대항하여 투쟁(지하드)한 것을 기
리며 역사적으로 순교를 높게 받들었다. 이슬람 역사를 통틀어 하나님의
길에서 지하드를 수행하라는 요청은 공동체를 결집시키는 강령 역할을 하

---

14 무슬림 전승에 따르면 사람이 죽어 매장과 장례식이 끝나면 천사 나키르와 문카르
가 무덤에서 죽은 자를 바로 세워놓고 심문을 하는데, 질문은 다음 세 가지라고 한다.
"너의 주님은 누구인가? 너의 종교는 무엇인가? 너는 무함마드를 어떻게 생각하는
가?" 이에 대해 "나의 주님은 하나님이시고, 나의 종교는 이슬람이며, 무함마드는 예
언자이다"라고 답하면 심판의 날까지 편하게 기다릴 것이고, 그렇지 못할 경우에는
심판의 날까지 고통을 받는다고 한다.

자신의 몸에 쇠로 된 채찍을 내리치며 순교자 후세인의 고통을 체험하는 시아 무슬림

였다. 17~18세기 아프리카에서 아랍, 동남아시아에 이르기까지 여러 지역에서 일어난 이슬람 부흥운동에서 지도자들은 그들의 투쟁을 지하드라고 하였다. 따라서 죽은 자들을 순교자로 여기고 천국행을 보장하였다.

시아는 소수의 "정의로운" 추종자와 함께 순니 칼리파 야지드의 군에 학살당한 예언자의 손자 후세인의 순교를 시작으로 특별히 강력한 순교 전통과 유산을 가지고 있다. 이 성스러운 비극은 시아 신학과 영성의 패러다임이 되었고, 시아 공동체는 이를 매년 재현한다. 시아 무슬림은 순교자들의 무덤을 방문하여 기도하고, 울고, 또 스스로를 채찍질하면서[15] 후세인과 추종자들의 고통을 애도하고 재현한다. 이러한 의례는 예수 그리스도의 수난과 죽음을 기념하는 예식과 유사하다.

유럽 식민주의가 등장한 이래 순교를 새롭고 더 폭넓게 이해하는 법이 발전하였다. 유럽 식민주의 권력에 대항하여 독립전쟁에서 싸우다 죽은 군

---

15 "오 후세인이여"라는 뜻의 아랍어 "야 후세인"이라고 외치면서 오른손으로 왼쪽 가슴을 치거나 자신의 몸에 채찍질을 한다.

인들도 순교자로 불렀다. 20세기 후반 이래 무슬림은 무슬림 영토수호 분쟁에는 모두 지하드라는 말을 사용하기 시작하였다. 따라서 그러한 전투에서 죽은 이들은 순교자다. 순교는 이란-이라크 전쟁에서 대단히 강력한 주제였다. 순니 이라크인들과 시아 이란인들은 모두 군인들을 독려하고자 순교에 의지하였다. 혁명 이후 이란에서 이러한 전통은 이란-이라크 전쟁에서 죽은 이들과 혁명에 참가하였다가 반대파에 살해되거나 암살당한 성직자와 지지자들을 위한 순교자 묘역 조성에 고스란히 반영되었다.

지하드와 마찬가지로 순교도 세계적인 현상이 되어, 팔레스타인(세속적이든 이슬람 팔레스타인 조직이든 관계없이), 이란, 이집트, 레바논, 아제르바이잔, 보스니아, 체첸, 카슈미르, 필리핀 남부에서 각각 투쟁(지하드)을 수행하다 죽은 자들을 칭송하는 공용어가 되었다.

086 | 왜 무슬림은 미국을 싫어하는가?

반유럽주의와 함께 반미주의는 아랍과 무슬림 사회 전반에 걸쳐 광범위하게 퍼진 현상이다. 이러한 현상은 단순히 맹목적인 증오나 종교적 광신 때문만이 아니라 무슬림 사회 주류 대다수가 미국의 외교정책에서 느끼는 좌절감과 분노가 크기 때문에 일어난 것이다.

많은 사람들은 반미주의가 극복할 수 없는 종교적·문화적 차이와 결부되어 있다고 믿지만, 사실을 직시하면 이와 같이 단순하고 자의적인 믿음은 설득력이 약하다. 테러분자들이 미국과 일부 유럽 국가를 증오할 수는 있지만, 무슬림 세계의 다른 무슬림들은 그렇지 않다. 미국인들은 미국이 성취한 것들은 물론 미국의 원칙과 가치를 높이 평가하면서도 미국의 오만함, 일방주의, 패권 장악 계획을 비난하는 사람들 사이에 퍼져 있는 반미주의를 극단주의자들의 혐오와 구별하지 못하고 있다. 테러분자들은 미국인들을 죽이고 싶어 하지만, 무슬림 대다수는 미국이 세상을 더 위험한 곳으로 만들지 않길 원한다.

갤럽, 퓨(PEW), 조그비(Zogby) 및 기타 여론조사 기관의 전 세계 무슬림의 믿음과 태도에 관한 주요 설문조사를 보면, 무슬림이 지닌 분노와 더불어 존중도 잘 알 수 있다. 그렇지만 그들의 분노를 해결하지 않고 내버려둔다면 급진주의가 증가할 가능성이 있다.

2001년부터 2009년까지 북아프리카에서 남아시아에 이르는 35개 이상의 무슬림 국가에서 이루어져 10억 무슬림의 목소리를 대변하는 갤럽조사를 보면, 정책이 주요 동인(動因) 내지 촉매제로 얼마나 중요한지 알 수 있다.

무슬림은 모든 서구 국가가 같다고 보지 않는다. 미국과 유럽을 구분하고, 종교나 문화가 아니라 정책에 따라 특정 유럽 국가를 구분한다. 미국과 무슬림 관계 악화기에 전 세계 무슬림은 부시 행정부의 미국과 블레어 행정부의 영국을 다른 유럽 국가들과 날카롭게 구분하여 보았다. 미국과 영국을 보는 눈은 부정적이었지만, 프랑스와 독일을 보는 눈은 중립적이거나 긍정적이었다. 예를 들면, 이집트인 중 미국과 영국을 부정적으로 보는 비율은 각각 74%와 69%였지만, 프랑스와 독일에 대한 부정적인 시각은 21%와 29%에 그쳤다. 무슬림이 대다수를 차지하는 국가에서 응답자 평균 75%가 "무자비하다"는 단어를 미국과 연관시킨 반면 프랑스와 독일은 각각 13%에 그쳤다.

무슬림이 미국과 캐나다를 어떻게 보는지 비교해보면 외교정책의 중요성이 극명하게 드러난다. 캐나다는 외교정책이 없는 미국이라고도 불린다.

쿠웨이트인 66%는 미국을 부정적으로 보지만, 캐나다를 부정적으로 보는 사람은 단지 3%에 불과했다. 이와 유사하게 64%의 말레이시아인이 미국을 공격적이라고 말한 반면 프랑스와 독일에 대해서는 10명 중 단 한 명만이 공격적이라고 하였다.

미국과 영국이 주도한 이라크 침공에 대한 반응은 외교정책이 무슬림의 대서구관에 미치는 영향력을 잘 보여준다. 무슬림이 절대 다수인 10개국 국민에게 여러 국가에 대한 생각을 물었을 때, 응답자들은 미국의 속성으로 "과학적·기술적 진보"(68%), "공격적"(66%), "오만함"(65%), "도덕적 타락"(64%)을 들었다. 거의 모든 국가에서 무슬림 남녀 대다수는 이라크 침공이 선보다는 해악을 더 많이 끼쳤다고 생각하였다. 무슬림은 서구나 서구문명이 아니라 특정 서구 열강의 외교정책과 분쟁을 치르고 있다고 믿는다.

서구의 정책과 그들이 실질적으로 취하는 행동을 비교해보면, 서구가 민족자결, 민주화, 인권을 옹호하는 것은 위선적인 "이중잣대"로 보인다. 권위주의적인 무슬림 정권을 지원하는 것, 그리고 이스라엘과 인도에는 핵개발을 하지 못하도록 압력을 가하지 않았지만, 핵무기 개발을 이유로 파키스탄에는 제재를 가한 것이 좋은 예다. 무슬림 다수는 미국이 코소보를 도우면서 보여준 도덕적 의지가 체첸, 카슈미르 분쟁에 관한 미국의 정책에서는 전혀 찾아볼 수 없다고 본다. 반면 인권을 옹호하는 미국의 입장은 이라크 아부 그라이브(Abu Ghraib) 교도소와 관타나모 수용소[16]에서 발생

---

16 아부 그라이브 교도소는 2003년 미국의 이라크 침공 이후 2006년 이라크 정부에 넘겨줄 때까지 3년간 미국이 사용한 교도소다. 이라크 수도 바그다드에서 서쪽으로 약 30킬로미터 떨어진 곳에 위치하였다. 관타나모 수용소는 쿠바 남동쪽 끝 관타나모만에 위치한 미국 해군 기지 안에 있다. 두 곳 모두 테러와 극단주의 관련 용의자들을 수용하였는데, 죄수 학대 사건이 불거져 국제적 비난을 받았고, 인권을 존중한다는 미국의 입장이 크게 퇴색하였다.

한 무슬림 죄수 학대 사건으로 빛이 바랠 수밖에 없었다.

통신이 세계화됨에 따라 전 세계 아랍인(무슬림과 그리스도인)과 무슬림이 종종 우리가 보는 것보다 더 많은 것을 본다. 과거와 달리 오늘날 국제적인 아랍 및 무슬림 언론매체는 더 이상 서구 기자와 매체에만 의존하지 않는다. 미국 언론의 해외특파원과 해외지국을 통해 이루어지는 해외 관련 보도가 지난 10여 년 간 줄어든 반면 알자지라(Al-Jazeera), 알아라비야(Al-Arabiyya) 같은 텔레비전 방송국과 여타 매체는 여러 무슬림 국가에서 발생하는 폭력을 매일 다루고 있다. 예를 들어 이들 매체는 이스라엘인들이 팔레스타인 사람들에게 사용하는 우세한 화력뿐만 아니라, 양측이 저지르는 폭력과 테러를 모두 보여준다. 이스라엘에 대한 원조 및 미국이 유엔에서 해왔던 투표기록, 미국 행정부와 국무부가 내어놓은 공식성명 등 수년간에 걸쳐 이스라엘을 압도적으로 지지해온 미국의 행적은 불의에 분노하는 무슬림의 표적이 되었다.

087 | 살만 루슈디는 왜 사형선고를 받았는가?

1988년 살만 루슈디(Salman Rushdie)가 이슬람과 예언자 무함마드, 꾸르안을 무례하게 다뤘다고 평가받는 소설 『악마의 시(Satanic Verses)』를 출간하여 전 세계 무슬림 사이에서 엄청난 논란을 불러일으켰다. 소설의 제목은 사탄이 무함마드가 받고 있던 계시에 개입하였다는 이야기를 가리킨다.(물론 무슬림들은 사실이 아니라고 믿는다.) 사탄이 개입한 결과 무함마드는 (무함마드가 속한 부족인) 꾸라이시족이 숭배하던 세 여신 알라트(al-Lat), 알웃자(al-Uzza), 마나트(Manat)가 하나님과 인간 사이에서 중재자가 될 수 있다는 내용의 계시 두 구절을 낭송했다고 한다. 무함마드는 이 메시지가 사탄으로부터 온 것임을 발견하였고, 이 "사탄의 계시"는 폐기되었다. 그 후 무함마드는 이 세 여신이 숭배할 가치가 전혀 없는 상상의 산물이라고 하는 계시를 새롭게 받았다.

두 명의 초기 역사가가[17] 이 이야기를 전하고 있지만, 꾸르안이나 9세기에 성립된 무함마드 전승모음집(하디스) 어디에도 이 내용은 등장하지 않는다. 더 나아가 다른 이야기나 꾸르안과도 모순된다. 과거에 이 이야기는 이슬람 세계보다는 서구에서 더 많은 관심을 끌었다.

루슈디의 책 제목은 무함마드가 사탄의 계시를 받았다는 것을 암시하는데, 이와 더불어 여러 사람들이 무함마드와 그의 여러 부인이 책에서 불경스럽게 취급된 것으로 느꼈기에 이 책을 두고 무슬림의 항의와 시위가 폭발적으로 일어났다. 책이 처음 출판된 영국에서 첫 번째 항의가 있은 이후 이러한 움직임은 무슬림 세계 전역으로 퍼졌다. 무함마드와 그의 부인 및 교우들을 모욕적으로 다룬 부분을 복사한 문건이 무슬림 공동체에 광범위하게 유통되었다.

『악마의 시』를 성토하는 전 세계 무슬림들의 시위가 일어나는 가운데 이란의 아야톨라 호메이니(Ayatollah Khomeini)는 악명 높은 사형선고 파트와를 발행하였다. 호메이니는 루슈디가 예언자를 모독하였기 때문에 이슬람법에 따라 죽여야 하는 "배교자"라고 주장하였다. 그를 처단하는 사람에게는 보상금을 주기로 함에 따라 루슈디는 몸을 숨길 수밖에 없었다. 무슬림 공동체를 달래기 위하여 비무슬림이라고 하였던 루슈디는 이슬람

---

17   알와끼디(al-Waqidi, 약 747~822)와 앗따바리(al-Tabari, 839~923)가 이 이야기를 전한다.

살만 루슈디의 『악마의 시』를 불태우는 영국의 무슬림 시위대

으로 개종하였다. 이후 마음을 바꾸어 다시 비무슬림이 되었다.

호메이니가 루슈디를 단죄한 것에 대한 무슬림의 반응은 다양했다. 일부는 루슈디를 배교자로 간주하고, 그의 목숨에 현상금을 거는 것에 찬성하였다. 그러나 또 다른 일부, 특히 서구에 사는 무슬림 지성인들은 호메이니의 파트와를 강력하게 반대하며 표현의 자유 청원서에 서명하였다. 그리고 노벨문학상 수상자인 나깁 마흐푸즈(Naguib Mahfouz) 같은 세 번째 부류의 사람들은 파트와를 무시하면서도 『악마의 시』가 "지적인 작품은 아니다. … 그리고 이러한 책을 쓰는 사람은 생각을 하지 않고 단지 의식적으로 모욕하고 상처만 주려고 한다"고 하면서 루슈디의 책을 "지적인 테러"라고 비판하였다.

무슬림 대부분이 살만 루슈디를 죽이고 싶어 했다는 것은 사실이 아니다. 그러나 성스러운 신앙을 모욕하고, 이슬람의 이미지를 더럽힐 의도로 썼다고 보는 책을 향하여 격노한 것에 무슬림 대다수가 동의하지 않았으리라고 생각하는 것도 잘못된 일일 것이다. 『악마의 시』라는 제목은 예언자가 악의적인 "계시"를 알아챌 수 없었고, 적들이 주장하듯 이슬람이 악마의 행위도 신의 뜻이라고 가르친다는 것을 시사하기 때문이다.

『악마의 시』에 대해 영국의 무슬림 공동체가 항의를 하고, 이슬람과 예언자를 강력하게 옹호한 배경에는 다른 문제도 있었다. 영국 정부가 (그리스도교에만 적용되는) 신성모독법의 범위를 확장하지 않거나, 그리스도인 학교와 유대인 학교 건립을 허가하고 공공기금 지원을 받게 한 것처럼 무슬림 학교도 그렇게 해달라는 요구를 들어주지 않는 등 무슬림 공동체를 냉대하고 있다고 여겨 불만을 표현한 것이다.(신성모독법은 2008년에 폐지되었고, 토니 블레어 행정부에서 무슬림 학교 일곱 곳이 지방국가기금을 받았다.)

전 세계적으로 여전히 유명한 '살만 루슈디 사건'은 표현의 자유를 옥죄는 중세기적 위협에 경악한 자유주의적 세속 문화와, 존중받지 못하고 모욕당하며 오해받고 있다고 느끼는 보다 보수적인 무슬림 공동체 사이의 차이 및 깊은 오해의 골 때문에 더욱 가열되었다.

5장

사회, 정치, 그리고 경제

이슬람은 하나님의 뜻에 복종함을 의미한다. 따라서 무슬림은 이슬람법이 규정한 대로 하나님에게 복종할 것을 무엇보다도 강조한다. 이슬람은 개인과 공동체의 도덕적 책임감을 지향하는 세계관을 지니고 있다. 무슬림은 하나님의 뜻을 지상에서 실행에 옮기고, 무슬림 공동체를 확장하고 방어하며, 정의로운 사회를 건설하기 위하여 하나님의 길(샤리아)에서 노력하거나 투쟁해야(지하드) 한다.

이슬람법의 목적은 두 가지 상호작용, 즉 첫째, 사람과 하나님 혹은 사람과 하나님 경배 사이에서 일어나는 상호작용과 둘째, 사람들 혹은 사회적 거래 사이에서 일어나는 상호작용에 대한 지침과 요구사항을 제시하는 것이다. 두 유형 모두 사적인 측면과 공적인 측면을 띄고 있고, 두 유형 모두에서 이슬람이 무슬림 공동체를 이끄는 데 중요하고도 공적인 역할을 수행한다.

역사상 이슬람법은 무슬림의 정체성과 종교활동에서 중심을 차지해왔다. "내가 무엇을 해야 하는가"라고 묻는 신자들에게 이상적인 사회적 청사진이 되는 것이 바로 이슬람법이기 때문이다. 주목해야 할 점은 판사, 법원, 또는 정부가 아니라 종교학자들(울라마)이 법을 세밀하게 다듬었다는 사실이다. 법이 다루는 범주는 종교 의례부터 결혼, 이혼, 상속, 더 나아가 형법과 국제법에 이르기까지 규범을 종합적으로 포함하고 있어 모든 무슬림 사회에 공통적인 행위규범을 제시하고 이들 사회를 서로 연결하는 역할을 하였다.

그리스도교에서는 신학이 학문의 여왕인 반면, 유대교와 마찬가지로 이슬람에서는 법이 학문의 최고봉이다. 그리스도교가 바른 신조(Orthodoxy, 혹은 정통교리나 정통신앙)를 강조하는 것과 달리 이슬람은 바른 행위(Orthopraxy, 혹은 올바른 행위)를 강조하기 때문에 서로 뚜렷이 다르다.

순니 무슬림은 꾸르안, 순나(Sunnah, 모범), 유추(qiyas, 끼야스) 합의(ijma, 이 즈마)를 이슬람법의 발전을 이끈 네 가지 공식적인 원천으로 인정한다. 시 아파는 꾸르안과 순나는 물론이고, 시아 무슬림이 최고의 권위자이자 법 해석자라고 여기는 알리와 여러 이맘의 전승을 받아들이고, 유추를 이성 으로 대체한다.

꾸르안은 무슬림 개개인이 바라는 것과 공동체가 성취해야 하는 것을 다루면서 도덕적인 명령을 내린다. (예언자의 사적·공적 삶과 개인적·공동체적 활동을 설명한 수백여 개의 전승에 담긴) 무함마드의 순나는 이슬람 신앙 실천 행위를 보여주고, 꾸르안의 원칙을 부연하여 설명한다. 끼야스는 꾸르안이 나 순나에서 명확한 문구를 발견할 수 없을 때 비슷한 상황이나 가르침에 서 상응하는 점을 찾고자 활용하였다. 예를 들어 술을 금지한 것에서 추론 하여 알코올을 폭넓게 금지하였는데, 이는 알코올과 술이라는 두 물질이 모두 인간의 정신상태를 바꾼다는 점에 바탕을 둔 것이었다.

네 번째 법원인 합의(이즈마)는 무함마드가 "나의 공동체는 잘못된 일에 결코 합의하지 않을 것이다"라고 했다고 전해오는 말에서 유래한다. 이는 곧 종교학자들이 합의 하에 어떠한 행동의 허용 여부를 결정할 수 있다는 의미로 받아들여졌다.

정의에 관심을 두게 되면서 또 다른 법적 원칙들이 발전하여 여러 가지 결과를 도출할 수 있는 의사결정이 가능해졌다. 그러한 원칙 가운데 공평 성(istihsan, 이스티흐산)은 공공의 이익(maslahah, 마슬라하)이나 인간의 복리를 위하여 엄격하거나 문자적인 법적 추론에 예외를 허용하여 판사들이 공정 하고 공평한 결정을 내릴 수 있는 유연성을 보장한다. 이러한 장치 덕분에 문맥, 필요성, 합의를 감안하여 문구를 다양하게 해석할 수 있었다.

법학자들이 집필하던 당시 지리적·사회적·역사적·문화적 상황이 다양하였기 때문에 주요 이슬람 법학파 간에는 서로 다른 의견이 존재한다. 현대 세계에서 이슬람법은 신적인 명령과 꾸르안의 영원한 원칙을 특정한 역사적 상황에 맞춰 인간이 해석하여 도출한 규정과 구별해야 하는 도전에 직면해 있다. 전통적이고 보수적인 흐름을 대변하는 법학자들은 신성하게 계시된 하나님의 법과 초기 법학파들이 발전시킨 법률서적 속의 법이 여전히 같다고 주장한다.

그러나 개혁가들은 법을 사회관습과 인간적 추론의 산물로 여기고 변화를 요구한다. 이들은 하나님(숭배)에 대한 무슬림의 의무와 관련된 것만 변하지 않는다고 말한다. 사회적 거래나 의무와 관련된 것은 사회적·역사적 환경에 좌우되기에 변화가 가능하다. 결과적으로 개혁가들은 당대 현안을 다루고 현대 사회가 필요로 하는 것을 채워줄 수 있도록 이슬람을 재해석하는 이즈티하드(Ijtihad, 독립적인 추론)를 요구하고 나섰다.

법 개혁은 오늘날 많은 무슬림 국가에서 논란이 되고 있다. 이집트, 수단, 나이지리아, 모로코, 이라크, 파키스탄, 아프가니스탄, 말레이시아, 인도네시아 등 대다수 무슬림 국가에서는 서구의 영향을 받은 헌법과 법률규정에 이슬람법이 혼합되어 있다. 그러나 "샤리아의 핵심"이자 강력한 이슬람적 성향의 가족구조 및 사회의 바탕으로 여기는 가족법은 대다수 무슬림 국가에서 변함없이 온전하게 유지되고 있다. 그럼에도 불구하고 여성의 권리를 보호하고 확대하기 위해 여러 국가에서 결혼법과 이혼법을 개혁하고 있다. 일부 학자들은 이러한 현대적 진전이 꾸르안이 규정한 여성의 권리를 보장하기에 충분하지 않다고 주장하고 있지만 말이다.

종교와 국가의 관계 및 정치와 사회에서 종교가 하는 역할은 전 세계적으로 대단히 중요하고 논쟁적인 현안이다. 종교와 정부 사이에는 "분리장벽"이 존재하지만, 대통령과 의회 정치에 종교적 분위기가 강한 미국은 헌법을 둘러싸고 논쟁을 벌이고 있다. 2007년 갤럽 세계여론조사에 따르면 미국인의 대다수는 성서가 입법의 원천이 되어야 한다고 응답하였다. 응답자 중 44%는 성서가 입법의 원천 중 "하나"여야 한다고 하였고, 9%는 입법의 "유일한" 원천이 되어야 한다고 답하였다. 교내기도, 창조설 교육, 낙태는 종교·정치적 현안에 속한다.

종교와 국가, 종교와 사회 간 관계 현안이 무슬림 세계보다 더 치열하고, 때때로 폭발적인 곳은 없다. 이슬람에서 교회와 국가를 분리하는 것이 가능한가? 샤리아(이슬람법)는 종종 중세기 법률체계라고 규정한다. 이는 아주 흔한 비난이고 그럴 만한 이유도 있다. 사우디아라비아, 이란, 수단, 탈레반의 아프가니스탄 같은 자칭 이슬람 정부는 여성의 권리를 제한하고, 일부는 간통죄로 기소된 여성을 투석형에 처하였다. 이들 국가는 절도범의 팔다리를 절단하고, 다른 종교로 개종한 무슬림을 배교와 신성모독 혐의로 박해하였다. 그리스도인들도 수단, 파키스탄, 아프가니스탄 같은 나라의 자칭 이슬람 정부 치하에서 고통을 받아왔다. 파키스탄의 신성모독법 같은 "이슬람법"에 따라 그리스도인이 투옥되고, 사형언도 위협을 받아왔다.

그렇다면 왜 대다수 무슬림은 그렇게도 확실하게 샤리아를 신앙의 중심이라고 여기는가? 일탈과 남용에도 불구하고, 수세기 동안 샤리아는 인도(引導)의 명확한 원천으로 작동하였고, 샤리아의 원칙과 가치는 개인과 사

샤리아와 기존 법률체계와의 충돌은 갈등의 요인으로 작용하기도 한다. 미국 디어본에서 열린 무슬림의 시위.

회에 도덕적 나침반을 제공하였다. 이슬람법은 이상적인 무슬림 사회를 담은 청사진 역할을 하면서 발전해왔다.

"선한 무슬림은 무엇을 해야 하는가"라는 질문에 답하기 위해 만든 원칙과 가치를 저장한 창고가 이슬람법이다. 예배, 단식, 희사 등 하나님을 향해 무슬림이 반드시 행해야 하는 의무는 물론 결혼, 이혼, 상속, 상거래, 정치 현안 같은 사회적 의무와 활동도 규제한다.

과거와 현재에 샤리아를 남용한 사례가 여럿 있음에도 불구하고 2006년과 2007년 갤럽 세계여론조사를 보면 샤리아 지지도는 강력하다. 이집트부터 말레이시아까지 여러 다양한 무슬림 국가에서 남녀를 막론하고 무슬림 대다수가 법원(法源) 중 "하나"로 샤리아를 원하였다. 이들이 원한 것은 신정이 아니라 이슬람적 가치를 포용하는 민주정부였다. 그렇다면 샤리아를 유일한 법원이 아니라 법원 중 하나로 수용하기를 원했던 무슬림은 무엇을 원하는가? 이에 대한 대답은 무슬림 공동체가 다양한 것만큼이나 다채롭다.

샤리아는 여러 가지 뜻을 지니고 적용되어왔다. 일부는 어떠한 법도 이슬람에 위배되어서는 안 된다고 하면서, 누가 어떤 이슬람 해석을 근거로 이러한 결정을 내려야 할지 질문한다. 또 다른 사람들은 다른 법체계와 법철학에서 도출한 법과 함께 샤리아가 국가의 법체계를 이루는 여러 법원 중 하나여야 한다고 생각한다.

좀 더 보수적이고 경직된 관점에서 이슬람법을 보는 사람들은 과거처럼 이슬람법을 실천할 것을 요구하지만, 보다 개혁적인 사람들은 이슬람법이 변화에 따라 유연하게 적용되어야 한다고 생각한다.

090 | 무슬림은 샤리아를 서양에서도 시행할 것인가?

무슬림이 미국과 유럽에서도 샤리아를 시행하기를 원한다는 말은, 무슬림이 서양을 장악할 것이라고 경고하는 사람들이 자주 외치는 전투 구호다. 서구의 이슬람 비판론자들은 이슬람이 민주주의와 양립할 수 있는지, 무슬림이 충직한 시민이 될 수 있는지 의문을 제기한다. 마찬가지로 이슬람 공포증이 부상하고 무슬림이 시민으로서 누릴 수 있는 자유가 위협받는 현실에서 민주주의가 이슬람을 포용할 수 있는지 묻는 무슬림이 많다. 서구의 일부 무슬림 역시 서구의 세속법에 기초한 비무슬림 "외국"에서 자신들이 좋은 무슬림인 동시에 충직한 시민이 될 수 있는지 자문하였다. 보다 고립되고 호전적인 무슬림은 서구 국가와 사회를 쿠프르(kufr), 즉 불신앙과 연관시켜 그곳 국민들을 피하거나 개종시키거나 공격해야 할 불신자로 바라보기도 한다.

신실한 유대인은 유대법을, 그리스도인은 그리스도교의 교리와 법을 따르는 동시에 완전한 미국의 시민일 수 있는데, 무슬림도 그럴 수 있는가?

비무슬림 사회에 사는 무슬림에게 샤리아 준수는 무엇을 뜻하는가? 이슬람에 어떤 특별한 것이 있어서 다원주의 세속사회인 미국이나 유럽에서 무슬림이 살아가는 것을 방해하는 것인가?

많은 무슬림과 비무슬림 모두 샤리아를 이슬람법이라고 단순하게 잘못 부르는데, 그렇게 해서는 안 된다. 샤리아는 꾸르안과 예언자의 전승에서 발견되는 하나님의 뜻, 법, 원칙, 가치를 가리킨다.

이슬람법은 이슬람 초기 몇 세기 동안 초기 법학자들이 이를 해석하고 발전시킨 것이다. 따라서 이슬람법은 계시의 산물일 뿐만 아니라 인간의 이성과 해석의 산물이며, 이슬람 제국과 사회 내 개인적·공적 생활의 청사진을 만들려는 시도이지 비무슬림 사회에서 영구적으로 살아가는 무슬림을 위한 것이 아니다.

그러면 오늘날 미국이나 유럽 국가에 사는 무슬림에게 샤리아의 역할은 무엇인가? 이 질문이 특별히 중요한 이유는 역사상 처음으로 영구적인 무슬림 공동체가 전 세계 여러 나라에 소수 종교 공동체로 존재하고 있기 때문이다. 다른 신앙을 가진 사람들과 마찬가지로 무슬림은 종교적 의무를 실천할 수 있고, 또 실제로 그렇게 하고 있다. 그러나 무슬림은 종교적 의무 외에 이슬람법이 다루는 다른 영역을 어떻게 실천해야 하는가?

근세기 신앙인들의 요구사항을 더 잘 충족시키려면, 종교 전통 – 이 경우에는 이슬람법 – 의 어떤 부분이 변하지 않은 채로 남아 있어야 하고(기도, 단식, 순례처럼 엄격하게 "종교적"인 준수사항), 어떤 부분이 변할 수 있는지(결혼, 이혼, 상속, 범죄와 처벌, 전쟁과 평화 현안 등에 관한 민형사상 처리)를 묻는 것에서 시작해야 한다. 이들 법 중 다수가 새로운 역사적·사회적 맥락 안에서 무슬림의 필요에 따라 개정될 수 있다.

무슬림은 여러 방식으로 이 문제를 다뤄왔다. 서양 및 해외 종교지도자와 무프티(Mufti, 이슬람법의 권위자)[1]의 가르침과 파트와(Fatwa, 특정한 법적 문제에 내린 권위 있는 의견)를 이들의 저작물과 DVD, 인터넷에서 얻는다. 미국과 유럽에는 이슬람법과 그 실천행위와 관련하여 특정 질문을 다루고 파트와를 발행하는 유럽과 북미 피끄흐(Fiqh, 법학)[2] 위원회 같은 조직과 기관이 있다. 이들은 결혼, 이혼, 낙태, 불임, 줄기세포 연구에서부터 전쟁과 평화, 환경, 은행과 금융, 여성의 금요일 합동예배 인도 가능 여부 같은 성문제 등 여러 영역의 질문을 다룬다. 그리스도인과 유대인이 각기 자신의 종교지도자에게 하는 질문과 유사한 것들이 많다.

다수의 개혁가들은 서양 무슬림이 여러 개의 하위문화 정체성을 공유한다고 지적한다. 무슬림은 종교적으로는 무슬림이고, 문화적으로는 프랑스인, 영국인, 독일인, 미국인이라는 말이다. 일부 법률과 문화적 관습이 신앙의 가르침과 상이한 세속사회에서 가톨릭적인 삶과 충실성이라는 문제에 직면했던 20세기 로마가톨릭 개혁가들처럼, 무슬림 개혁가들은 세속주의와 개방사회를 포용한다고 해서 무슬림의 원칙을 배신하는 것은 아니라고 주장한다. 세속주의와 개방사회를 포용해야만 모든 시민이 공존할 수 있고, 무슬림과 다른 이들의 종교자유를 보장하기 위한 필수조건이 갖춰진다는 것이다.

시카고 대학에서 이슬람학으로 박사학위를 받은 유럽 무슬림이자 보스니아의 대무프티 무스타파 체리츠(Mustafa Ceric)는 서양이 가치를 독점하지 않는다고 하면서 민주주의, 법치, 인권과 같은 보편적 가치는 서양적인 것일 뿐만 아니라 이슬람적인 것이기도 하다는 것을 인정해야 한다고 무

1 　무프티는 법적인 견해인 파트와를 내는 법학자를 가리킨다.
2 　피끄흐는 법학이다. 법학자는 파끼흐(Faqih)다.

슬림에게 조언한다. 더 나아가 그는 유럽 무슬림이 중동 무슬림에게 모범이 될 수 있다고 믿는다.

이와 관련하여 유럽과 미국의 법률체계에 이슬람법을 일부 받아들여야 하는지 여부를 두고 논란이 일고 있다. 이러한 질문이 지닌 폭발력은 캔터베리 대주교 로완 윌리엄스(Rowan Williams)가 런던 소재 왕립재판소 강연에서 샤리아를 언급할 때 터져 나온 영국 내 반응을 보면 잘 알 수 있다. 대주교는 이슬람법과 영국 제정법 간 공정하고 건설적인 관계를 만드는 데 필요한 것에 대한 생각을 밝히면서, 세속국가 내 종교단체의 권리를 둘러싼 더 광범위한 몇 가지 현안을 파악하자고 제안하였다.

언론은 "대주교가 영국 내 샤리아 시행을 요청하다"라는 머리기사를 내며 호들갑을 떨었다. 대주교는 비무슬림에게 샤리아를 시행하라고 요청하지 않았다. 오히려 그는 영국 무슬림이 정통 유대인과 가톨릭 신자가 이미 누리고 있는 것과 똑같은 권리와 선택권을 가져야 하지 않느냐는 질문을 던진 것이다. 예를 들면, 그가 지적한 것처럼 런던의 유대법정(Beth Din Jewish courts)은 민사분쟁 판결을 내린다. 유대법정의 판결은 중재 효력을 지니고, (유대법정의 승인을 받아) 민사법정이 집행할 수 있다. 이 법원에 소송을 제기한 당사자들은 법원의 결정을 받아들인다. 공판정은 영국법에 모순되거나 거스르지 않는 한 판결을 그대로 집행한다.

교회와 국가를 가르는 선이 더 명확한 미국은 상황이 매우 다르다. 영국과 몇몇 유럽의 세속정부에서는 교회와 국가가 완벽하게 분리되어 있지 않다. 군주가 교회의 수장이거나 국교회의 구성원이어야 하고, 일부 종교기관과 이들의 활동에 정부가 지원금을 제공한다. 미국에서는 다른 종교의 신앙인과 마찬가지로 무슬림 역시 민법을 위반하지 않는 한 내부문제를 종교법으로 해결하고, 종교법을 가족과 사회적 행위의 지침으로 삼을 수 있다. 그와 동시에 대통령, 의회, 정부 관료들이 낙태, 줄기세포 연구, 의료보험 등 공적인 현안과 관련하여 종교지도자와 학자들의 의견을 구하는 비공식적 또는 비사법적 영역이 존재한다.

오늘날 무슬림 환자를 치료할 때 발생하는 민감한 종교적·문화적 문제를 무슬림은 물론 비무슬림 학자들과도 상담한다. 가족법 분쟁을 중재하도록 법원에 종교중재위원회를 두는 것이 유용할 것이라고 제안하는 사람들도 있다.

미국법이 신앙에 상반될 경우 무슬림은 어떻게 할 것인가? 다른 종교 신앙인들과 같은 방식으로 대응할 것이다. 즉 민주적인 과정과 사회의 다원성을 인정하고, 종교가 있든 없든 간에 많은 미국인이 교내 기도나 낙태 등과 같은 현안을 다룰 때 했던 것처럼, 원한다면 법 제정과 대법원 판사 지명을 두고 정부에 로비를 벌여 제도 내에서 변화를 이끌어낼 것이다.

091 ㅣ 파트와는 어떤 역할을 하는가?

최근까지 파트와와 무프티 같은 말은 대다수 사람들이 쓰지 않던 어휘였으나 지금은 언론과 공공 담론에서 자주 쓰는 말이 되었다. 오사마 빈 라덴과 여타 테러분자들은 자신들의 행위를 정당화하고 무슬림 지지자들을 결집시키기 위하여 파트와를 이용한다. 주요 종교지도자 다수는 종교극단주의와 테러에 대항하기 위하여 파트와를 발행한다. 현재 파트와는 이슬람에서 대단히 중요하고 종합적인 역할을 담당하고 있다. 파트와란 무엇인가? 파트와는 무슬림 사이에서 어떠한 권위를 지니고 있는가?

파트와는 개인이나 법원의 요청에 따라 무프티가 법을 해석해서 발행한 공식적이고 명문화된 법률의견이다. 구속력은 없지만 권위가 있다. 무프티의 교육배경, 공동체 내 지위, 설득력 있는 의견을 통해 파트와에 권위가 실린다. 무프티의 자격과 파트와 발행 규칙은 매우 세세하게 발전하였다. 이론적으로 무프티는 반드시 무즈타히드(법적인 추론을 할 수 있는 자격을 갖춘 법해석가)[3]여야 한다. 보다 중요성이 높은 의견 다수는 파트와 모음집에 수록되었고, 이 모음집은 그 자체로 권위를 가진다.

공식적으로 일부 무프티가 다양한 법원에 소속되어 있기는 했지만, 무프티와 파트와는 역사적으로 법체계와 독립되어 있었다. 근대에 들어 파키스탄, 이집트, 사우디아라비아 등 몇몇 무슬림 정부가 대무프티를 임명하거나 정부 내 종교부 안에 공식자문회의나 기구를 설치하여 파트와에 영향력을 발휘하거나 통제하고자 하였다. 인쇄·전자 매체 덕분에 무프티와 파트와가 전 세계적으로 대중들에게 알려지면서 무프티의 역할과 파트와의 영향력이 상당히 커졌다.

파트와는 정치적 폭력을 이슬람적으로 정당화하는 주장을 반박하는 데 폭넓게 사용되었다. 2010년 파키스탄의 유명한 종교학자이자 대중설교가인 무함마드 까드리는 테러를 "절대적"으로 비판한 600쪽 분량의 파트와를 출판하였다.[4] 테러조직원 모집을 어렵게 만들기 위해 까드리는 테러분자와 자살폭탄범을 불신자라고 비판하고, 테러와 폭력은 이슬람의 가르침 어디에도 나오지 않을뿐더러 결코 정당화할 수도 없다고 주장하였다.

또한 사람들은 인터넷 사이트나 '무프티에게 물어보세요' 같은 텔레비전 프로그램에서 무프티의 조언이나 파트와를 요청할 수 있다. 최근에는

---

3   무즈타히드는 이즈티하드를 할 수 있는 사람을 가리킨다.
4   이 파트와에 대해서는 이 책의 4장 폭력과 테러리즘 중에서 '왜 무슬림은 테러를 맹렬하게 비난하지 않는가?' 참조.

터키, 시리아, 말레이시아, 인도네시아에서 처음으로 여성들이 교육을 받고 무프티로 활동하고 있다.

092 | 이슬람법은 결혼, 이혼, 상속을 어떻게 다루는가?

이슬람은 공동체의 중심이기 때문에 사회 기본단위인 무슬림 가정은 이슬람법의 발전과 시행의 역사에서 중요한 자리를 차지하였다. 이슬람 초기 및 현재 통치자들은 형법과 상법을 제한하고 회피하거나 대체할 수 있었지만, 무슬림 가족법(결혼, 이혼, 상속을 관할하는 법)의 효력은 대체로 줄곧 유지되어왔다. 무슬림 가족법은 수세기 동안 존속해왔지만, 20세기 이래 개혁과 광범위한 논쟁 및 개정의 대상이 되었다.

이슬람 가족법상 여성의 지위는 여전히 중대하고, 극도로 민감하며, 치열한 논쟁의 대상이 되고 있는 현안이다. 가족법의 특수한 위상은 이슬람법이 발전하고 정교하게 다듬어진 사회의 가부장적 구조뿐 아니라 꾸르안이 여성의 지위와 권리에 쏟는 관심을 반영한다. 이슬람법에서 여성과 가족의 위상은 아랍문화, 꾸르안적 개혁, 피정복민으로부터 받아들인 외래사상과 가치가 만들어낸 산물이었다. 꾸르안은 새로운 규정을 제시하고, 지역의 관습과 관행을 수정하면서 상당한 개혁을 이루었다. 동시에 대가족, 남성의 높은 지위, 가족 구성원의 역할과 책무, 가족의 가치를 중시한 이슬람 이전 전통사회의 구조를 수용하였다.

무슬림 가족법의 주요한 세 가지 분야는 결혼, 이혼, 상속이다. 결혼과 가족의 삶은 이슬람의 규범이다. 그리스도교와 달리 이슬람에서 결혼은 성사(聖事)가 아니라 남녀 간, 또는 좀 더 정확히 말해서 가족 간 계약이다.

전통적인 중매결혼에서 주요 행위자는 신부와 신랑이 아니라 가족 내지 후견인이다. 무슬림끼리 대가족 내에서 하는 결혼을 더 선호한다. 유대교와 마찬가지로 이슬람에서도 사촌 간 결혼은 매우 일반적이다.

꾸르안은 여러 가지 개혁을 도입함으로써 여성의 지위를 향상시켰다. 여성 스스로 혼인계약을 체결하고 남편으로부터 혼례금을 받을 수 있는 권리를 인정하였다.(꾸르안 4장 4절) 그리하여 여성은 매매 대상이 아니라 계약 당사자가 되었다. 일부다처제를 규제하지 않았던 사회에서 아내를 공평하게 부양하고 대우한다는 조건 아래 남자가 아내를 네 명까지 얻을 수 있다고 명기함으로써 꾸르안은 일부다처제 관행을 통제하고 규제하고자 하였다. 꾸르안이 남성에게 네 명의 아내를 얻으라고 한 것이 아니라, 아내의 수를 넷으로 제한하였다는 점을 주목해서 보아야 한다.

가부장적 가족 내에서 전통적인 남녀의 역할뿐 아니라 남편과 아내가 가진 서로 다른 특징, 능력, 성향을 고려하여 이슬람법은 부부를 상호보완적 관계로 본다. 남성의 주된 활동 장소는 공공의 영역으로, 가족을 부양하고 보호한다. 여성은 아내와 어머니로서 집안 살림을 책임지면서 아이를 키우며 종교교육을 주로 담당한다. 남녀 모두 하나님 앞에서 평등하고 도덕적인 삶을 살아야 하지만 대가족 내에서 여성이 더 많은 보호와 보살핌을 받고, 남성은 경제적으로 더 큰 책임을 지고 있기 때문에 가정사와 사회에서 여성은 종속적인 위치에 처한다.

이혼은 허용하지만 꾸르안과 예언자 전승 모두 이혼의 심각성을 강조한다. 예언자 무함마드는 "허용된 모든 것 중 하나님 보시기에 가장 끔찍한 일은 이혼이다"라고 말한 것으로 전해진다. 더 나아가 권위 있는 법률서에서는 "혼인을 끝내는 것인 만큼 위험하고 탐탁잖은 절차이긴 하지만, 서로 잘 맞지 않는 아내로부터 벗어나야 하는 절박함 때문에 허용한다"고 이혼을 설명한다.

아랍 사회에서 남성은 자기 마음대로, 충동적으로 이혼할 수 있었지만, 여성은 이혼할 권리가 없었다. 꾸르안과 이슬람법은 형평과 책임을 더욱 강화하여 남성의 무제한적 이혼권을 제어하고 여성이 법적으로 이혼을 제기할 수 있는 권리를 확립하였다. 그러나 이러한 법은 사회 현실과 타협하였고 기피대상이 되었다. 예를 들어 이혼을 하려면 남편은 법에 따라 "나는 당신과 이혼한다"는 말을 석 달 동안 매달 한 번씩 모두 세 번 해야 하고, 그동안 양자 화해를 시도한다. 실제로는 일부 남성이 "나는 당신과 이혼한다. 나는 당신과 이혼한다. 나는 당신과 이혼한다"고 단번에 세 번 선언하여, 꾸르안에서 규정한 3개월의 대기기간(꾸르안 65장 1절)을 피해갔다. 이슬람법이 그러한 행위를 인정하지 않거나 일탈로 간주함에도 불구하고 이는 법적으로 유효하다. 남성과 달리 여성은 이혼을 하려면 법정에 나가서 근거를 제시해야 한다는 점에서 가부장제의 영향력이 명백히 드러난다.

이슬람 이전 아랍 세계에서는 가부장제가 상속 원칙도 좌우하였다. 이에 따르면 재산은 모두 가장 가까운 남성 친지가 받았다. 꾸르안은 유산이 남성 연장자에게 넘어가기 전에 망자의 부인과 딸, 자매, 조모에게 "고정지분"을 보장하며 상속권을 부여했다. 여전히 남성이 여성보다 더 많이 상속받았는데, 이러한 사실은 남성이 경제적인 책임을 더 크게 진다는 것뿐만 아니라 남성지배적 사회의 남녀관계를 반영한다. 그러나 실제로는 자신의 권리를 잘 모르거나 권리를 찾지 못하도록 위협을 당하는 여성이 있는 가정은 꾸르안적 법 개혁을 자주 피해갔다.

20세기 근대 국민국가의 탄생과 함께 다수의 무슬림 정부가 서양식 법을 시행하였다. 하지만 터키를 제외하면, 종교적·문화적 감정 때문에 가족법은 다른 법으로 대체되기보다는 개정 대상이 되었다. 19세기부터 이슬람 개혁가들은 근대와 변화의 요구에 응답하기 위해 꾸르안의 현대적 해석을 비롯해 이슬람의 재해석(Ijtihad, 이즈티하드) 혹은 개혁을 주장하였다. 결혼(일부다처제와 아동결혼), 이혼, 상속과 관련한 여성의 지위 및 교육과 법 개혁이 주요 관심사항이었다. 법이 적용되는 사람들을 보호하기보다는 궁극적으로 국가이익과 권력을 견고히 하는 전통 무슬림 가족법에 많은 정부가 부분적인 변화를 시도하였다. 개혁의 과정에서 하향식 입법이나 변화를 강제하려던 정부 및 서구적 경향의 엘리트와, 이슬람의 수호자이자 유일한 해석자로 자처한 울라마 사이에 종종 다툼이 발생하였다.

개혁에 따라 혼인 최소 연령이 높아졌고, 남성은 두 번째 아내를 얻거나 이혼을 하려면 법원의 허가를 반드시 받아야 했으며, 여성이 이혼을 요구할 수 있는 근거는 더 늘어났다. 정부는 법 개혁이 저항에 부딪히자 조직적인 개혁을 추구하지 않고 타협을 시도하였다. 법 위반 시 부과하는 처벌(벌금이나 구금)을 종종 최소화하였다. 이슬람법을 대체하여 샤리아 혹은 "하나님의 법"을 폐기한다는 비난을 받고 싶은 정부는 사실상 없기 때문에 개혁한 법을 위반하는 행동이 위법이긴 해도 무효는 아니라고 여겼다는 사실을 보면 종교 전통의 힘을 감지할 수 있다. 따라서 만약 남성이 또 다른 아내를 얻을 경우, 법의 눈으로 볼 때 이 두 번째 결혼은 위법이고, 그러한 결혼에서 출생한 자녀는 사생아이지만, 이슬람 법학자에 따르면 하나님의 눈에는 무효가 아닌 것이다.

더 보수적인 세력이 변화를 막으려 함에도 개혁가들은 계속해서 변화를 밀어붙였다. 이란과 파키스탄 같은 무슬림 국가에서 저항이 두드러졌으며, 보수적인 울라마와 이슬람 운동 조직이 중대한 개혁을 가로막았다. 그리고 2004년 아프가니스탄, 2005년 이라크에서 새로운 헌법초안이 작성될 때는 격론이 일었다. 일부 개혁에도 불구하고 50% 이상의 소녀가 법적

이슬람 가족법은 점차 양성평등을 향해 나아가고 있다.

혼인 연령인 16세가 되기 전에 결혼하며, 부부생활 중 강간이 위법이 아닌 아프가니스탄에서는 2009년에 의회가 '시아가족법(Shii Family Law)'을 통과시키고 하미드 카르자이(Hamid Karzai) 대통령은 이 법안에 서명하였다. 이 법 132조에 따르면, 남편이 성적인 요구를 하면 아내는 순종해야 한다고 명시되어 있다.

개혁가들은 이슬람법이 과거의 사회 상황과 규범을 반영한다면서 남녀가 동등한 권리와 책임을 지녀야 한다는 인식을 포함해서 오늘날 샤리아의 목적에 더 잘 부합하도록 현재의 경험과 환경을 참작하여야 한다고 주장한다.

터키가 공포한 새로운 민법(2001)에서는 동등한 의사결정권을 가지고 부부가 공동으로 결혼생활을 하고, 동등한 동반자 관계에 바탕을 둔 부부간 결합을 가정이라고 규정하였다. 구성원 다수가 이슬람적인 경향을 지닌 정의개발당 정부는 양성평등과 여성의 권리 보호를 강화하기 위하여 2004년에 형법을 개혁하였다. 2004년에 인도네시아 종무부가 구성한 대책위원회는 기존 인도네시아의 이슬람법 모음집에 맞서 양성평등을 반영한 초안을 마련하였다.[5]

여러 단편적인 개혁이 무슬림 세계 전반에서 일어났다. 이라크, 요르단, 시리아, 사우디아라비아를 포함한 중동국가, 인도-파키스탄 대륙, 동남아시아 국가 등에서는 서로 동의하에 혼인계약을 맺은 당사자들이 훗날 계약 조건을 위반하면 이를 이혼의 근거로 삼을 수 있게 하였다. 2005년에 사우디아라비아의 최고 종교당국은 여성들의 의사를 무시한 채 혼인을 시키는 행위를 비이슬람적일 뿐 아니라 샤리아의 목적을 어기는 것이며, 하나님과 하나님의 사도에게 불복종하는 "중대한 불의"라고 하면서 금지하였다. 알제리, 이라크, 시리아, 요르단, 모로코, 필리핀과 말레이시아의 대다수 주에서도 법으로 금지하고 있다.

모로코는 가족법을 가장 전면적이고 체계적으로 개혁하였다. 중요한 규정을 살펴보면 다음과 같다. 부부는 가족에 관하여 공동책임을 지고, 아내는 남편에게 법적으로 더 이상 복종하지 않아도 된다. 성인 여성은 남성 가족 구성원의 보호를 받는 대신 스스로를 보호할 권리를 지니고, 자유롭고 독립적으로 이러한 권리를 행사할 수 있다. 최소 혼인 연령은 남녀 모두 18세다. 이혼은 남녀 모두가 법원의 감독 하에 행사하는 권리이고, 여성은 혼인 계약에서 남편이 다른 아내를 얻지 않아야 한다는 조건을 부과할 권리를 가진다. 오늘날 양성평등이 확장되고 여성의 권한이 강화되면서 실질

---

5   기존 이슬람법 모음집이 양성평등이라는 시대상황을 반영하지 못하고 있다는 문제의식에서 출발한 초안이었으나 논란 끝에 2005년에 폐기되었다.

적인 개혁에 나서야 한다는 압력이 여러 무슬림 사회에서 지속적으로 높아지고 있다.

093 | 이슬람은 동성애에 대해 어떻게 말하는가?

그리스도인과 유대인처럼 무슬림은 결혼생활 내에서 이루어지는 부부의 성생활을 이상적으로 여긴다. 결혼생활에서 성은 소통과 기쁨의 수단으로, 출산에만 국한되지 않는다. 모든 세계 종교의 대다수 의견과 마찬가지로 이슬람은 동성애를 금한다. 일부 지역에서는 동성애를 이슬람법상 처벌 가능한 범죄로 다루고 있고,[6] 다른 지역에서는 동성애를 용인하면서도 여전히 사회적으로 격리하고 있다. 오늘날 일부 국가에서 소수 무슬림 동성애자들이 자신들의 권리를 인정해달라고 공동체에 압력을 가하고 있다.

동성애는 금지하지만, 무슬림 동성애자들을 어떻게 다뤄야 할지를 두고 서는 무슬림의 의견이 서로 엇갈린다. 다른 종교에서와 마찬가지로 보다 자유주의적인 생각을 가진 무슬림은 개별 인간으로서 동성애자를 존중하면서도, 개인의 (공적 혹은 사적) 행위에는 동의하지 않을 수 있다면서 무슬림이 동성애자를 단죄하거나 거부하는 일은 삼가야 한다고 주장한다. 즉 무슬림 동성애자들을 신앙 밖으로 내몰아서는 안 된다는 것이다.

---

6   사우디아라비아, 예멘, 이란, 카타르 등 무슬림 국가에서는 동성애자를 최대 사형으로 처벌하고 있다.

094 | 이슬람은 낙태를 어떻게 생각하는가?

이슬람에서 출산은 결혼에서 가장 중요한 측면 중 하나다. 꾸르안은 생명과 생명보존에 높은 가치를 둔다. 꾸르안은 누군가의 아이를 가난이나 배고픔 때문에 죽게 해서는 안 된다고 말한다.(17장 31절) 불법적으로 사람을 죽이면 현세와 내세에서 모두 처벌 받는다.(4장 93절)

무슬림 학자들은 태아에 "영혼을 불어넣은"(임신 120일 후에 일어나는 것으로 간주) 후 낙태하는 것은 살인이기 때문에 처벌에 동의한다. 심각한 의학적 문제가 발생하여 치료목적으로 낙태를 해야 할 경우에는 흔히 두 가지 해악 중 덜한 쪽을 택하는 이슬람법의 일반 원칙을 적용해왔다. 두 사람의 목숨을 잃는 것보다는 가족의 기둥으로서 중대한 임무와 책임을 지닌 어머니의 생명 구조를 우선시 한다.

095 | 이슬람은 산아제한을 어떻게 말하는가?

이슬람은 강하고 활기찬 무슬림 공동체를 유지하기 위해 전통적으로 대가족을 권장해왔다. 꾸르안은 가족계획법을 언급하지 않지만, 몇몇 하디스는 질외사정을 말한다. 일부 울라마는 산아제한을 반대한다. 왜냐하면 산아제한은 하나님의 위대한 뜻을 거스르는 것이고, 무슬림 공동체의 규모가 줄어들면 이슬람이 약화되거나 혼전 성교와 간통의 원인이 될 것이라고 믿기 때문이다.

하지만 21세기 들어 대다수의 울라마는 부부가 동의하면 피임이 가능하다고 생각한다. 양자가 동의하면 둘의 권리를 보장한다. 대다수 무슬림 종교지도자는 불임수술을 종교적인 이유로 반대한다. 왜냐하면 불임수술은 하나님이 창조하신 것을 영구적으로 변경하기 때문이다.

096 | 줄기세포 연구에 대해 이슬람은 어떻게 반응하는가?

이슬람은 이슬람의 핵심 가르침을 위배하지 않는 한 인류의 건강증진을 위한 지식추구와 연구를 장려한다. 일부 무슬림은 질병치료와 고통완화에 이용할 수 있기 때문에 줄기세포 연구를 이슬람에서 반드시 추구해야 할 일이라고 주장한다.

이슬람은 예언자 무함마드의 하디스에 따라 태아가 생긴 지 120일이 되는 날에야 비로소 "영혼 불어넣기"가 이루어져 인간 생명이 시작한다고 본다. 따라서 120일 이전의 태아는 인간 생명으로 간주하지 않기 때문에 연구에 사용할 수 있다. 더 나아가 무슬림 법학자들은 (연구에 이용되어서는 안 되는) 어머니의 자궁 안에 있는 배아와 연구실에서 채취한 배아, 즉 채취하지 않았으면 파괴되어서 인간 생명이 될 가능성이 없는 배아를 구분한다.

줄기세포 연구가 상대적으로 새로운 현상이라서 의존할 만한 고전적인 학술 견해가 거의 없기 때문에 많은 무슬림은 이 문제를 조심스럽게 다룬다. 일례로 구체적인 연구 목적에 맞는 새로운 배아를 만들어내는 대신 여분의 배아 사용을 지지하는 것을 들 수 있다.

097 | 이슬람은 노예제도를 어떻게 말하는가?

유대교와 그리스도교가 그랬던 것과 마찬가지로 이슬람 이전 시대의 아랍, 지중해 지역, 아프리카, 아시아 사회에서 일반적이었던 노예제도를 이슬람도 수용하였다. 이슬람은 노예제도를 폐지하지는 않았지만, 유대교와 그리스도교처럼 노예제도를 법적·도덕적으로 정의하고, 노예들이 처한 상황을 완화하고자 노력하였다. 이슬람법은 이슬람 세계(dar al-Islam, 다르 알이슬람)에 살고 있는 무슬림, 비무슬림(dhimmi, 딤미), 고아, 버려진 아이를 노예로 삼는 것을 금지하였다. 이슬람 세계 밖에서 사오거나 잡혀온 이들, 또는 이미 잡혀 있는 노예의 자녀들만 합법적인 노예로 인정하였다.

노예는 재산인 동시에 인간으로 인정되었다. 노예해방은 칭찬받을 일로 권장되었다. 재산인 노예를 매매할 수는 있었지만, 이슬람법은 노예를 공정하고, 공평하며, 친절하게 대해야 한다고 명시하였다. 노예는 죽일 수 없고, 남성 노예를 내시로, 여성 노예를 창녀로 만들 수 없었다. 주인의 아이를 가진 첩은 주인이 죽으면 해방되었다. 자유민과 여성 노예 사이에서 태어난 자녀는 노예가 아니라 자유민으로 간주되었다. 어머니 노예와 그 자녀를 서로 떼어놓아서도 안 되었다. 노예는 결혼하거나, 재산을 가지거나, 예배를 이끌 수도 있었다.

압바스 제국은 이후 여러 무슬림 정권에서 중시하게 되는 맘룩(mamluk, 노예군인) 제도를 처음 도입하였다. 맘룩은 군대에서 중요한 위치를 차지하였고, 강력한 장군 및 지방 통치자가 되었다. 이집트의 맘룩 술탄 왕조, 인도의 델리 술탄 왕조, 중앙아시아의 가즈나(Ghazna) 왕조 등 중세의 여러 중요한 이슬람 국가에서 노예 출신 지휘관이 술탄이나 통치자가 되었다. 그러나 노예 일부가 사회적·정치적 엘리트가 된 반면, 다른 노예들은 계속

혹독한 환경에서 살며 노역에 시달렸다.

19세기에 들어 부분적으로는 영국의 노력에 힘입어 노예무역, 특히 아프리카 노예무역이 쇠퇴하였다. 노예제도가 오스만 제국 및 여러 다른 곳에서 계속 존속되긴 했지만 오스만 제국의 노예제도는 공식적으로 1887년에 종식되었다. 20세기 후반에는 아랍과 이슬람 세계 대다수 지역에서 노예제도가 폐지되었다. 이슬람에서 노예제도가 공식적으로 폐지되었음에도 불구하고 사우디아라비아, 걸프 지역, 수단, 모리타니에서는 여전히 노예제를 찾아볼 수 있다.

098 | 이슬람은 명예살인을 허용하는가?

명예살인이란 "비도덕적" 행위(사회규범, 정숙, 성규범 위반)로 가족이나 공동체의 "명예규범"을 위반했다고 비난받는 여성 가족 구성원을 일반적으로 남성 가족 구성원이 살해하는 행위를 가리킨다. 이러한 규범은 강력한 가부장적 가치체계의 산물로, 명예와 수치라는 깊숙이 뿌리박힌 사회적·문화적 개념을 반영한다. 아울러 여성이 가족과 공동체의 명예 유지를 전적으로 책임진다는 뜻이기도 하다. 가족 내 다른 여성이 이러한 공격을 지지하고 공모하기 때문에 여성을 재산으로 생각하고, 여성에 가하는 폭력은 사법적 문제가 아니라 가족문제라고 여기는 공동체 의식이 강하다.

2009년 유엔 인간개발보고서에 따르면 매년 5천 명이 명예살인으로 사망하는데, 피해자 대다수가 여성과 소녀다. 명예살인은 아프가니스탄, 발칸 반도, 방글라데시, 브라질, 에콰도르, 이집트, 영국, 그리스, 아이티, 인도, 이라크, 이란, 이스라엘, 이탈리아, 요르단, 파키스탄, 모로코, 스페인, 스웨

명예살인(헤이브 카라만Hayv Kahraman, 2006)

덴, 터키, 우간다 등 문화와 종교를 가리지 않고 여러 곳에서 발생하였다.

명예살인은 바빌로니아, 성서시대 이스라엘, 로마 등 고대문명 사회에도 있었다. 그 이후에는 나폴레옹 시대에 형법 때문에 발생하기도 하였다. 명예살인범 다수는 자신들의 행동을 종교적으로 정당화하려고 애쓰지만 이슬람을 비롯한 세계의 대종교 중 어느 것도 그러한 살인을 용인하지 않는다. 명예살인의 주요 원인은 종교보다는 가부장적인 부족과 씨족, 문화적 관습 또는 남성 중심 사회나 공동체의 행동규범이다. 명예범죄의 문화적 뿌리는 아시아 전역의 무슬림, 힌두, 시크 공동체, 또는 레바논과 여타 중동국가의 무슬림뿐만 아니라 그리스도인들 사이에서도 찾아볼 수 있다.

명예살인은 꾸르안이나 예언자 전승인 하디스에서 찾아볼 수 없고, 이슬람 종교와 법에서도 규정하고 있지 않다. 많은 무슬림 학자와 주석가, 단체에서는 명예살인이 비이슬람적 문화관습이라고 규탄한다. 가장 영향력 있는 시아파의 영적 지도자 중 한 사람인 대아야톨라 무함마드 후세인 파들랄라(Muhammad Hussein Fadlallah)는 명예살인을 "종교가 규탄하고 금지하는 혐오스러운 행위"라고 표현하면서 금지하는 파트와를 발행하였다. 이집트의 대무프티인 셰이크 알리 곰아(Sheikh Ali Gomaa) 또한 명예살인을 강력하게 비난하였다. 그러나 이 야만적인 행위는 여러 나라와 공동체에서 무슬림 종교지도자, 지역민, 정치인의 지지와 묵인 속에 여전히 계속 위협을 가하고 있다. 그 결과, 범죄자들은 종종 처벌을 피하거나 감형되어 가벼운 처벌을 받는다.

명예살인이 상당한 여론의 주목을 받고 있지만, 인권운동가들은 인도에서 혼인지참금이 충분하지 않거나 카스트를 벗어나 결혼한 수천 명의 신부들이 죽음을 당하는 것도 명예살인과 유사하다고 지적한다. 라틴 아메리카와 몇몇 서양 국가에서 관대하게 다루는 치정범죄에서도 가족의 남성 구성원이 여성을 살해하는 것을 이해하고 용서할 만하다고 본다.

099 | 이슬람은 여성할례를 어떻게 보는가?

국제사면위원회(Amnesty International)는 전 세계 1억 3천만 명 이상의 여성들이 여성할례 혹은 여성생식기 훼손 피해를 당해왔고, 매년 300만 명 이상의 소녀가 그러한 위험에 처해 있다고 추정한다. 피해자 대다수는 아프리카 28개국, 또는 여성할례가 특정한 경계 없이 사회와 종교 안에 깊숙이

자리 잡고 있는 아시아와 중동 지역에 살고 있다. 여성할례는 그리스도교와 이슬람 이전부터 존재하였다. 어떠한 종교 경전도 여성할례를 요구하지 않고, 이러한 관습이 여러 무슬림 국가에 존재하는 것도 아니다.

여성할례는 이슬람이나 그리스도교에서 종교적 의무가 아니지만, 그리스도인과 무슬림 모두 이를 실행하고 있고, 몇몇 경우에는 정치와 종교 당국이 이를 지지한다. 예를 들어 여성할례가 널리 퍼져 있고, 무슬림과 그리스도인 모두가 이를 실행하는 이집트가 바로 그런 경우이다. 2005년 유니세프는 15세에서 49세에 사이 이집트 여성의 97%가 여성할례를 받았다고 보고하였다.

2007년 6월, 이집트의 11세 소녀가 할례 시술 후 사망하면서 상황이 극적으로 변하였다. 정부, 무슬림과 그리스도인 지도자들은 재빨리 여성할례 금지 조치를 취하였다. 셰이크 알리 곰아 대무프티는 "우리 시대에 이집트에서 시행중인 해로운 할례 전통을 금지한다"며 강력하고 단호한 비판을 담은 파트와를 발행하였다. 이집트에서 종교적으로 가장 권위가 높은 알아즈하르의 이슬람 연구 최고위원회(Supreme Council of Islamic Research)도 여성할례를 비판하였다. 이집트의 소수 그리스도교 공동체 지도자이자 전세계 콥트정교회의 총대주교인 셰누다(Shenouda)도 성서와 꾸르안 모두 여성할례를 언급하거나 요구하지 않는다고 강조하면서 비판의 목소리를 높였다. 그러나 다른 학자들은 전면적인 금지를 주장하지 않았다.

국제적인 비판에도 불구하고 고대로부터 이어져온 이러한 관습은 주로 아프리카 국가에 만연해 있고, 무슬림과 비무슬림 모두 이를 계속 행하고 있다.

100 | 이슬람의 범죄 처벌은 왜 그토록 가혹한가?

최근 후두드(hudud)[7]형(刑) 관련 글이 많이 발표되었다. 탈레반 치하의 아프가니스탄, 사우디아라비아, 이란, 수단, 나이지리아 등의 언론보도는 간통한 여성 투석형, 도둑의 손발 절단형 등 자극적인 이야기를 전하였다. 인권운동가들은 이러한 형벌을 가혹하고 (서양의) 인권 기준에 어긋나는 것이라고 비난해왔다. 대다수 근대 무슬림 국가에서는 후두드형을 시행하지 않는다. 하지만 20세기 후반 정치적 이슬람(Political Islam)[8]의 등장과 함께 파키스탄, 이란, 수단, 아프가니스탄, 나이지리아에서 재도입하였다.

이슬람에는 후두드형과 타으지르(ta'zir)형 등 크게 두 가지 처벌형이 있다. 특정 범죄에 대한 형벌로 꾸르안에 명백하게 규정된 후두드는 "한계" 혹은 하나님이 "금지"한 것을 가리킨다. 타으지르는 까디(qadi, 판사)의 재량에 따른 형벌로, 벌금이나 투옥 등 처벌의 범위가 넓다. 후두드형은 간음이나 간통 같은 혼외 성행위, 음행무고(誣告), 절도, 음주 등 특정 행위에 제한적으로 적용한다. 꾸르안이 범죄는 물론 처벌도 적시한 것이다.

후두드형은 기존 사회질서를 공격하여 무슬림 공동체의 단합과 도덕성을 위협한 것으로 간주되는 범죄에 적용한다. 간통과 간음은 결혼 질서와 자녀 출산의 합법적 방식을 거스른다. 절도는 재산보호라는 공동체 모든 구성원의 권리를 침해한다. 음주는 공격적이거나 부도덕한 행위로 이어질

---

7 "경계, 한계, 제한"을 뜻하는 아랍어로 단수는 핫드, 복수는 후두드다. 특정 범죄에 관하여 고정된 처벌을 가리킨다. 간통, 강도, 음주, 도둑질 등의 범죄에 적용된다. 처벌로는 투석형, 태형, 손발 절단, 십자가형 등이 있다.
8 정치적 이슬람은 이슬람 근본주의, 이슬람 원리주의와 동의어로, 정치를 종교적으로 이용하는 것을 가리킨다.

이란 여성에 대한 투석형에 항의하는 무슬림 여성의 시위(베를린, 2010)

수 있다. 음행은 앞서 말한 대로 중벌을 받는 범죄인데, 누군가가 음행을 했다고 허위로 고발하는 음행무고는 선량한 사람의 명예를 훼손하는 부정직한 행동이다. 이러한 행위들은 하나님을 거스르는 범죄이고, 무슬림 공동체의 도덕적 기초를 위협하기 때문에 태형, 투석형, 절단형과 같은 가혹한 형벌이 부과되었다. 후두드 범죄의 경우 이슬람법에는 증거 규정이 엄격하게 확립되어 있기 때문에 무고는 엄한 처벌을 받는다.

일부 국가에서는 국가가 무질서와 불법의 상태에 빠져 사회질서와 안보를 회복하려면 매우 엄중한 조치가 필요하다는 이유를 들어 후두드를 도입하였다. 20년에 걸친 내전을 치른 후 사회질서가 완전히 붕괴된 탈레반 치하 아프가니스탄이 그러하다. 그 밖의 나라는 서구의 사형제 지지자들이 특정 범죄를 가혹하게 처벌하면 그러한 범죄를 저지르지 않을 것이라고 주장하는 것과 유사한 논지를 편다.

오늘날 간통죄 투석형에서 가장 논란이 되는 것 중 하나는 꾸르안이 남녀 당사자를 모두 처벌해야 한다고 명령함에도 불구하고 남성은 거의 처벌을 받지 않고, 여성만 처벌을 받는 경향이 있다는 것이다. 파키스탄, 나이지리아 같은 국가에서는 임신이 여성에게 불리한 증거로 사용될 수 있다. 여성이 성폭행을 당했다고 신고할 경우, 여성은 자신의 증언 때문에 간음이나 간통으로 유죄선고를 받을 수 있고, 실제로 그러한 경우도 일부 있었다.

무슬림 개혁가와 비평가는 오직 높은 수준의 경제·사회적 정의를 향유하는 사회에서만 후두드를 시행할 수 있다고 주장한다. 이들에 따르면, 가난, 높은 실업률, 교육 부족 때문에 사람들이 절도죄를 저지를 수밖에 없는 상태로 내몰리는 사회에서는 후두드를 시행할 수 없다는 것이다. 다른 사람들은 후두드형이 그것이 유래한 역사적·사회적 상황에서는 적절했지만, 오늘날에는 그렇지 않고, 근대화 되고 있는 사회에서는 기본적인 종교적 원칙과 가치가 새롭게 표현되어야 한다고 주장한다.

101 | 무슬림은 왜 교회와 국가를 분리하지 않는가?

무슬림의 종교·정치관은 꾸르안 독해나 해석, 무함마드와 초기 무슬림 공동체가 보여준 모범을 바탕으로 삼고, 영적 믿음과 행위가 동전의 양면을 이룬다는 이슬람의 교의와 궤를 같이 한다.

그리스도인은 흔히 카이사르의 것은 카이사르에게, 하나님의 것은 하나님에게 돌리라는 신약성서의 명령을 교회와 국가를 분리하는 근거로 인용한다. 이와 반대로 무슬림은 신앙의 가장 기본적인 행위는 하나님의 뜻을 사적인 삶과 공적인 삶에서 모두 이행하고자 노력하는 것이라고 믿는다.

역사를 통틀어 무슬림이 된다는 것은 동료 신자들과 함께 종교 공동체에 속한다는 것을 뜻할 뿐만 아니라 이슬람법의 지배를 받는 이슬람 국가에서 (실제로 항상 그런 것은 아니지만 이론적으로) 산다는 것을 가리킨다.

많은 무슬림은 이슬람을 "총체적 삶의 양식"이라고 묘사한다. 사람이 취하는 모든 행동에 종교가 영향을 미치기 때문에 사회적·정치적 삶과 종교가 분리될 수 없다고 믿는다. 꾸르안에는 종교와 국가, 종교와 사회의 관계를 강조하는 구절이 많이 있다. 꾸르안은 하나님이 인류에게 땅을 맡겼다고 가르친다.(꾸르안 2장 30절, 6장 165절) 무슬림은 하나님의 대리인으로서 정의로운 사회를 만들기 위하여 이 땅에 하나님의 통치를 확립할 신성한 임무를 지니고 있다고 생각한다. 꾸르안 49장 13절에서 하나님이 "너희를 종족과 부족으로 만들었다"고 가르친 것에서 볼 수 있듯 무슬림 공동체는 '정치적 실체'로 간주된다. 유대인과 그리스도인이 먼저 그러했듯이 무슬림도 하나님과 계약의 관계를 맺도록 부름을 받았고, 도덕적인 사회질서를 이루어 다른 민족의 모범이 되어야 하는 믿는 이들의 공동체를 이루었다.(꾸르안 2장 143절)

> 너희들은 인류를 위해 만든 최상의 공동체이니, 옳은 것을 명하고, 잘못된 것을 금한다.(꾸르안 3장 110절)

이상적인 이슬람 국가에서 정치권력은 신성한 가르침 실행을 목표로 삼는다. 따라서 이상적인 이슬람 국가는 성직자나 통치자가 권력을 쥐는 신정이나 독재정치보다는 하나님의 법이 지배하는 공동체다. 국가는 무슬림이 종교적 의무를 실천하고, 특히 선한 일을 하고 악을 막을 수 있도록 치안질서를 확립해야 한다. 새로운 법을 만들기보다는 샤리아에 따라 규범과 판결을 실행한다. 신앙과 공동체를 수호하는 칼리파, 종교적·법률적 조언을 하는 울라마(종교학자들), 이슬람법에 따라 분쟁을 해결하는 까디, 이렇게 셋이 균형을 이루어야 한다.

많은 무슬림이 이러한 이상적인 청사진과 완벽한 국가가 실제로 존재했고, 이제 다시 그러한 때로 되돌아가야 한다고 믿는다. 현대 세계의 과격단체들은 특별히 이러한 유토피아를 오늘날 따라야 할 모범으로 삼는다.

현대 세계의 무슬림 중 소수는 종교와 국가의 분리가 근대성(modernity)의 조건이라고 믿는 반면, 많은 무슬림은 계속해서 종교가 국가와 사회에 통합되어야 한다고 주장한다. 하지만 이슬람과 국가의 구체적 관계성에 대해 의견 일치가 명확하게 이루어지지 않고 있고, 실제로 견해차가 상당하다. 일부는 이슬람이 국가의 공식종교이고, 통치자(그리고 정부 요직을 채우는 사람들)가 무슬림이 되는 것만으로도 충분하다고 생각한다. 다른 이들은 이슬람 국가 건설을 요구한다. 그러나 사우디아라비아의 보수적인 군주정, 성직자가 이끄는 이란, 수단과 파키스탄의 군부 주도 이슬람 정부, 탈레반의 아프가니스탄에서 볼 수 있듯, 여기에서도 모두가 합의한 정부 형태는 존재하지 않는다. 또 다른 이들은 이러한 시도를 모두 비이슬람적 권위주의 정부로 규정하고 거부하면서 보다 세속적이거나 이슬람적인 민주정에 찬성한다.

102 | 무슬림 정치에서 종교는 왜 그렇게 큰 역할을 차지하는가?

이슬람은 "복종"을 뜻하는 아랍어 단어이다. 무슬림은 하나님의 뜻에 복종하는 자로, 하나님의 뜻에 따라 살 책임뿐 아니라 공적·사적으로 하나님

뜻을 지상에 실행할 책임도 지닌다. 무슬림이라는 사실은 전 세계적인 신자 공동체(Ummah, 움마)에 속한다는 것을 뜻한다. 신자가 짊어진 이슬람과 공동체에 대한 의무는 가족, 부족, 민족 또는 국가와 관련된 모든 사회적 관계와 책임보다 우선한다. 따라서 이슬람적 원칙을 공공 영역에서 실행하는 수단인 정치가 그 중심적인 역할을 수행한다.

꾸르안은 수세기 동안 무슬림의 정치적·도덕적 행동을 하도록 이끌어 왔다. 총체적인 생활양식인 이슬람이 정치에서 중심적 역할을 해야 한다고 믿는 21세기 이슬람 개혁가들은 꾸르안뿐만 아니라 무함마드와 그의 교우들이 삶을 꾸려나가고 최초의 무슬림 공동체를 발전시킨 모범사례를 들어 자신들의 주장을 뒷받침하였다. 그들은 이처럼 꾸르안 및 예언자와 교우들의 모범사례를 이슬람이 인도하는 정의로운 국가와 사회의 미래상으로 삼았다.

이슬람과 정치의 관계는 무함마드가 '공동체 국가'를 세운 7세기 이슬람 초기시대로 거슬러 올라간다. 무슬림 전승에 따르면, 몇몇 아랍 부족은 무함마드의 죽음과 함께 자신들은 더 이상 무슬림 공동체에 충성하지 않는다고 하면서 무함마드의 첫 번째 계승자 아부 바크르의 권위에 도전하였다. 그러나 아부 바크르는 무슬림 공동체의 일원으로서 공동체에 대한 충성은 모든 부족 관계, 관습, 전통을 초월하며, 이것이 바로 이슬람 전체를 아우르는 가르침이라는 점을 아랍 부족들에게 상기시켰다. 아부 바크르는 종교와 정치가 서로 분리되어 무관하다는 아랍 부족들의 주장을 받아들이지 않았다. 오히려 그는 종교가 정치적 판단을 이끌고 정치체제에 정통성을 부여한다고 말했다. 모든 무슬림은 종교와 국가가 서로 연결된 단일 공동체에 속하고, 여기에서 신앙과 정치는 분리되지 않는다는 것이다.

무함마드와 그를 계승한 이들의 정치적 통솔력 아래 이슬람은 오늘날 사우디아라비아에서 북아프리카를 가로지르고 중동을 관통하여 아시아와 유럽으로 이어지는 여러 이슬람 제국과 문화로 팽창하였다. 역사적으로 이슬람은 우마이야 제국(661~750), 압바스 제국(750~1258), 오스만 제국(1281~1924), 사파비 제국(1501~1722), 무굴 제국(1526~1857) 등 이슬람 대제국을 포함하여 여러 무슬림 국가의 토대를 세운 종교사상이 되었다. 이러한 제국과 여타 술탄국(sultanate)에서 이슬람은 국가의 법, 정치, 교육, 사회와 관련된 여러 제도에 영향을 미쳤다.

오늘날 이슬람과 정치의 관계는 나라와 지역에 따라 다양하지만, 이슬람이 국가와 밀접하게 연결되는 데에는 몇 가지 공통적인 이유가 있다.

무엇보다 먼저, 19세기 대다수 무슬림 국가는 내부적으로 쇠락한 상태였고, 유럽 제국주의에 취약하였다. 무슬림은 그리스도교 유럽에 무슬림 사회가 패배하는 것을 경험하면서 이를 종교적·정치적·문화적 위기로 여겼다. 그리스도교 선교사들이 유럽의 승리를 우월한 군사력과 경제력뿐만 아니라, 서양 그리스도교 문명과 종교의 우월성 덕분이라고 여기는 바람에 위기감이 한층 고조되었다. 서구 식민주의자들에게 종교가 이러한 정치적 의미를 함축하고 있었기 때문에 일부 무슬림이 종교와 정치의 통합을 해결책으로 여겼던 것은 놀라운 일이 아니다. 식민주의에 대한 무슬림의 반응을 보면, 그리스도교의 맹공에 맞서 이슬람을 지키는 지하드라고 정당화한 저항 내지 투쟁부터 서구 수용 혹은 동화에 이르기까지 다양했다.

둘째, 20세기 들어 많은 무슬림 사회는 실패감을 느끼고 자부심을 잃어버렸다. 20세기 중반 식민지배자들로부터 독립을 쟁취하였지만, 높은 기대치를 충족하지 못하였다. 무슬림은 정치경제 실패와 함께 사회보장 체제가 없는 인구과잉 도시, 높은 실업률, 부패한 정부, 늘어나는 빈부격차 등 근대화의 부정적 영향에 시달렸다. 무슬림은 근대화가 전통적 가족과 종교적·사회적 가치를 붕괴시켰을 뿐 질 좋은 삶을 가져오지 못했다고 보았다. 또 이들 다수는 서구의 정치적·경제적 발전 모델이 도덕적 쇠퇴와 정신적 문제의 근원이라고 비판했다.

셋째, 무엇이 잘못되었는지 스스로 자문하면서 많은 무슬림은 한결같이 그들의 사회가 역사적으로 위대한 발전과 성공으로 이끌어온 이슬람의 올곧은 길에서 벗어났기 때문이라는 답을 제시한다. 즉 미래의 성공은 이슬람이 정치를 지배하는 사회로 돌아가는 것에 달려 있다는 것이다.

103 | 이슬람주의란 무엇인가?

1970년대 이후로 이슬람 주류와 극단주의자들 모두 정치에서 강력한 세력으로 부상하였다. 테러분자들뿐만 아니라 정부, 이슬람적(이슬람주의) 개혁 또는 반대 운동도 종교를 정체성, 정당성, 지지자 결집의 근거로 삼았다.

이슬람 행동주의(Islamic activism), 이슬람 부흥주의(Islamic revivlaism), 이슬람 극단주의 (Islamic extremism), 이슬람 근본주의(Islamic fundamentalism), 또는 정치적 이슬람(political Islam)은 이슬람을 믿거나 삶의 모든 영역, 즉 사적 영역과 공적 영역, 개인과 사회 영역에 하나님의 뜻을 적용하는 정치적이거나 사회적인 운동, 조직 혹은 사람을 가리키는 용어다. 이슬람주의(Islamism)와 이슬람주의자(Islamist) 역시 이러한 용어 중 하나다.

이슬람주의자에게 이슬람은 종교일 뿐만 아니라 "이슬람 국가" 혹은 이슬람적 사회질서 건설을 촉진하는 사상이다. 이슬람주의자는 주류 및 중도 성향의 개인과 과격한 사람 모두에게 적용되는 말이다. 매우 보수적인 사람부터 개혁주의자에 이르기까지 너른 신앙의 스펙트럼을 보이는 주류 이슬람주의자들은 정치체제에 참여하고, 사회 안에서 점진적인 변화를 모색한다. 과격한 이슬람주의자들은 무장투쟁을 지지하고, 기존 질서를 전복하여 자신들의 정치적 의제를 강요하고자 폭력을 행사하고 테러를 자행한다. 그리하여 자신들이 속한 사회의 자유와 안전을 위협한다.

이슬람주의 정당과 사회제도는 무슬림 정치와 사회의 중요한 일부를 차지하였다. 20세기 후반부터 알제리, 튀니지, 모로코, 이집트, 레바논, 터키, 요르단, 쿠웨이트, 바레인, 파키스탄, 말레이시아, 인도네시아에서 이슬람을 내세운 후보와 정당들이 총알 대신 투표를 통한 개혁을 선택했다. 그들은 선거전에서 성공하여 지방의회 및 국회 의석을 얻었고 각료직을 차지하였으며, 터키와 이라크에서 총리, 인도네시아의 대통령 등 고위직을 맡아 봉사하였다. 전문직(의사, 변호사 기술자) 협회뿐만 아니라 언론인 단체와 노동조합의 지도자로도 선출되었다. 여러 이슬람주의 비정부기구(NGO)와 단체가 학교, 의원, 병원, 보육시설, 법률지원, 청소년 센터, 기타 사회복지기관을 운영한다. 정부의 통제를 받지 않는 민간 모스크 및 이슬람 은행, 보험회사 같은 금융기관도 증가하였다.

오늘날 종교적인 극단주의와 테러리스트 운동은 세계적이기도 하고 지역적이기도 하다. 과격 이슬람주의자들은 중동과 그 밖의 무슬림 세계 및 서양에서 벌어진 공격에 책임이 있는 이들이다. 뉴욕과 워싱턴에서 9·11 공격을 벌이고, 런던과 글래스고우, 마드리드를 공격한 오사마 빈 라덴과 알카에다부터 남녀와 어린이를 불문하고 죄 없는 사람들을 학살한 이라크와 파키스탄의 순니와 시아 민병대와 암살단에 이르는 이들이 과격 이슬람주의자에 속한다.

주류 단체와 극단주의 단체의 구분 문제는 격렬한 논쟁 대상이다. 대개 서구는 알제리, 튀니지, 이집트 등지의 독재 지배자들이 주류 이슬람주의 단체를 위협하고 억압하거나 주류 단체의 선거 승리를 뒤집으려고 할 때 모르는 척해왔다. 이러한 시도가 하마스나 헤즈볼라 같은 저항운동과 관련되면서 특히 복잡해졌다. 하마스와 헤즈볼라는 대중적 기반을 가지고 선출된 정당이다. 동시에 이들은 소속 민병대가 이스라엘의 점령에 맞서 싸우고 있는 저항운동으로 이스라엘, 미국, 유럽은 이들을 테러리스트 조직으로 분류한다.

이러한 단체를 상대했던 확실한 선례를 남아프리카의 ANC, 아일랜드 IRA의 정치조직인 신페인당(Sinn Fein)에서 찾아볼 수 있다. 미국은 이들 단체와 합의한 바 있다. 미국과 유럽은 민병대의 테러 활동을 강하게 비난하고, 시민에 대한 테러 공격과 정당한 저항을 분명히 구분하는 한편, 어떤 정당 출신이든 간에 민주적으로 선출된 공직자와는 협상을 할 필요가 있다. 동시에 미국은 2008년 가자에서 있었던 캐스트 리드(Cast Lead) 작전과 2006년 레바논 공격처럼 수백 명의 시민을 사망에 이르게 한 이스라엘의 공격을 비난해야 한다.[9]

104 | 무슬림은 왜 세속주의를 거부하는가?

무슬림은 세속주의가 종교를 무시한다는 두려움, 그러한 서구의 역사, 정치,

---

9   하마스의 로켓 공격에 맞서 이스라엘군이 2008년 12월 27일 가자 공습을 시작하였다. 약 3주간에 걸친 가자 전쟁은 2009년 1월 18일에 끝났다. 약 1천 400여 명의 팔레스타인 사람들이 죽었고, 이스라엘은 군인 10명, 주민 세 명이 목숨을 잃었다. 2006년 7월 12일 헤즈볼라가 레바논과 이스라엘 국경에서 이스라엘 군인을 공격하여 세 명을 죽이고 두 명을 납치하였다. 이에 이스라엘군이 보복전을 벌여 34일 간 전쟁이 벌어졌다. 약 1천 200여 명의 레바논 주민, 44명의 이스라엘 주민이 목숨을 잃었다.

종교의 영향 아래 세속주의라는 용어를 인식하였다. 세속주의란 용어를 오해하여 종교와 완전히 상반되는 말로 여겨왔다. 무슬림이 보기에 유럽의 식민주의와 근대적 문물도입은 세속주의를 강제하여 종교를 국가와 사회에서 분리시키고 무슬림 사회의 윤리 구조를 약화시키기 위한 시도였다.

일부 무슬림, 특히 서구 지향적인 엘리트들은 강력한 근대 사회 건설에 세속주의가 반드시 필요하다고 믿었다. 반면 다른 많은 이들은 세속주의를, 수세기 동안 성공적이었고 강대한 제국들과 밀접하게 연관되었던 이슬람과 이슬람의 유산에 대한 직접적인 도전으로 간주하였다. 세속주의를 불신앙과 동일시하면서 무슬림 사회의 종교적 정체성과 가치에 대한 직접적인 위협으로 받아들였다.

무슬림이 사용하는 언어에서 근대 세속주의에 해당하는 정확한 단어를 찾아볼 수 없다는 사실 때문에 문제가 더 심각해졌다. 무슬림은 미국의 세속주의가 어느 한 특정 종교에 특권을 주지 않고, 오히려 모든 이에게 신앙의 자유 또는 신앙을 갖지 않을 자유를 보장하기 위해 종교와 국가를 분리하였다는 것을 이해하지 못하였다. 근대 서구 세속국가가 채택한 세속주의에도 다양한 형태가 존재한다는 것을 인식하지 못한 것이다. 예를 들어 영국, 독일, 캐나다에는 국가종교가 있고, 인정한 종교는 국가가 지원한다.

반교권(反敎權)적이고, 학교에서 무슬림의 머리가리개 착용을 금지해온 프랑스와 터키의 사례는 세속주의가 단순히 종교적으로 중립적이라기보다는 반종교적인 국가를 의미한다는 믿음을 강화한다. 반면에 최근에는 터키와 인도에서 많은 무슬림이 '진정한' 세속국가, 즉 어느 종교에게도 특권을 주지 않고, 종교적 믿음과 실천의 자유를 보장할 것을 요구하고 있다. 터키의 집권 정의개발당(AKP)의 무슬림 지도자는 이러한 세속주의 지원과 종교의 자유 양자의 균형을 맞춰왔다.

105 | 예루살렘은 무슬림에게 왜 그렇게 중요한가?

예루살렘은 세 유일신 신앙 전통 모두가 신성한 도시로 받드는 곳이다. 초기 이슬람 공동체에서 예루살렘이 본래 끼블라(qibla)[10]였다는 사실에서 예루살렘의 중요성을 알 수 있다. 그리고 전승에 따르면, 예루살렘은 메카에서 출발한 천상여행에서 예언자가 도착한 곳이다. 예언자가 가브리엘 천사와 함께 하늘과 땅에 있는 모든 것을 보기 위해 예루살렘의 사원으로 여행을 떠나 아브라함, 모세, 예수 그리고 다른 예언자들을 만났던 곳이다. 천상여행 덕에 예루살렘은 이슬람에서 세 번째로 성스러운 도시가 되었고, 유대교, 그리스도교, 이슬람이 연속성을 가진다는 것을 확증하였다.

오늘날 무슬림은 이스라엘 국가의 탄생과 예루살렘의 수도 선포를 보면서 서양 제국주의의 부당함을 상기하고, 현재 무슬림 사회가 여전히 취약하다는 것을 강하게 체감한다. 예루살렘의 역사를 살펴보면, 세 유일신 신앙에서 이 도시가 어떤 역할을 하는지 알 수 있다

히브리 성서에 따르면 예루살렘은 원래 이스라엘의 왕 다윗이 수도를 세우고 그의 아들인 솔로몬이 사원을 지은 가나안 정착촌이었다. 635년에 무슬림군은 아무런 저항을 받지 않고 예루살렘을 정복하였고, 즉시 방치되어 있던 고결한 지성소 성전산(Temple Mount)을 새로 단장하였다. 먼저 회중이 예배를 드리는 알아끄사 모스크를 건설하고, 692년에 웅장한 바위

---

10 기도할 때 모든 무슬림이 바라보는 방향

바위의 돔. 무슬림은 이곳이 천상여행을 마친 무함마드가 도착한 곳이라고 믿는다.

의 돔 성원을 완성하였다. 돔은 무함마드가 천상여행에서 도착한 곳이자 성서 속에서 아브라함의 희생제와 솔로몬의 사원이 있던 장소로 여겨진다.

135년에 로마가 추방했던 유대인이 예루살렘에 돌아오는 것을 무슬림이 허락함에 따라 이 시기 예루살렘은 그리스도인과 유대인의 고향이 되었다. 이때 예루살렘에는 유대인과 그리스도인의 수가 무슬림보다 더 많았을 것이다. 대체로 십자군 전까지는 예루살렘의 역사에서 특기할 만한 일은 없었다.

1099년 십자군의 팔레스타인 침략과 예루살렘 점령은 이집트 통치자 알하킴 비 아므르 알라(al-Hakim bi-amr Allah)가 그리스도교 성묘교회를 불태운 사건이 계기가 되었다. 라틴 그리스도인이 예루살렘을 정복한 88년 동안 십자군은 바위의 돔을 교회로 바꾸고 알아끄사 모스크를 성전기사단의 본부로 바꾸었다. 살라훗딘이 1187년에 십자군을 몰아내고 대중 설교자들의 도움으로 무슬림 성소를 본래 용도로 되돌려 예루살렘을 메카,

메디나에 이어 이슬람에서 세 번째로 신성한 도시라는 인식을 무슬림의 뇌리에 새겼다.

살라훗딘의 뒤를 이은 맘룩과 이후 오스만의 아낌없는 지원으로 예루살렘은 오스만 제국이 붕괴되는 19세기까지 번창하였다. 1차 세계대전에서 터키는 독일과 손을 잡고 연합국과 싸웠고, 영국은 1917년에 예루살렘을 점령하였다. 1948년 영국이 예루살렘에서 철수하자 요르단이 구도시를 점령하여 1967년 전쟁 때 이스라엘에 빼앗기기 전까지 지배하였다.

아랍과 이스라엘의 이른바 "6일 전쟁"(실제로는 6시간 전쟁에 더 가까웠다), 그리고 이집트, 시리아, 요르단 연합군이 작은 이스라엘에게 당한 충격적인 패배를 아랍 문헌은 "재앙"으로 기억한다. 이는 아랍과 팔레스타인 문제를 이슬람 문제로 전환시켰다. 예루살렘과 그곳의 성소를 잃고 무슬림은 자존심과 신앙, 정체성에 큰 타격을 입었다. '예루살렘 해방'은 전 세계적인 이슬람의 구호이자 무슬림의 대의가 되었다.

106 │ 이슬람은 민주주의와 양립가능한가?

근대 이전의 종교는 모두 군주제와 봉건사회를 뒷받침하였고, 이후에는 근대 민주주의 형태에 적응하였다. 마찬가지로 오늘날 무슬림은 민주주의와 이슬람의 관계에 대한 논쟁을 벌이고 있다. 무슬림 대다수는 더 많은 정치적 참여와 법치, 정부의 책임, 자유, 인권을 원하는데, 이러한 목표를 성취하는 방법은 다양하다.

민주화에 대한 무슬림 세계의 반응은 다양하다. 사우디아라비아의 파흐드 왕에서부터 극보수주의자와 극단주의자들은 이슬람이 자체의 메커

니즘과 제도를 가지고 있고, 민주주의는 그 안에 포함되지 않는다고 주장한다. 어떤 사람들은 무슬림 사회가 종교를 개인의 삶이라는 영역 안으로 제한할 때에야 비로소 민주주의를 완전하게 실현할 수 있을 것이라고 믿는다. 또 다른 사람들은 이슬람이 완벽하게 민주주의를 수용하고, 뒷받침할 수 있다고 주장한다. 개혁 과정에 참여하면서 이들은 지배자와 지배받는 자 사이의 협의(슈라, shura), 공동체의 합의(이즈마, ijma), 공공의 이익(마슬라하, maslaha), 그리고 "이슬람의 원칙과 가치를 재해석하고 사회의 새로운 필요를 충족시키기 위하여 인간의 이성을 사용하는 것"(이즈티하드, ijtihad) 같은 전통적인 이슬람 개념을 사용하여 이슬람과 민주주의의 양립가능성을 주장한다. 이러한 매커니즘은 행정부, 입법부, 사법부 간 감시와 균형이 가능한 의원내각제 형태의 정부를 뒷받침하는 데 사용될 수 있다.

갤럽 세계여론조사 같은 주요 조사에서 밝혀졌듯이, 민주화를 향한 무슬림 세계의 열망은 강하다. 서양의 어떤 점이 좋은지 물었을 때 무슬림의 응답 중 가장 많은 최상위 답변 세 가지는 (1) 기술 (2) 서양의 가치체계, 노력, 자기책임, 법치와 협동 (3) 공정한 정치체계, 민주주의, 인권 존중, 언론의 자유, 양성평등이었다.

일반적으로 무슬림은 민주주의 가치와 종교 원칙이 서로 모순되지 않는다고 본다. 무슬림은 신정체제도 세속적 민주주의도 원하지 않으며, 종교적 원칙과 민주주의적 가치가 공존하는 제3의 모델을 선택할 것이다. 남성과 여성 모두 샤리아가 입법의 원천 역할을 하는 것을 지지하면서도 대부분이 종교지도자에게 직접 법률 입안 책임을 맡기는 것은 꺼린다.

현대 미국과 유럽의 민주주의가 종교와 다양한 관계를 수용하고 있듯이, 무슬림도 현지의 가치들에 호응하는 그들 자신만의 민주주의 국가 형태를 발전시킬 수 있다고 생각하는 사람들이 많다. 하지만 권위주의 국가의 지배자들은 민주화 운동을 무시하고, 그 기세를 꺾으며 억압하는 경향이 있다.

107 | 무슬림은 꾸르안에 더 충실한가, 아니면 헌법에 더 충실한가?

이는 단순히 묻기 위해서가 아니라 비난하려는 목적을 가지고 종종 던지는 질문이다. 많은 유대인과 그리스도인에게 성서가 그러하듯이, 많은 무슬림에게 하나님의 계시 경전인 꾸르안은 궁극적 권위의 원천이다. 다른 신앙을 가진 시민과 마찬가지로 대부분의 무슬림은 국가와 헌법의 권위를 수용한다. 동시에 다른 이들과 마찬가지로 국법이 하나님의 말씀에 어긋난다면, 그리고 어긋났을 때, 그러한 법을 반대하여 개정하려고 한다.

다른 신앙을 가진 사람들과 마찬가지로 오늘날 무슬림은 여러 질문에 대해 다양한 입장을 갖고 있다. 따라서 낙태와 같은 논쟁적인 이슈에 대하여 (전부는 아닐지라도) 무슬림 다수는 낙태 허용 입법 반대와 관련하여 같은 입장을 지닌 보수적인 유대인 및 그리스도교인과 행동을 함께한다.

많은 무슬림이 자유, 권리, 기회를 향유하기 위해 미국에 왔다. 이들 무슬림과 그 후손이 변호사, 판사, 군대나 지역 경찰서의 일원이 되기도 하고 공직자로 선출되기도 하였다. 종교·문화적 차이점을 인식하고 있지만, 이들 대다수는 이슬람과 서양이 본질적으로 양립한다고 확신한다.

108 | 왜 무슬림 국가들은 더 민주적이지 않은가?

무슬림 세계의 대다수 국가가 왕이나 군인, 전직 군인이 지도자인, 선출되지 않은 정부의 지배를 받는다. 하지만 최근에 인도네시아, 방글라데시, 터키, 세네갈 같은 국가에서 선거가 있었다. 오늘날 무슬림 세계에 민주주의가 없다는 것 때문에 많은 이들이 아랍이나 무슬림 문화에 민주주의와 상반되는 요소가 있지 않느냐고 묻는다. 종교보다는 역사와 정치에 이 질문에 대한 답이 더 많이 담겨 있다.

서양은 군주제 및 공국에서 근대 민주주의로 전환하기까지 수세기가 걸렸고, 그 과정에서 혁명적 내전을 치렀다. 그에 반해 무슬림 세계는 수세기 동안 유럽의 식민지배를 겪고 난 후 유럽 열강이 세운 권위주의 정부와 싸워왔다. 오늘날 많은 무슬림 국가가 왜 저발전 상태이거나 불안정한지를 물으려면, 우리는 먼저 대부분의 현대 무슬림 국가가 수립된 지 몇십 년밖에 되지 않았고, 유럽 열강이 만든 것이라는 점을 반드시 기억해야 한다.

남아시아에서 영국은 무슬림이 다수인 카슈미르 주의 일부를 인도와 파키스탄에게 각각 내어주고, 인도 대륙을 인도와 파키스탄으로 분할하였다. 이 행위가 초래한 갈등 때문에 힌두와 무슬림 사이에 집단 분쟁이 일어나 수백만 명이 목숨을 잃었고, 방글라데시 건국으로 이어진 동서 파키스탄 내전이 있었으며, 인도 지배에 대한 카슈미르 내 갈등이 지금도 계속되고 있다.

중동에서 프랑스는 시리아의 일부를 떼어 현대 레바논을 만들었고, 영국은 이라크와 쿠웨이트를 가르는 국경을 설정하였으며, 요르단이라는 완전히 새로운 국가를 세웠다. 이처럼 국경을 자의적으로 설정하였기 때문에 레바논의 그리스도인과 무슬림 간 내전, 시리아의 레바논 점령, 사담 후세인의 쿠웨이트 영유권 주장에서 비롯된 걸프전 등 인종적·지역적·종교적 갈등이 발생하였다.

유럽과 그 뒤를 이어 미국은 신생 무슬림 국민국가의 집권자에게 영향력을 발휘하는 것 외에도 냉전기에 보여준 충성에 대해 보상하거나 석유개발 이권을 보장받기 위하여 권위주의 정권과 긴밀한 연합관계를 맺고 이들 권력자의 비민주적인 통치방식을 용인하거나 지지하였다.

놀랄 것도 없이, 무슬림 통치자들은 정체성 및 정당성 문제로 골치를 썩어왔다. 많은 근대 국가가 인위적인 성격을 지니고 있고, 통치자들의 정당성이 허약하다 보니, 국가권력을 과도하게 보안대, 군경에 의존하고, 집회, 발언, 언론의 자유를 심각하게 제한하는 비민주적 정부와 사회가 만들어졌다. 무슬림 국가 다수가 민주화, 시민사회, 독립적인 정당, 노동조합, 그리고 자유로운 언론문화에 반대하는 권위주의 문화 속에서 운영된다. 일부 통치자들은 쓸모가 있다고 생각하면, 그들 자신과 정책을 정당화하기 위해 종교를 이용한다. 1991년 걸프전, 2001년 9월 11일 세계무역센터와 펜타곤 공격과 같은 위기의 여파가 지속되는 시기와 같은 때에는 자신들의 비민주적 통치에 대한 반대를 예외 없이 더 강하게 탄압 혹은 강압하는 것을 정당화하기 위해 '이슬람 극단주의'의 위협을 이용하였다.

109 | 이슬람은 서양의 자본주의를 거부하는가?

이슬람은 아무런 문제없이 자본주의에 꼭 필요한 여러 요건을 수용한다. 모든 무슬림의 탁월한 모범인 무함마드는 생계를 꾸리기 위해 금융과 상업에 종사했던 성공한 상인이었고, 이슬람사 초기에 그를 따랐던 사람들

중에 성공한 상인들이 여럿 있었다는 주요한 사실을 상기해야 한다. 꾸르안에서도, 무슬림의 역사적 경험에서도 사유재산권, 교역권, 상업권을 확인할 수 있다.

다마스쿠스의 우마이야 모스크, 카이로 구시가지와 테헤란에 있는 대모스크를 비롯하여 전 세계의 모스크들은 주로 훌륭한 바자르(시장)에 인접해 있다. 무역상과 사업가는 무슬림 사회에서 가장 성공한 직종의 하나로, 이들이 종종 신앙 전파의 책임을 맡기도 했다.

자본주의는 무슬림 세계의 자생적 형태와 서양의 영향을 받은 형태, 두가지로 존재한다. 하지만 여러 다른 지역과 마찬가지로, 무슬림 세계 역시 많은 사람들이 가난한 사람과 사회 취약층에 대한 무관심 등 자본주의의 어두운 측면과 자유시장경제의 남용 가능성을 우려한다. 더 구체적으로, 이들은 세계화의 영향력 때문에 무슬림 국가에 서양경제가 더 강하게 침투할 것을 우려한다. 그 결과 서양과 이윤극대화를 추구하는 자유시장경제에 의존하는 정도가 깊어져 점증하는 빈부격차가 확대될 것이라고 걱정한다.

끝으로 이들은 소매점, 광고, 음악, 언론, 의복 등을 통해 전해지는 서양문화가 무슬림의 전통적인 종교적 규범을 훼손하고, 무슬림 청년의 정체성과 가치를 위협할 수 있다고 우려한다. 하지만 미국과 유럽에서 우리와 함께 살며 일하고 있는 수백만 명의 무슬림의 삶을 바라보는 것이야말로 이슬람과 자본주의가 양립 가능한가라는 질문을 받았을 때 공평한 입장에서 할 수 있는 최선의 답변일 것이다. 많은 무슬림이 미국과 유럽의 정치·경제체제가 보장하는 자유와 기회를 누리고 살기 위하여 왔다. 그들보다 먼저 온 여러 다른 소수 종교·인종 공동체와 마찬가지로 무슬림 또한 정체성과 동화 문제와 씨름하고 있는 것이지, 미국과 유럽 사회가 제시하는 최상의 삶을 살고자 하는 욕망에 저항하며 싸우고 있는 것은 아니다.

110 | 이슬람은 가난과 사회적 정의에 대해 어떻게 말하는가?

꾸르안이 계시된 당시에 꾸르안의 내용 중 가장 두드러지고 논쟁적인 것 중 하나는 사회적 정의에 대한 굳센 헌신으로, 이는 그곳에 자리 잡고 있는 부족의 권력구조를 심각하게 위협하는 것이었다.

가장 강한 자가 가장 권력 있는 자라는 원칙을 받아들이기보다 꾸르안은 사회경제적 지위에 상관없이 서로를 보살피고 보호해야 하는 무슬림의 책임을 강조하였다. 사실 꾸르안은 미망인, 고아, 가난한 자처럼 부족체계에서 버림받은 사람들을 보호해야 한다고 특히 강조한다. 이를 실천하는 방법 중 하나가 이슬람의 다섯 기둥 중 하나인 자카트(zakat, 희사)다. 자카트는 불우한 이들을 돕기 위해 매년 전체 자산의 2.5%를 내는 것이다. 그리고 고리대금업이나 이자징수는 금지된다. 왜냐하면 이는 가난한 자를 이용하는 수단으로 사용되었기 때문이다. 잘못된 계약도 비난을 받는다. 꾸르안과 순나(예언자의 모범)는 더 나아가 억압받는 남성, 여성, 어린이(꾸르안 4장 74~76절), 부당한 취급을 받은 사람들, 특히 자신의 집에서 부당하게 쫓겨난 사람들 등을 위하여 무슬림이 무장투쟁을 벌이는 것을 허락한다.(꾸르안 22장 39~40절)

이들 선언을 통해서 꾸르안은 부자들에게 가난한 자와 재산을 빼앗긴 이들을 책임지라고 강조한다. 꾸르안이 요구하는 새로운 사회질서는 모든 행위의 목적이 부족이나 자기 자신의 욕구를 따르는 것이 아니라 '하나님의 뜻을 이행'하는 것임을 보여준다. 무함마드는 모든 신자가 하나의 보편

공동체(Ummah)에 속한다는 주장을 통해 부족주의의 연대감을 타파하고, 무슬림을 단일한 예언자적 지도권 및 권위 아래 두고자 하였다.

사회정의 문제는 20세기 초 산업주의의 등장과 함께 무슬림 사회의 전면에 등장하였다. 상당히 많은 시골 출신 소작농들이 도시로 이주하면서 사회적·인구통계학적 긴장이 형성되었고, 특별히 이집트는 위기를 맞았다. 1928년에 설립된 이집트의 무슬림 형제단은 이슬람이 가난에 대한 조직적이고 종교적인 해결책이자 박탈당하고 억압받는 자들에 대한 도움이라고 주장했다. 무슬림 형제단의 창시자인 하산 알반나(Hassan al-Banna)는 특히 가난한 자와 교육받지 못한 자들에게 설교하면서 사회·경제적 정의의 메시지를 가르쳤다. 그의 견해에 따르면, 이슬람은 단순한 철학, 종교 또는 문화적 추세가 아니다. 이슬람은 생래적으로 종교적인 영역뿐만 아니라 삶의 모든 영역을 개선하려는 사회운동이었다. 즉 이슬람은 단순히 신앙체계에 머물지 않고 사회적 행동을 요구한다.

사회정의와 관련된 또 한 명의 중요한 인물은 훗날 급진적 이슬람 사상의 신봉자가 된 이집트 무슬림 형제단의 사이드 꾸뜹(Sayyid Qutb)이다. 꾸뜹에 따르면, 이슬람의 사회정의는 인간의 물질적 안녕과 영성적 안녕 모두를 고려한다. 이는 하나님의 견지에서 모든 사람의 절대적인 평등을 추구하고, 양심의 자유를 요청하며, 모든 무슬림이 사회에 대하여 영구적인 책임을 지고 있음을 강조한다. 이처럼 물질적이고 영성적인 복지를 결합시킨 것은 배고픈 사람들 혹은 피난처가 없는 자들이 영성적인 문제에 참여할 수 없다는 인식에서 비롯하였다. 왜냐하면 이들은 필연적으로 매일 생존을 위해 분투하고 있기 때문이다.

사람들이 영성적 관심사에 더욱 집중하게 하려면, 일상생활에 절대적으로 필요한 물품이 제공되어야 한다. 따라서 빈곤의 근절이 무슬림 공동체

감옥에 갇힌 **사이드 꾸뜹**(1966). 그는 급진적인 이슬람의 사상적 토대를 건설한
인물이다.

의 주요 의무 중 하나가 되어야 한다. 가난한 자들을 보살핌으로써 무슬림
개인은 물론 무슬림 공동체도 집단적으로 자기 스스로에 대한 관심과 배
려를 표명한다. 자카트를 바로 이런 정신에서 이해할 수 있다. 이는 빈곤과
싸우고, 가난한 자들이 가난하게 방치되는 동안 부유한 이들이 부를 축적
하고 유지하는 것을 막기 위한 필수적인 사회적 책무이다.

부의 재분배는 빈곤의 순환을 깨뜨리고, 모든 무슬림이 매일 필요한 것
들에 대한 보살핌을 받고 있는지 확인하기 위한 것이다. 또한 부의 재분배
는 모든 것이 궁극적으로 하나님에게 속한다는 무슬림의 신앙을 강조한
다. 인간은 하나님 소유물의 관리자 내지 대리인에 불과할 뿐이다. 따라서
부의 재분배는 더 폭넓은 공동체 안에서 하나님이 소유한 자원을 더 공정
하게 나누는 것이다.

현대 이슬람주의자들은 이슬람의 사회정의 메시지를 강조하고 있다. 이
는 특히 이스라엘-팔레스타인과 레바논에서 더 가난하고 혜택을 덜 받는
집단으로부터 지지자를 모으는 데 효과적이었다. 하마스나 헤즈볼라와 같
은 그룹은 사회보장 활동에 예산의 상당 부분을 할애하고, 가난하고 약한

사람들에 대한 지원을 호소한다. 이들은 그리스도교 자유주의 신학자들과 마찬가지로 가난한 자들이 억압에 저항하여 일어날 날 때 비로소 사회 정의가 실현될 수 있다고 가르친다.

111 | 미국 무슬림은 공동체 봉사에 참여하는가?

2009년 여름, 미국 무슬림은 '유나이티드 위 서브(United We Serve): 대통령의 요청, 궁핍한 이들의 요청, 타인을 섬김으로써 하나님을 섬기라는 신의 요청에 미국 무슬림이 대답하다'에 전국적으로 참여하여 공동체 봉사의 놀라운 사례를 보여주었다.

무슬림 봉사(The Muslim Serve) 캠페인은 의료 서비스, 교육보조, 공동체 지원(음식과 보급품)과 같은 영역에서 정기적인 공동체 봉사활동에 이미 참여했던 기존의 미국 무슬림 조직을 확인하여, 그들과 함께 활동하였다. 이 캠페인을 시작한 사람은 신앙기반 지역협력(Faith-Based and Neighborhood Partnerships)의 백악관 자문위원회 위원인 달리아 모가헤드(Dalia Mogahed)였다.

이 프로그램은 오바마 대통령의 '유나이티드 위 서브'의 일부로, 미국인에게 자신이 속한 공동체에 봉사하여 국가의 회복과 갱신에 참여할 것을 요청하였다. 무슬림 봉사는 특히 종교를 초월한 봉사활동에 신앙 공동체를 동원할 것을 강조하였다. 이 봉사 캠페인 문구에는 자선과 '선행'을 장려하는 이슬람 가르침에서 영감을 받아 "선한 일에 서로 경쟁하라"(5장 48절)는 꾸르안 구절을 사용하였다.

젊고 인터넷을 잘 아는 미국의 무슬림 지도자들은 재빨리 계획을 퍼트리고, 구성원들에게 행동을 촉구하기 위하여 온라인과 사회관계망, 대량의 메일 리스트를 사용하였다. 무슬림 봉사 캠페인이 처음에 설정한 목표는, 무슬림 자원봉사자를 1천 개의 종일 봉사 프로젝트에 참여시키고, 적어도 그중 25%를 다른 신앙 기반 공동체와 협력하게 하자는 것이었다. 이러한 목표는 크게 초과 달성되었다.

3천 600개가 넘는 개별 봉사 일에 자원봉사자가 참여하였고, 그중 93%가 다른 신앙 기반 공동체와의 협력 하에 이루어졌다. 전국 30개의 무료 클리닉에서 무슬림 의사가 진료를 하였고, 변호사들은 무료 법률상담을 하였다. 그 밖의 무슬림 전문가와 단체는 난민 가족을 받아들이고, 노숙자에게 식사를 제공하였다. 무슬림 자선단체들은 예산이 부족한 미국 원주민 학교에 책을 기부하였고, 청년회에서는 강과 공원을 청소하고 건물을 더 환경친화적으로 만들었으며, 가난한 이들을 위한 집을 지었다.

무슬림 봉사 캠페인의 성공은 미국 무슬림 공동체가 가장 어려운 상황에 있는 사람들에게 봉사하여 국가를 강하게 만들면서 미국 사회에 기여할 수 있는 인간적 잠재력이 있음을 잘 보여주었다. 이는 참가자 살마 하산 알리(Salma Hasan Ali)의 말에서도 잘 드러난다.

이는 우리의 행동을 통해서 우리가 누구인지, 우리가 무엇을 믿는지 보여주고, 봉사활동과 자비를 통해서 우리 신앙의 핵심이 무엇인지 드러내며, 미국이라는 모자이크 사회 안에서 우리의 자리를 되찾을 수 있는 기회이다.

미국 무슬림 단체가 운영하는 다음과 같은 프로젝트를 보면, 공동체를 위한 봉사에 나설 성숙한 무슬림 수가 상당히 많고, 이들이 공동선을 지향하는 집단행동을 조직할 수 있는 능력도 갖췄음을 알 수 있다. 다음 프로젝트는 미국 전역 무슬림 공동체에서 운영하고 있는 것 중 일부에 지나지 않는다.

직원과 자원봉사자가 함께 일하는 보건진료소에서는 공동체의 무슬림과 비무슬림 구성원 모두가 똑같은 내용의 봉사를 받는다. 로스앤젤레스 중남부 중심부는 지역에서 가장 가난하고 의료 서비스가 열악한 곳 중 하나로, 이곳에 위치한 대학 무슬림 의료협회 공동체 진료소(UMMA Clinic)는 보험 미가입 인구에게 의료 서비스를 제공하는데, 대상자 중 73%가 라틴계, 25%가 아프리카계 미국인이다. 그 밖에 시파 진료소(Shifa Clinics)는 텍사스 주 휴스턴의 저소득층에게 건강검진을 실시하고, 시카고의 도심무슬림 행동네트워크(IMAN)는 1천 200명 이상의 취약 지역 주민에게 무료의료 서비스를 제공한다.

미국 무슬림의 인도주의적 구호와 개발 단체인 구호와 개발을 위한 삶(Life for Relief and Development)은 애리조나, 뉴멕시코, 위스콘신 주의 원주민 보호구역 내 낙후된 학교에 교과서와 교육재료를 분배하는 형제의 형제재단(Brother's Brother Foundation)과 함께 일한다. 미시간 디어본에 근거지를 둔 전 세계적 인도주의 단체인 자만 인터내셔널(Zaman International)은 13년 동안 음식, 옷, 보호소, 의약품을 제공하고 있다. 뿐만 아니라 성인을 상대로 한 문자교육과 여성의 역량을 강화하는 직업훈련 프로그램을 실시하였는데, 특히 미망인이나 고아, 버려지거나 학대받고 이혼당한 여성, 또는 불치병을 가진 배우자를 둔 여성을 대상으로 하였다. 2009년에 자만 인터내셔널은 가족들에게 매일 따뜻한 식사를 제공할 수 있는 이동식품창고(Mobile Food Pantry) 운영을 시작하고, 2019년에는 9천 명에게 음식을 제공하는 것을 목표로 삼았다. 자만은 보스니아, 레바논, 가자, 뉴올리언스,

아이티 구호활동 및 파키스탄 홍수구호활동을 함께해왔다. 또한 자만은 곧 디어본에 6만 2천 평방피트 규모로, 푸드뱅크, 수프 키친, 직업교육센터, 의류분배센터로 사용하게 될 인간을 위한 희망센터(Hope for Humanity Center) 건설공사를 새롭게 시작할 것이다. 그 두 번째 단계는 공원에 조성하는 시니어 건강센터와 유아기 발달 프로그램에 초점을 맞출 것이다.

ILM 재단은 로스앤젤레스에서 창단된 이래, 미국 전역의 도시는 물론 국제적으로도 확대되었으며, 공동체 원조를 위한 전국적 규모의 조직화된 활동으로서 인도주의의 날(Humanitarian Day)을 시작하였다. 자원봉사자들은 노숙자들에게 음식과 건강진단, 위생 키트와 의류를 제공하고, 생활기술교육도 실시하였다. 이와 유사한 전국적으로 조직화된 계획을 지원하고 있는 단체로, 이슬람 구호 유에스에이(Islamic Relief USA, Day of Dignity), 무슬림 학생연합(Muslim Student Association, Project Downtown) 등이 있다. 이들은 모두 더 넓은 공동체 안에서 집 없이 굶주리고, 혜택 받지 못한 사람들을 위해 일할 자원봉사자를 동원한다.

112 | 이슬람 금융과 은행은 무엇인가?

전통적인 은행은 오랫동안 이슬람 세계에서 폭넓게 뿌리를 내려왔다. 많은 무슬림과 무슬림 정부는 이자에 바탕을 둔 현대 서양의 은행 및 금융체계에 지속적으로 의존하고 있지만, 최근 더 많은 무슬림이 수수료나 금리를 꾸르안에서 금지한 리바(riba, 고리대금, 불로소득, 착취를 의미하기도 한다)로 간주한다. 모든 이자가 고리대금인가에 대해서는 오늘날 무슬림 학자들마다 의견이 다르다. 일부는 리바가 단지 과도한 이익이나 경제적 착취를 뜻한다고 주장한다.

무슬림 세계에서 영향력 있는 종교적 권위를 가진 카이로 알아즈하르 대학의 이슬람 학자들은 2002년에 꾸르안이 모든 이자와 수수료를 금지한 것은 아니고, 지나치게 높아 적정선을 넘어 고리대금이 된 것만 금지한다고 선언하였다. 하지만 다른 학자들은 이자 개념 전체가 리바이기에 합법적이지 않다고 본다.

이자를 금기(하람, haram)라고 믿는 무슬림은 주택 모기지를 구입하거나 주식시장에 투자를 할 때, 양심의 위기와 맞닥뜨렸다. 이러한 경우에 대응하고자 이슬람식 은행과 금융제도가 마련되었다. 이슬람 금융과 은행이 무슬림 세계 여러 곳으로 확산되고 있지만, 최근까지 미국과 유럽에서는 비교적 눈에 띄지 않았다.

서양에서는 '샤리아에 부합하는' 상품 발전이 더디게 이루어진다. 이는 단순하게 은행 제도가 이슬람법(샤리아)의 지식을 결여했기 때문만이 아니라 무슬림 공동체 내에 충분한 시장이 형성되지 않았기 때문이었다. 그러나 최근에는 예상 밖의 높은 유가상승으로 뜻밖의 소득이 나오면서 말레이시아와 같은 무슬림 국가들이 이슬람 금융의 중심지가 되고자 하는 열망이 강해졌고, 고전하고 있던 서양의 금융시장도 끌어들여 이슬람 금융의 붐으로 이어졌다. 전 세계 이슬람 금융시장은 지난 3년 동안 매년 15%씩 성장했다. 운용 중인 이슬람 자산의 추정액은 대략 8천억 달러인데, 일부에서는 잠재적 시장을 4조 달러 규모로 예상하기도 한다.

가장 규모가 큰 이슬람 금융은행 열 개는 어디에 있을까? 사우디아라비아? 쿠웨이트? 카타르? 스스로를 이슬람 은행의 글로벌 수도로 여기는 말레이시아? 이 나라들 중 한 곳이나 무슬림 세계의 한 나라를 생각한다면 틀렸다. 많은 무슬림 국가에 이슬람 은행이 있지만 가장 큰 열 개의 이슬람 금융기관은 유럽과 미국의 은행이다. UBS, HSBC, 바클리즈, 도이치뱅크, 스탠더드차타드, 로이드 TSB, 스위스재보험, 시티그룹, 골드만삭스, 모건 스탠리가 샤리아 준수 시장에 뛰어든 선도적인 서양 기관이다. 이들 은행은 계약 검토를 책임지는 샤리아 고문단을 두고 있다.

현재 널리 판매되고 있는 주요 상품 중 하나인 무슬림 모기지는 기존의 서양 융자제도나 모기지를 이슬람적이라고 받아들이지 않는 미국이나 유럽 무슬림의 수요에 부응하고 있다. 이러한 모기지는 대출금에 대한 수수료, 수익, 혹은 이자납부를 전통적으로 금지하는 이슬람법을 준수하려고 한다. 은행 및 금융기관은 무슬림 모기지 시장의 성장에 맞추어 서비스를 제공하기 위해 발 빠르게 움직여왔다. 예를 들어 영국의 가장 큰 은행 중 하나인 HSBC는 2003년 7월에 샤리아 준수 모기지 상품을 내놓았다. 2005년 말에는 로이드, TSB와 영국 이슬람 은행을 포함한 다섯 개 은행이 이슬람 모기지를 제공하였다. 오늘날 영국은 서양에서 이슬람 금융을 선도하는 중심지다.

무슬림 모기지가 일반적인 서양의 모기지와 다른 점은 무엇인가? 이슬람 모기지는 은행이 자산을 구입하고 그것을 모기지에 되파는 형태로 이루어진다. 이는 다양한 방식으로 취급할 수 있다. 무라하바(murahaba) 계약에서 은행은 자산을 구입한 다음, 거기에 이익을 더하여 미리 합의된 가격으로 매수자에게 파는데, 매수자는 이 금액을 일정 기간 동안 분할 지불한다. 무샤라카(musharaka, 지분) 제도에서는 주택 매입에서 가장 큰 지분을 부담한 은행과 고객이 파트너십을 맺는다. 고객은 매달 주택 사용료와 집의 순수자산에 대한 개인 분담금을 은행에 지불하여 모기지를 완전히 상환할 때까지 소유권 지분을 점차 늘려간다. 이 옵션은 고정 상환보다 초기 상환금을 줄일 수 있는 다양한 상환 방법을 제공하므로 더 유연하다. 이와

영국 런던의 이슬람 은행

비슷한 이자라(ijarah, 월세) 제도에서는 은행이 집을 사서 고객에게 임대하고, 고객은 주택 가격에 상응하는 월세를 지불한다. 월세 납입은 고객이 집을 100% 소유할 때까지 계속된다. 일반적인 임대와 달리 고객은 주택 수리 유지책임을 지고 주택 소유자의 권리와 의무를 모두 갖는다.

무슬림 모기지에는 어려운 점이 몇 가지 있다. 흔히 매수자는 전통적인 모기지에서 요구하는 것보다 더 많은 금액을 초기에 마련해야 한다. 일반적으로 샤리아 준수 모기지는 전체 가격의 20~30% 정도에 해당하는 높은 보증금을 지불해야 한다. 이러한 지적에 대해, 일부 무슬림은 종교가 항상 가장 쉬운 길을 택하는 것은 아니라며 반박한다. 유대인의 코셔 음식에 해당하는 이슬람의 할랄 음식이 일반 음식보다 더 많은 비용이 드는 것과 마찬가지로 무슬림은 종교적인 의무를 이행하기 위해 그 정도의 손해는 기꺼이 감수하고, 또 그에 따라 받을 보상도 잘 알고 있다. 일부에서는 이슬람 은행 기준이 실행되었다면, 최근 미국의 투자 금융시장의 위기는 피할 수 있었을 것이라고 말한다.

113 | 무슬림 텔레비전 전도사들-설교자들이 있는가?

통신의 세계화로 이집트에서부터 인도네시아까지 수백만 명, 때로는 수억 명에게 영향을 미치는 많은 수의 무슬림 미디어 스타가 상당수 배출되었다. 이들 중에는 카리스마 넘칠 뿐 아니라 엄청나게 성공한 새로운 종류의 설교자도 있다. 그리스도교 텔레비전 전도사들과 마찬가지로, 이들은 커다란 강당과 스포츠 스타디움을 사람들로 채우고, DVD, 비디오, 오디오 테이프나 위성 텔레비전과 라디오, 그리고 인터넷으로 메시지를 전파한다.

이러한 무슬림 텔레비전 전도사들과 이들의 조직은 전통적인 성직자와 모스크, 무프티, 파트와의 대안이다. 대부분은 일상생활의 문제점들에 대해 조언을 하고, 실천적이고 구체적인 이슬람의 활기차고 성공적인 영성을 장려하면서, 직접적이고 현실적인 메시지를 설파한다.

이들 중 세 명의 중요 인물, 즉 이집트의 아므르 칼레드(Amr Khaled), 파키스탄의 무함마드 까드리(Muhammad Qadri), 인도네시아의 압둘라 김나스티아르(Abdullah Gymnastiar)는 서로 다소 다른 스타일을 보여준다.

아므르 칼레드는 "아랍 세계의 첫 번째 이슬람 텔레비전 전도사, 스스로를 안티 빈 라덴으로 만든 디지털 시대의 빌리 그래험(Billy Graham)"으로 불린다. 깔끔하게 면도하고, 유행하는 서양식 양복을 잘 차려 입은 칼레드는 15세에서 35세에 이르는 수백만 명의 젊은 무슬림에게 구어체 아랍어로 말한다. 그는 아랍 세계의 중상층 무슬림과 서구에 사는 아랍 이민자들을 주된 청중으로 삼는다. 왜냐하면 이들이 이슬람 세계를 더 낫게 변모시킬 가장 큰 잠재력을 가졌다고 믿기 때문이다.

아므르 칼레드는 보수적인 종교 신앙을 카리스마적 개성 및 화법과 조화시킨다. 경영교육 용어와 더불어 이야기, 웃음, 눈물로 채워져 대중을 만족시키는 감성적 퍼포먼스와 눈물로 가득한 감성적 연기로 대중을 만족시키면서 그는 이슬람을 매일의 삶과 관련시킨다. 그는 개인적 신앙, 매일의 기도, 가족 관계, 베일 쓰기, 데이트, 공동체의 책임 같은 이슈를 다루면서 하나님의 사랑을 강조하길 좋아한다. 그러나 정치에 대해서는 말하지 않는다.

특히 무슬림 젊은이들은 무슬림의 가치와 삶을 향한 긍정적이고 주도적인 태도를 강조하면서 현실에 기반을 둔 그의 종교적·영적 메시지에 매료된다. 그는 많은 무슬림 설교자들과 원리주의자들의 부정적인 "아니야, 이슬람이 아니야(No, No Islam)"를 긍정의 "삶에 대한 예스, 이슬람(Yes to life Islam)"으로 대체한다.

칼레드는 젊은이들에게 그들이 바꿀 수 없는 것들이 아니라 바꿀 수 있는 것, 즉 그들의 태도, 행위, 특성들에 주목하라고 격려한다. 그의 메시지는 사람들에게 활력을 주고, 사회개선에 기여하는 매일의 일상적 행위를 묘사하고 있으며, 단순하고 직접적이다.

- 길거리의 쓰레기들, 너 스스로 치워라.
- 네 집 앞에 패인 곳, 너 스스로 메워라.
- 네 집에 깨진 유리는 갈아 끼워라.
- 모스크를 청소해라. 너 스스로 하는 것을 부끄러워하지 마라. 너의 선도적인 태도가 네게 용기를 줄 것이다.
- 네 이웃 아이들을 개인지도 해라. 그들에게 언어를 가르치거나 컴퓨터 사용법을 알려줘라.
- 문맹인 사람들을 가르쳐서 문맹률을 줄이는 데 일조하라.
- 주부들은 여성들과 미망인들에게 기술을 가르쳐서 그들이 경제적 도

움을 기다리는 대신에 일할 수 있도록, 그들을 돕는 계획을 시작하라.

칼레드의 이러한 요청은 아랍 세계, 아시아, 아프리카, 유럽의 국가들 및 미국으로부터 엄청나게 많은 응답을 받고 있다. 그는 이런 응답을 활용하고 가르치기 위해 자신의 웹사이트를 쌍방향적으로 이용한다. 가난한 이들에게 옷을 전달하자는 요청에 세계 26개국에서 수천 명의 사람들이 150만 개의 옷 꾸러미를 모아 필요한 사람들에게 나누어주었다.

이전에 회계사로 일했던 칼레드와는 달리 무함마드 까드리는 훈련받은 종교학자이자 대중설교가이다. 전통적인 마드라사에서 교육을 받고 1972년 펀잡 대학교에서 이슬람학 석·박사학위를 취득한 그는 전통주의자는 물론 전통적 이슬람학을 현대적 학문 분야와 통합하는 것을 인정하는 사람에 이르기까지 폭넓은 청중에게 호소한다. 자유주의적이고 관용적인 시각으로 유명한 그는 순니와 시아의 대화합, 종교간 대화, 파키스탄 그리스도인 지원을 촉구한다.

까드리는 국제적인 이슬람 운동인 민하줄 꾸르안 인터내셔널(Minhaj-ul-Quran International)을 창설하였다. 라호르에 기반을 둔 이 조직은 전 세계 90여 개국에 활동 센터를 두고 있다. 그의 발언은 우르두어, 펀잡어, 아랍어, 영어로 수천 장의 CD와 DVD에 담겨 남아시아, 중동, 유럽, 북미에 전달되고 있는데, 파키스탄 역사에서 유래가 없을 정도로 전자 기술에 많이 의존하고 있다.

까드리는 이슬람의 이름으로 이루어지는 테러를 비판해왔다. 9·11 테러를 처음부터 비판한 그는 종교적이거나 정치적인 목표를 위해 폭력을 승인하거나 사용하는 사람들에게 이슬람적 정당성이 없다고 비판한다. 2010년 3월 2일에 그는 "어떠한 변명이나 구실"도 붙이지 않고, 기존 테러 비판을 모두 넘어서 "절대적인" 비판으로 평가받는 600쪽 분량의 파트와를 발행하여 전 세계의 이목을 끌었다.

그는 테러리스트와 자살폭탄범은 불신자이고, "테러는 테러, 폭력은 폭력이다. 그리고 이것은 이슬람의 가르침 어느 곳에도 없고, 어떠한 정당성도 부여할 수 없으며, 어떤 변명이나 조건, 이의도 있을 수 없다"고 주장하였다. 언론으로부터 상당한 주목을 받은 까드리의 파트와는 이슬람을 테러리스트로부터 되찾고, 테러리스트 신병모집을 약화시키는 강력한 주장으로 묘사되었다. 하지만 동시에 그는 미국의 아프가니스탄과 이라크 침략도 강하게 비판하였다.

그리스도교 텔레비전 전도사들과 마찬가지로 무슬림 텔레비전 전도사들의 규모, 모습, 개성도 다양하다. 극장이나 드라마에 관해서 압둘라 김나스티아르에 맞설 수 있는 사람은 거의 없다. 「타임」지는 그의 드라마틱하고 심지어는 카리스마적인 호소력을 다음과 같이 생생하게 포착하였다.

> 무선 마이크 … 드라이아이스에서 나오는 연기 … 4중주단이 뒤편에 자리 잡은 무대. 평상시처럼 스포트라이트를 받으며 벨벳 같이 부드러운 바리톤 음성이 대중을 어루만진다. … 손이 자유롭게 움직이다가 황홀감에 가슴을 친다. 그의 설교는 수많은 남녀가 울면서 우레와 같은 박수갈채를 보내는 가운데 끝난다.

김나스티아르는 부자와 가난한 자, 배운 자와 못 배운 자, 남성과 여성 모두에게 가장 인기 있는 인도네시아의 텔레비전 전도사로, 인도네시아의 영화스타들보다 더 유명하고, 여전히 따르는 사람들이 많다. 무슬림과 많은 그리스도인은 종교다원주의와 함께 모든 종교들은 궁극적으로 같은 메시지를 설파하는 것이라고 강한 어조로 말하는 그의 믿음에 끌려 들어갔다. 그의 메시지는 텔레비전과 라디오에서 6천만 명에게 전파되었고, 책, 카세트, 비디오, 경영자 교육 세미나, 그가 광고하는 꼴부 콜라의 빨간 캔 위에 쓰인 격언을 통해 전파되었다.

아무르 칼레드의 업적을 보완하면서, 김나스티아르는 설교가, 미디어 스타, 기업가로서 엄청나게 성공한 자신의 삶을 예로 들면서 종교적 가르침을 기업의 자본주의, 자기개발을 위한 조언과 결합하여 스스로의 삶과 재산을 통제할 수 있는 능력을 강조하였다. 그는 사업체의 현대적 원칙을 이슬람의 가르침과 인도네시아 문화와 혼합하여 "양심경영"이라고 불렀다.

여러 많은 인도네시아 지도자들처럼 그는 폭력과 종교적 극단주의를 비판해왔는데, 긍정적이고 동기를 부여하는 스타일 덕분에 그의 가르침은 다른 이들보다 더 효과적이었다. 그는 종교기숙학교(pesantren)에서 사회상층부 자녀들을 다수 가르쳤다. 인도네시아의 주요 기업들은 그가 운영하는 이슬람 훈련센터에 고위 간부들을 보내어 교육을 받도록 하였는데, 교육 프로그램에는 성공의 세 가지 열쇠, 즉 (사람들의 신뢰를 얻기 위한) 정직, 전문성, 혁신을 강조하는 윤리와 꾸르안학이 포함되었다. 그는 성공을 위한 일곱 가지 팁("침착하고, 능숙하고, 잘 계획하고, 정돈되어 있고, 성실하고, 강인하고, 겸손하라")과 선한 상품을 위한 다섯 가지 팁("싸고, 높은 질로, 쓰기 쉽고, 시대에 맞고, 현세와 내세 모두에서 유용해야 한다")에 대해 설교했다.

하지만 일부 그리스도교 전도사들과 마찬가지로, 혜성처럼 등장한 김나스티아르는 스캔들로 사라졌다. 2006년 후반 대단히 성공적으로 이익을 창출하며 경력의 정점에 섰을 때, 자신의 경영 그룹에서 일했던 여성으로 세 아이를 둔 편모이자 전직 모델을 두 번째 아내로 얻었다는 사실이 폭로되었다. 매우 인기가 많아 종종 연설 장소에 함께 나오기도 했던 김나스티아르의 첫 번째 아내이자 일곱 아이의 어머니는 조용히 남편의 두 번째 결혼에 동의하였다.

충격과 환멸에 휩싸인 김나스티아르의 추종자들, 특히 여성들이 그의 프로그램에서 탈퇴했다. 다른 이들은 "당신은 당신의 종교를 다 팔아먹었다"고 비난하며 그에게 맞섰다. 김나스티아르는 "여성들은 일부일처제인 경향이 있는데, 그것은 그들의 '소프트웨어'가 그렇기 때문이다. … 하지만 남성들은 소프트웨어가 다르다"고 어리석게 대응하더니 결국 공개적으로 사과했다. 그는 "일부다처제가 혼외정사보다 낫다"고 설명했다. 또한 "내가 그랬다고 다른 남성들이 나와 똑같은 일을 하는 것을 정당화해서는 안 된다. 이는 내가 권장하는 것이 아니다"라고 덧붙였다. 추락의 길을 걸은 여러 그리스도교 전도사와 마찬가지로, 김나스티아르의 신뢰도, 설교자 역할, 운영조직 역시 모두 심각한 타격을 받았다. 그의 설교를 들으러 오는 청중과 학교 등록자, 세미나 참여도, 제품판매고가 가파르게 주저앉았고, 종교와 정치, 기업 지도자들이 초대를 취소하고 지원을 철회하였다.

114 | 오늘날 이슬람에서 인터넷은 어떤 역할을 하는가?

몇백만 명이 매일 뉴스, 정보, 쇼핑, 조사, 사회관계망 관리를 위해 인터넷을 사용한다. 무슬림도 예외가 아니다. 무슬림과 이슬람에 대해 좀 더 배우고 싶어 하는 비무슬림 모두를 대상으로 하는 이슬람 웹사이트가 많다. 아랍어는 물론 우르두어, 스페인어, 스와힐리어 등 여러 언어로 꾸르안, 꾸르안 주석, 예언자 전승 모음집을 온라인에서 이용할 수 있다. 이맘들은 전 세계 무슬림이 비용을 들이지 않고 금요일 설교(khutba)와 강의를 다운로

드할 수 있도록 웹사이트를 활용한다. 주요 종교지도자, 학자, 설교자들은 국제적으로 많은 청중을 끌어들이고 교육시키기 위해 자신의 웹사이트를 소유하거나 페이스북, 트위터, 유튜브를 활용한다.

사회관계망도 무슬림 사이에서 큰 인기를 끈다. 이메일은 서구에 있는 무슬림과 다른 지역이나 국가에 사는 가족 및 친구 간 의사소통을 원활하게 만든다. 페이스북, 링크드인과 같은 웹사이트는 사람들 간 연락과 관계형성을 원활하게 만든다. 일부 독신자들은 Companionship.org, MuslimFriends.com, SingleMuslim.com 같은 인기 웹사이트에 가입하여 미국, 유럽, 중동, 동남아시아에서 결혼 상대자를 찾는다. 이들 사이트에서는 이맘이 짝을 맺어주기도 하고, 남녀가 만나고, 사귀고, 또 결혼 여부를 결정하기도 한다.

무슬림은 그 밖의 온라인 사이트, 포럼, 채팅방을 통해서 새로운 친구를 사귀기도 하고, 종교, 정치, 사회 이슈를 논의하고 논쟁을 벌이며, 대중문화에 대한 시각을 공유하기도 한다. 또한 인터넷은 무슬림 여성들에게 개방된 익명의 공간을 제공한다. 여성들은 가족과 사회 내 여성의 권리와 역할에서부터 패션과 음악에 이르기까지 사이버 공간에서 자신들의 관심사를 다른 사람들과 함께 살펴본다. 일부 사람들은 인터넷을 통해서 교육을 받거나 교육의 폭을 넓히고, 시장에서 활용 가능한 직업기술을 익힐 기회를 잡기도 한다. 여성들의 배움 파트너십(Women's Learning Partnership) 같은 비영리 단체는 온라인 과정을 통해 무슬림 여성들이 직업 기술을 습득하도록 돕는다. 인터넷을 통해 자신의 사업을 발전시키는 사람들도 있다. 매우 보수적인 가족 출신 여성들은 집 안을 벗어나지 않고도 일하며 돈을 벌 수 있다.

한 번의 클릭으로 위에 언급한 모든 서비스를 제공하는 웹사이트도 있

무슬림에게도 인터넷은 세상과 연결하는 통로가 되고 있다.

다. IslamiCity.com과 IslamOnline.net 같은 사이트는 전 세계 무슬림을 하나의 온라인 이슬람 공동체로 통합하는, 이슬람 가상도시 역할을 한다. 예를 들어 IslamiCity.com은 이슬람과 무슬림에 대한 이해를 증진시키고, 모든 사람들을 위한 평화 모색을 목적으로 한다. 이 사이트는 꾸르안에서부터 미 전역 무슬림 비즈니스에 이르기까지 다양한 정보를 제공하는 원스톱 숍의 역할을 한다. 인터넷 사용자들은 사이트에 로그인하여 이슬람 텔레비전 프로그램을 볼 수도 있고, 전 세계 무슬림과 정치를 토론하는 포럼에 가입할 수도 있다. 이 사이트에는 인터넷 사용자들이 이슬람적인 선물과 책을 살 수 있는 바자르도 링크되어 있다.

비무슬림들은 이슬람 신앙이나 여성의 권리에 대한 무슬림의 관점 같은 정보에 접근하거나 일반적인 이슬람 용어 해설을 보려고 종종 IslamiCity.com을 이용한다. 또한 이맘(종교지도자)이나 무프티(법률가)에게 광범위한 이슈를 질문할 수도 있다. 이 쌍방향적 사이트를 통해 무슬림과 비무슬림 모두 이슬람에 관한 이슈를 다른 사람들과 함께 개방된 환경에서 논쟁할 수 있게 되었다.

IslamOnline.net은 무슬림과 비무슬림 모두에게 이슬람에 대한 정확하고 믿을 만한 정보를 제공한다. 건강과 과학, 예술과 문화, 가족 관련 기사를 통해 독자들은 최신 현안에 대한 이슬람의 다양한 관점을 습득한다. 또한 이 사이트는 무슬림들이 서로 대화하거나 심지어는 파트와(법률적 의견)를 청취할 수 있는 웹 캐스트와 생방송 기회도 제공한다. 인터넷 사용자가 이슬람 카운슬러에게 온라인 상담을 받을 수도 있다. 물론 역사적으로 보면 무프티는 상황과 관련된 사람들을 알고 있는 상태에서 파트와를 발행할 수 있었다. 그러나 이제는 파트와를 인터넷에서 발행함에 따라 파트와 신청인과 무프티가 컴퓨터 화면으로만 연결되어 서로 누구인지 알 수 없을뿐더러 양자의 관계 또한 예전처럼 성립되지 않는다는 문제도 있다.

인터넷의 혜택은 막대하다. 부정적인 점은 증오와 폭력을 담은 메시지를 설교하기 위해 익명의 극단주의자와 테러리스트들이 채팅방과 포럼을 이용한다는 것이다. 테러리스트들은 때로 무슬림 이민자들이 현재 거주하는 나라에서 느끼는 소외와 차별을 먹잇감 삼아 새로운 조직원을 모집하기 위해 호전적인 사상을 강변한다. 이들은 선거권이 없는 무슬림, 특히 젊은 성인을 표적으로 삼아 급진적인 이슬람을 주입하기 위해 팝문화에서 스포츠에 이르는 너른 범위의 주제를 논의하는 젊은이 위주의 웹사이트에서 활동한다.

이들은 급진적인 설교자와 테러리스트의 발언뿐만 아니라 이슬람의 이름으로 행하는 살인과 테러에 종교적 정당성을 부여하는 파트와도 이용한다. 종종 차별과 적대를 경험하는 서구의 일부 무슬림 청년들이 목표물이 되거나 이러한 사이트와 호전적인 메시지에 이끌린다. 무슬림 국가에 사는 청년들도 지배자에게 맞서는 지하드나 서구의 군사적 점령 종식을 위해 싸우는 무슬림을 돕자는 요청에 응한다.

인터넷은 양날의 검이다. 인터넷을 이용하여 무슬림은 온라인상에서 전 세계 움마를 이루어 서로 연결되고, 중요한 종교적 자료에 접근한다. 마우스 클릭 한 번으로 꾸르안 낭송, 설교, 기도를 들을 수 있다. 가족과 친구들이 바다를 사이에 두고 떨어져 있더라도 서로의 삶에 참여할 수 있다. 그러나 인터넷의 익명성 때문에 무엇이든 누구나 말하고 옹호할 수 있다. 정당성을 갖춘 종교지도자와 학자, 설교자는 물론, 급진적 성직자와 테러리스트도 교육과 선교를 위해 인터넷을 사용한다. 사적인 공간에서, 공적인 공간에서, 그리고 가상현실에서 무슬림의 마음을 사로잡기 위한 다툼이 벌어지고 있다.

115 | 이슬람 개혁의 큰 난관들은 무엇인가?

과거에 무슬림은 무슬림 국가의 울라마(종교학자들)와 무프티(법률학자들)에게 권위 있는 대답을 얻고자 했다. 그러나 오늘날 정치와 문화, 소수자의 사회적 지위와 권리, 다원주의, 관용과 신앙에 관한 질문은 무슬림 지식인, 즉 남성과 여성 모두를 포함한 종교학자와 평신도 학자가 다루고 있다. 이들 무슬림 개혁가는 선봉에 서서 오늘날 사회가 필요로 하는 진보적이고 건설적인 이슬람의 틀을 명확하게 하고자 오랜 전통에 맞서며, 보수적이고 근본주의적인 당파의 저항에 직면하고 있다.

개혁의 범위와 한계, 전통의 역할, 전통과 변화의 관계, 여성의 역량강화, 저항과 폭력의 정당한 형태와 정당하지 못한 형태, 자살폭탄과 순교, 근본주의의 위험성, 이슬람과 민주주의의 양립 가능성, 이슬람과 종교다원주의의 양립 가능성, 서구 무슬림의 역할 등 다양한 사안에 대한 활발한 논쟁이 벌어지고 있다. 개혁자가들은 이슬람이 중세적이고, 정적이어서 변화 불가능하고, 여성을 비하하는 폭력적인 종교이며, 민주주의와 양립할 수 없고, 무슬림은 종교적인 극단주의와 테러리즘에 반대하는 목소리를 내지도 않고, 종교다원주의와 종교간 대화를 거부하며, 비무슬림 국가의 충실한 시민이 될 수 없다는 등의 이슬람에 관한 뿌리 깊은 인식이 틀렸음을 보여준다. 개혁적 성향의 무슬림 역시 법, 역사, 정치, 의학, 경제, 과학 등 근대교육을 받았고, 이슬람 종교 전통도 깊이 알고 있다. 이들은 근대화와 발전, 지도력과 사상, 민주화, 다원주의, 외교정책에 맞게 이슬람의 문헌과 전통을 재해석할 능력을 지녔다.

하지만 개혁가들은 여전히 소수에 불과하고 만만찮은 난관에 직면해 있다. 억압적인 권위주의 정권은 모든 개혁, 권력분점, 법치가 정권이 누리는 권력과 특권을 위협한다고 생각한다. 따라서 개혁가들은 창조적 또는 독립적 사상이나 행동을 지지하지 않는 허약한 시민사회에서 어려움을 겪는다. 또 다른 난관은 종교적 극단주의자에게서 비롯된다. 이들은 "자신들의 이슬람"을 강제하고, 이에 동의하지 않는 사람들은 말살하라는 하나님의 명령을 받았다고 믿는다. 끝으로, 정부는 종종 의도는 좋지만 중세적 패러다임에 집착하는 고집스런 종교적 보수주의자들의 권위를 빌려 개혁을 비정상 내지 "이단"으로 내몰며 불법화한다.

이슬람을 배우는 곳을 장악하고 있는 종교적 기득권층이 종종 개혁에 반대한다. 이들은 종교지도자와 지역 모스크 이맘을 양성하는 마드라사를 운영한다. 많은 국가에서 이들은 종교 교과과정에 영향력을 행사하고, 학교와 대학에서 이슬람 과정을 가르친다. 따라서 이들은 공식적인 이슬람 이해는 물론 무슬림 대중 및 가족들 사이에서 이루어지는 이슬람 이해도 모두 결정하는 강력한 힘을 가지고 있다.

개혁 노력을 저지하는 강력한 세력이 있음에도 불구하고, 21세기에는 또 다른 세력의 영향으로 새로운 아이디어의 실행이 추진력을 얻고 있다. 신전통주의자는 물론 더 자유주의적이고 근대적이며, 교육을 받고, 이슬람적 방향성을 지닌 무슬림 개혁가 및 단체, 그리고 무비판적으로 과거에 얽매여 낡은 행위를 고수하는 사람들, 종교지도자, 학자, 텔레비전 설교가 등을 비판하는, 점차 증가하고 있는 교육받은 대중이 바로 이 새로운 세력에 해당한다.

새로운 아이디어를 수용한 사람들은 현대적 문제에 이슬람적 원칙을 적용하고 쌍방향 초고속 정보통신망을 활용한다. 더 자유로운 사고를 하며 글을 쓰는 서양의 무슬림은 이러한 정보통신망을 사용하여 조사나 저술, 발언에 더 많은 제약을 받는 무슬림 국가 사람들과 개혁적 아이디어를 교환한다.

116 | 문명 간 충돌이 있는가?

문명의 충돌은 새뮤얼 헌팅턴이 1993년 「포린어페어즈(Foreign Affairs)」 기사와 1996년의 저술 『문명의 충돌과 세계 질서의 재편(The Clash of Civilizations and the Remaking of World Order)』에서 주장한 유명한 논지로, 9·11 공격이 이 주장을 극적으로 강화하는 듯 보였다. 헌팅턴은 문화적이고 종교적인 차이가 냉전의 이데올로기적 갈등을 대체하고, 세계 평화에 대한 가장 큰 위협으로 등장하고 있다고 주장했다. 2001년 12월 「뉴스위크」 기사에서 그는 이슬람과 서양 격화된 전투를 예고하면서, "무슬림 전쟁의 시대"가 공식적으로 시작되었다고 주장했다.

헌팅턴은 이 전 지구적 갈등이론에서
이슬람이나 서양, 혹은 중국과 같은 특정
문명 아래 여러 국가와 사회를 그룹으로
묶어놓았는데, 한 문명에 속하는 여러 국
가와 사회 사이에서는 물론, 두 개의 국
가나 사회 사이, 혹은 한 국가나 사회 내
부에도 의미 있는 다양성이 존재한다는
것을 평가하지 못하였다.『문명의 충돌』
에서 헌팅턴은 "이슬람에게 문제는 CIA
나 미국의 방위국이 아니다. … 문제는 서

새뮤얼 헌팅턴의 『문명의 충돌과 세계 질
서의 재편』(1996)

양이라는 상이한 문명이다. 서양인은 자신의 문화가 보편성을 가진다는
것을 확신하여, 문화가 쇠퇴하더라도 서양의 우월한 힘으로 말미암아 자
신에게는 전 세계에 서양 문화를 확산시킬 의무가 있다고 믿는다"고 서술
하며, "서양"을 단일한 구성물로 상정한다. 이는 잘못된 말이다.

문명이 문화·정치적 통일성을 반영하지 않는다는 것을 살피기 위하여
굳이 거대한 권력 갈등의 역사를 깊이 들여다볼 필요는 없다. 독일이 대다
수 유럽 국가 및 미국과 맞붙었던 1차, 2차 대전은 서양 문명의 취약성을
냉철하게 보여주는 증거이다.

마찬가지로 무슬림 세계 내부에서 있었던 장황한 갈등 상황을 보면, 이
슬람 문명이 어떤 강력한 핵심 정체성을 중심으로 이루어졌다는 생각은
하기 어렵다. 1980~88년에 일어난 이란-이라크 전쟁, 1990~91년의 1차 걸
프 전쟁 기간 중 분열된 무슬림 국가들, 이라크와 파키스탄에서 벌어지는
순니-시아 갈등은 이슬람 문명이 어떤 강력한 핵심적 사고를 중심으로 조

직화되었다는 생각을 반박하는 몇 가지 좋은 예다. 더 잘못된 것은 헌팅턴의 이슬람상 그 자체다. 그는 이슬람이라는 "상이한 문명에 속하는 사람들은 자신의 문화가 우월하다는 확신을 가지면서도 힘이 열등하다는 강박관념에 시달린다"고 보았다. 엄밀히 말하면, 사실상 "이슬람적"이라고 부를 수 있는 문명은 없다. 더 적절하고 구체적으로 이 용어가 지칭하는 것은 이슬람 종교인데, 이는 무슬림 문화와 정치를 형성하는 여러 요소 중 하나다.

이슬람을 단순하게 희화화하는 것을 정당화하기 위하여 헌팅턴의 수사를 이용하는 사람도 일부 있지만, 대부분의 무슬림은 서양을 단일체로 보지 않는다. 사실 무슬림 사회 내부의 반미 감정은 주로 서양 종교나 문화가 아니라 미국의 외교정책에 대한 반감과 관련되어 있다. 2005~7년 갤럽 세계여론조사에서 무슬림 응답자는 토니 블레어와 조지 부시가 추구한 외교정책에 대해 매우 부정적인 시각을 표출하였다. 응답자들은 이러한 정책에 반대한 서구 열강 프랑스와 독일을 더 긍정적인 시각으로 바라보았다. 예를 들어 이집트인의 74%가 미국에 대해 비우호적인 시각을 가지고 있었고, 69%가 영국에 대해서도 똑같이 응답한 반면, 프랑스와 독일에 대해서는 각기 21%와 29%만이 비우호적인 감정을 가지고 있었다. 무슬림의 미국 인식을 미국식 외교정책을 추진하지 않는 미국 북쪽의 이웃국가 캐나다에 대한 무슬림의 인식과 비교해보면, 정책의 차이가 극명하게 드러난다. 2006년도 조사에서 쿠웨이트인의 66%가 미국에게 비우호적 견해를 나타낸 반면, 캐나다에 대한 비우호적 서술에는 단 3%만이 동의했다.

이러한 태도는 "이슬람의 국경은 피로 얼룩져 있고, 이슬람 내부 또한 마찬가지"라면서 유혈사태의 원인은 정치적 불만을 가진 소수 무슬림 테러리스트의 소행 때문이 아니라 명백하고 단순하게 이슬람 종교 탓이라고 하는 헌팅턴의 결론과 선명하게 대조된다. 9·11 이후, 문명 충돌의 이미지는 대통령 연설과 신문 사설에서 서양의 민주주의와 자본주의, 자유를 "증오하는" 무슬림 세계의 테러리스트와 문명화된 세계 사이에서 벌어지는 전쟁, 혹은 "악"에 대항한 실존적 투쟁으로 묘사되었고, "전 지구적 테러와 벌이는 전쟁"에서 맞붙는 세력들에 대한 서술을 강화하는 데 사용되었다.

갤럽이 무슬림 국가 35개국 이상에서 실시한 5만 건에 달하는 방대한 인터뷰 여론조사에 따르면, 반미·반영 정서가 널리 퍼져 있음에도 불구하고 헌팅턴 같은 분석가들의 생각과 달리 전 세계 무슬림은 과학기술, 전문기술과 지식, 민주정부의 자유와 가치 등 서양 사회가 가지고 있는 여러 특징을 싫어하지 않고 존중한다. 여론조사 응답자들은 경제적으로 안정된 삶과 함께 "서양과 관계를 개선하려는" 열의도 미래 희망 사항 중 으뜸으로 뽑았다.

문명충돌 이론은 문화와 역사를 단조롭고 우스꽝스럽게 풍자하여 사회와 종교전통을 왜곡한다. 이 이론은 서양과 무슬림 세계의 만남을 위험스러울 정도로 지나치게 단순하게 만들어 해결책을 제시하기보다는 오히려 문제를 야기할 수 있다.

117 │ 무슬림은 세계 문명에 어떻게 기여했는가?

무슬림은 세계 문명에 크게 공헌하였다. 무슬림 사회는 그리스의 고전적 가르침을 보존했을 뿐 아니라 의학, 수학, 천문학, 사회과학에서 새로운 생각을 발전시키고 확장시켰다. 아프리카 무슬림은 새로운 무슬림 도시 사회 안에 아프리카의 특징적인 문화 전통을 보존하였고, 남아시아 무슬림 학자들은 인도의 수 체계를 받아들여 발전시켰다. 대부분의 사람들이 알고 있는 세계 역사는 고대 그리스에서 르네상스, 산업혁명, 서구 근대시기에 이르는 서양 문명의 역사에 집중되어 있기 때문에, 무슬림이 세계 문명 발전에 이처럼 공헌했다는 사실은 잘 알려져 있지 않다. 서양의 "암흑시대"가 전 지구적으로 존재했다고 생각할 수도 있으나, 이 때문에 무슬림 사회가 과학·기술 문화적으로 이룬 풍부한 유산을 간과하고 만다.

중세기에 그리스, 로마, 중국, 인도, 페르시아의 고대사회에서 유래한 지식이 무슬림 세계에서 수집·보존되고 추가되었다. 이슬람이 아라비아 반도에서 서아시아를 거쳐 북아프리카로 확장하면서 무슬림 통치자들은 과학적·기술적·철학적 발전이 넘치는 연구기관과 대학을 설립하였다. 9세기부터 15세기에 이르는 동안 무슬림 사회가 이룬 업적 덕분에 세계 문명이 이론적으로나 물질적으로 상당히 발전하였다.

이슬람이 중국으로 전파되었을 때 무슬림은 중국인에게서 제지술을 배웠다. 따라서 서양이 여전히 사용하기도 보존하기도 어려운 동물의 가죽으로 된 양피지로 필사본을 만들고 있을 때 무슬림은 책 제작 속도를 높여 지식과 교육을 확장하였다. 사회지도층은 학자를 후원하고, 책을 확보하고자 하였다. 훌륭한 공공·사설 도서관이 무슬림 세계 전역에 설립되었다. 이집트의 파티마조는 100만 권 이상의 책을 비치하였는데, 이중 적어도 1만 8천여 권이 고대 학문 서적이었다. 개인들도 대규모 사설 도서관을 소유했다. 카이로의 뛰어난 유대인 외과의사 두나슈 벤 타민(Dunasch ben Tamin)은 2만여 개 이상의 사본을, 살라훗딘의 주치의 이븐 알마스란(Ibn al-Mathran)은 1만여 개의 사본을 소유하였다.

모스크에도 도서관이 있었는데, 개인수집가들이 모스크에 책을 기부하는 일도 흔히 있었다. 학자가 자신의 저술을 모스크에서 소리 내어 읽어주

이븐 시나와 알하리즈미를 비롯한 다섯 명의 위대한 이슬람 과학자와 문인의 동상(사마르칸트, 우즈베키스탄)

는 일도 자주 있어서 이를 듣고자 일반 대중이 모여들었다. 또한 과학과 의학에서부터 철학과 종교에 관한 사본을 모스크 도서관에서 일반 대중도 이용할 수 있었다. 도서업자들은 대개 모스크 주변에서 수집가, 시민, 학생, 상인 등에게 책을 판매하였다. 예를 들어 마르라케슈의 쿠투비야(Kutu-biyya) 모스크는 그 주변에서 200명 이상의 책판매상들(kutubiyya)이 책을 팔았기에 모스크 이름이 쿠투비야가 되었다. 무슬림 사회와 유럽이 책을 접근하는 방식은 서로 극명하게 달랐다. 유럽은 사본을 수도원에 보관하였고, 이들 사본은 고도로 전문화된 신학적 주제를 다뤘다. 무슬림 사회가 세계 문명에 선사한 도서관 덕분에 서양은 지식 보전과 교육에서 혁신을 이룰 수 있었다.

의학 분야에서 무슬림이 한 공헌은 가장 중요하다. 9세기 인물로, 중세의 가장 위대한 무슬림 의사 중 하나인 무함마드 이븐 자카리야 아르라지

(Muhammad Ibn Zakariya al-Razi, 864~930)와 당대 최고의 철학자 중 하나인 이븐 시나(Ibn Sina, 980~1037)가 쓴 의학백과사전은 수세기 동안 유럽에서 핵심 의학교재로 사용되었다. 라틴어 이름 알부카시스(Albucasis)로 알려진 앗자흐라위(al-Zahrawi, 936~1013)는 눈, 귀, 인후 수술에 대한 논문으로 유럽 의사들 사이에서 명성이 높았다. 그는 외과 의료용 도구 그림, 진정제와 소독제 사용법, 봉합술 정보를 제공하였고, 최초로 제왕절개수술을 하였다.

과학 안에 의학을 정초시킴으로써, 무슬림은 의학을 폭넓은 훈련과 연구를 요구하는 전문직업으로 만들어서 해롭고 미신적이며 대중적인 민간요법을 폐지하는 데 일조하였다. 의사들은 성공적으로 의사시험을 치른 후에 히포크라테스 선서를 해야만 했다. 하루 24시간 종일 문을 연 병원이 많았고, 의사는 모든 환자를 진찰해야 했다. 얼마 지나지 않아 교육의 중심지가 된 무슬림 사회의 병원은 현대 연구병원의 효시라고 할 수 있다.

무슬림 식물학자들이 식물, 관개기술, 토지 비옥화, 윤작 관련 연구를 더 많이 하면서 의학에 대한 무슬림의 관심이 식물학과 농업의 발전에도 기여했다. 아니스, 캐러웨이, 시금치, 콜리플라워, 아스파라거스, 아티초크와 같은 허브와 식물을 의료용으로 경작하고, 전반적인 건강 증진을 위해 섭취하였다. 알안달루스, 즉 스페인의 이슬람 문명에서는 이븐 아왐(Ibn Awwam)이 12세기 중반에 160가지 서로 다른 식물의 용법을 확인하고 기술한 백과사전을 펴냈다. 이들 식물 중 일부는 당시 유럽 세계에는 알려지지도 않은 것이었다. 그의 저술은 76가지 식물을 등재한 팔라디우스(c.380)의 유럽원예학 고전을 개선한 것이었다.

무슬림의 농업 지식은 오늘날 세계 경제에서 재배, 구매, 거래되는 것들에 중요한 영향을 끼쳤다. 무슬림 사회에서 재배된 작물로는 커피, 바나나, 면화, 삼, 차, 올리브, 수박, 사탕수수, 깨, 살구, 체리, 복숭아가 있다. 아름답고 향기로우며 영양가 높은 작물과 과일, 채소 및 무슬림 식물학자와 농부의 경작기술과 지식은 십자군과 여행가, 상인을 통해 유럽 전체로 전파되었고 나중에는 아메리카 대륙에 이식되었다.

식물학의 발전은 무슬림 사회에서 이론·응용화학이 진일보하는 데 기여하였다. 예를 들어 무슬림은 올리브 오일과 초목회(草木灰)를 섞어서 비누 만드는 법을 발견하였고, 십자군은 이 카스티야 비누 제조법을 유럽으로 가져갔다. 그 밖에 식물성·동물성 기름은 등을 밝히는 데 사용하였고, 꽃과 허브는 화학처리하여 화장품과 향수로 만들었다.

화학 연구는 무슬림 사회에서 발전하여 서양으로 수입되었고, 유럽인은 이들 개념에 의거하여 오늘날 전 세계적으로 연구하고 있는 화학을 발전시켰다. 이론화학의 증류, 승화, 결정화, 물질 용해와 같은 핵심적인 화학공정 설명이 아랍어 문헌에 실려 있다.

아랍 화학의 아버지로 알려진 자비르 이븐 하이얀(Jabir Ibn Hayyan, c.815)의 저술은 라틴어로 번역되어 유럽에서 화학교과서의 표준이 되었다. 금을 용해시켜 추출과 정제공정을 용이하게 하는 물질인 왕수(aquaregia)를 발견한 것도 그의 업적 중 하나다. 물질을 영혼, 금속, 돌로 나눈 그의 분류법은 오늘날 화학물질에 이름을 붙이는 기초가 되었다. 아르라지는 의학백과사전 저술 외에도 에탄올을 발견하였다. 영어 단어 알코올(alcohol)은 바로 이 물질을 일컫는 아랍어 단어에서 유래한다.

수학 분야에서도 무슬림 학자의 공헌은 매우 컸다. 무함마드 이븐 무사 알카리즈미(Muhammad Ibn Musal al-Khwarizmi, c.780~850)는 서양에 알고리티미(Algoritimi)로 알려져 있는 대수학의 아버지다. 알카리즈미는 로마 숫자보다는 인도 숫자를 사용하여, 인도의 영 개념을 수학에 소개하였다. 알콰리즈미가 어떤 숫자조합이든 다 표현할 수 있었던 것은 0~9 범위의 숫자를 사용했기 때문이다. 복잡한 문제를 해결할 때 부분을 표현하기 위해서 처음으로 소수점을 사용한 것도 무슬림이었다. 아랍어로 쓴 수학책은 나중에 라틴어로 번역되었고, 15세기에 이르면 유럽 전역은 일상생활에서도 로마 숫자 대신 아라비아 숫자를 사용하였다.

수학의 발전은 천문학적 발견에도 공헌하였다. 예를 들어 알파르가니(Al-Farghani, c.861)는 지구 원주 계산법을 고안하였다. 크리스토퍼 콜럼버스가 이 계산법에 의존했으나, 알파르가니의 측정 단위를 오해하였다. 이 실수가 아메리카 대륙의 발견으로 이어졌다. 알밧타니(Al-Battani, c.929)는 천문학 차트(천체궤적표)를 만들고, 삼각법을 고안하였다. 그는 태양시와 태음시를 측정할 때 삼각법을 사용하였다.

스페인 코르도바에서는 무슬림 천문학자 앗자르깔리(Al-Zarqali, d.1087)가 행성과 태양의 위치를 예측하고, 시간을 측정하며, 지점의 위치를 확인하는 천문장비인 아스트롤라베를 개선하였다. 전갈자리(al-'aqrab)와 염소자리(al-jadi) 같은 별과 별자리를 발견한 것도 무슬림이다. 천정(zenith), 천저(nadir), 방위각(azimuth) 같은 영어 단어도 아랍어 천문학 용어에서 파생된 것이다.

중세 이슬람 세계를 대표하는 역사가·사상가·정치가인 이븐 칼둔(튀니지)

사회학에서는 튀니지 출신 무슬림인 이븐 칼둔(Ibn Khaldun, 1332~1406)이 인간 삶과 제도에 대한 고찰을 통해 최초의 근대적 역사학자이자 사회학의 아버지로 점점 더 많이 인정받게 되었다. 칼둔은 진공상태에서 일어나는 사건은 없다면서 역사 서술에서 처음으로 사회·경제적 맥락에 주목하였다. 유명한 저술인 『서설(Muqaddimah)』에서 그는 왕의 통치와 전쟁과 같은 사건 그 자체보다 기상, 사회구조, 직업, 교육에 대한 정보를 기록하였다. 보편 역사에 관한 이 작품은 다양한 사회구조와 문명적 형태를 검토하면서 사회의 진화에 대해서도 고찰한다.

무슬림은 철학 분야에서도 매우 큰 공헌을 하였다. 유대인 및 그리스도인과 마찬가지로 무슬림은 아리스토텔레스, 플라톤, 그리고 다른 그리스 철학자들의 이성과 도덕성 개념을 신의 계시 및 신앙과 연관·조정하는 데 온갖 노력을 기울였다. 9세기부터 13세기까지 주요 철학서가 바그다드의 도서관이자 번역기관이며, 이슬람 황금시대의 주요한 지적 요람이었던 지혜의 집에서 아랍어로 번역·보존되었다. 이 작품들이 보존되지 않았더라면, 아마도 세계 문명에서 사라졌을 것이다.

주요한 무슬림 철학자인 이븐 루슈드(Ibn Rushd, 1126~1198, 서양에는 아베로에스로 알려져 있다)는 아리스토텔레스에 대한 주요 주해서를 저술하였다. 이븐 시나(서양에는 아비센나로 알려져 있다)와 알가잘리(al-Ghazali, 1058~1111) 같은 무슬림 철학자도 신앙과 이성의 관계에 대하여 저술하였고, 이들의 자극을 받아 그리스도인들도 이러한 논쟁에 기여하였다. 위대한 그리스도교 사상가인 토마스 아퀴나스는 무슬림 사상가들 중 특히 이븐 시나로부터 상당한 영향을 받았다. 이들 철학자 덕분에 자연 세계를 살펴 결론을 내리고 우주의 자연법칙을 이해할 수 있었다. 무슬림 사회에서 배양된 철학적 업적은 과학적 사고 과정에 크게 기여했다.

끝으로 상인, 학생, 학자, 십자군, 여행자들이 무슬림 문화에서 배운 중요한 생각을 서양에 전하고, 무슬림 세계의 의학·수학·천문학·철학적 업적이 서양 문명에 전파되면서 유럽의 교육제도가 변하였다. 아랍어에서 라틴어로 문헌이 번역되었고, 무슬림으로부터 얻은 새로운 지식이 유럽의 재생 혹은 르네상스에 기여하였다. 그리스의 고전 지식을 재발견하고 무슬림 사회의 지식을 처음으로 발견하면서 유럽인들은 삶과 사회를 개선할 방법을 다양하게 발전시켰다.

흥미롭게도 오늘날 아랍어를 어원으로 하는 영어 단어가 많다. 음식과 음료에는 알코올(alcohol, al-kohl), 커피(coffe, qahwa), 아티초크(artichoke, al-kharshuf), 사프론(saffron, za'faran), 레몬(lemon, limun), 시금치(spinach, isbanakh), 오렌지(orange, naranj), 설탕(sugar, sukkar), 타히니(tahini, tahin) 같은 단어가 있다. 수학에서 대수학(algebra, al-jabr)은 "잃어버린 부분을 회복하는 것"을 의미한다. 알고리즘(algorithm)이라는 단어는 대수학의 아버지 알카리즈미(al-Khwarizmi)의 이름을 라틴어화한 데에서 유래한다. 기린(giraffe, zarafa), 가젤(gazelle, ghazal), 게르빌루스쥐(gerbil, jarbua) 같은 동물 이름과 마찬가지로 소파(sofa, suffah), 항아리(jar, jarrah), 탤컴파우더(talc, talcum powder, talq) 등 일반 가정용품 명칭 다수도 아랍어에서 유래한다. 이처럼 매일 쓰는 여러 단어를 보면 무슬림이 세계 문명에 어떻게 영향력을 끼쳤는지 알 수 있다.

6장

서구의 무슬림

미국 무슬림은 세계 68개국에서 이민 온 사람들, 미국에서 태어난 아프리카계 미국인들, 다양한 문화적 배경에서 개종한 사람들로 구성되어 있다. 미국 무슬림은 인종과 경제는 물론 정치적으로 세계에서 가장 다양한 구성원을 가진 공동체 중 하나이다. 미국 무슬림 수는 추정치에 따라 편차가 크지만, 최소 500만에서 700만 명에 이른다고 보는 것이 일반적이다. 이슬람은 그리스도교와 유대교에 이어서 미국 내에서 세 번째로 큰 종교인데, 21세기 중반이 되면 두 번째로 큰 종교가 될 것으로 보는 사람이 많다.

2009년 갤럽의 조사에 따르면, 미국 무슬림은 28%가 백인, 18%가 아시아계, 18%가 기타, 1%가 히스패닉계다. 기타로 분류되는 사람들은 자신이 하나 이상의 다른 인종과 섞여 있다고 본다. 미국 무슬림 중 56%는 정치와 종교의 자유, 경제적 번영과 교육을 위해 이민 온 사람들이다. 35%는 미국에서 태어난 아프리카계 미국인으로, 경제·사회적 정의와 시민권을 쟁취하기 위하여 분투한 흑인 노예의 후손들이다.

미국 무슬림은 대체로 젊다. 18~29세 사이 무슬림이 전체 무슬림 수의 36%로, 미국 전체 인구수 대비 해당 연령층의 18%가 무슬림이다. 30~44세 무슬림은 전체 무슬림의 37%로, 전체 인구수 대비 해당 연령층은 26%에 불과하다. 무슬림 중에서 65세 이상은 기록이 의미가 없을 정도로 미미하다.

무슬림의 최우선 관심사는 교육이다. 무슬림은 유대인 다음으로 미국에서 가장 교육적인 종교 공동체이다. 미국 무슬림 중 31%가 학생인데 반해, 미국 전체 인구수 대비 학생 비중은 10%에 불과하다는 사실은 상당히 주목할 만하다. 미국 무슬림 중 약 40%가 대학 졸업자인데, 미국 전체 인구 중 대학 졸업자는 29%에 그친다. 무슬림 여성도 남성과 마찬가지로 대학과 대학원을 졸업한다. 또한 무슬림 여성은 다른 종교를 가진 여성과 달리, 남성의 소득수준과 거의 차이없는 소득을 올리고 있다.

무슬림은 성별과 관계없이 의사, 변호사, 기술자, 교육자와 같은 전문직부터 기업체 간부, 사업체 운영, 노동직에 종사하면서 사회의 일원으로 살고 있다. 미국 전체 인구 수 대비 노동비율은 64%인데 비해, 무슬림은 70%가 유급 내지 무급 일자리를 가지고 있다. 그러나 그중 꽤 높은 비율(24%)이 자영업에 종사한다. 71%에 달하는 무슬림 대다수는 일만 열심히 하면 미국에서는 대부분 성공할 수 있다는 말에 동의한다. 이는 일반 미국인보다 더 높은 수치로, 현재 미국에서 무슬림 취업률이 왜 높은지 잘 보여준다.

미국 무슬림의 다양성은 정치적 성향에서도 잘 드러난다. 서로 다른 정치적 성향을 고르게 내포한 종교 공동체를 이루고 있다. 무슬림 38%가 중도 성향이고 나머지는 양쪽으로 고르게 분포되어 있다.(29%가 진보적이거나 매우 진보적이며, 25%가 보수적이거나 매우 보수적이다.) 통념과 달리, 투표에 가장 큰 영향을 끼치는 요소로 국내 정책을 꼽은 무슬림은 44%였지만, 외교 정책은 34%에 그쳤다.

많은 사람들은 미국 무슬림의 역사가 아주 오래되었다는 사실을 잘 모른다. 무슬림은 콜럼버스가 신대륙을 발견했을 때부터 탐험가, 무역상, 정착민으로 이주하였다. 이슬람을 믿는 것을 숨긴 스페인 무슬림 모리스코(Moriscos)와 16~19세기 사이에 미국으로 끌려온 아프리카 노예 중 14~20%가 무슬림이었다. 이들 모두 그리스도교로 개종해야만 했다. 같은 시기 이민자 중 인도 출신의 무슬림과 아랍인들은 노예 신분이 아니었기 때문에 정신적·문화적·사회적 정체성을 지킬 수 있었다.

19세기 시리아, 레바논, 요르단 등 아랍 세계에서 미국 중서부와 캐나다에 대개 노동자로 이민자가 들어오면서 무슬림 인구가 증가하였다. 2차 대전이 끝난 후, 1948년 이스라엘이 건국되자 고향을 잃은 팔레스타인 난민이 미국으로 건너왔고, 중동과 남아시아 지역의 엘리트 계층도 더 나은 교육과 직업을 위해 이민을 오면서 무슬림 이주민 인구가 늘었다. 최근 무슬림 세계로부터 이민이 크게 늘고 있다. 남아시아, 동남아시아, 중동에서 정치·경제적 이유로 학생뿐만 아니라 교육수준이 높은 전문 직업인과 지성인이 미국으로 이주하고 있다.

1930년 이슬람민족(Nation of Islam)[1]이 설립되면서 아프리카계 미국인 무슬림이 등장하기 시작하였다.[2] 많은 무슬림이 이슬람의 정체성을 지키고, 이를 아이들에게 전수하기 위해 노력하고 있다. 그리고 이러한 목표를 뒷받침할 수 있는 모스크, 이슬람센터와 학교 및 출판기구, 무이자 금융기관과 자선단체 같은 기관 및 공동체 체계를 세우고자 애를 쓴다. 미국 내 가장 큰 이슬람 공동체는 보스턴, 뉴욕, 디트로이트, 디어본, 톨레도, 시카고, 휴스턴, 로스앤젤레스, 오렌지카운티에 있다.

무슬림은 미국 사회 구조의 일부를 이루고 있다. 무슬림은 교육적으로나 경제적으로나 미국에 통합되고 있고, 개인과 조직 모든 측면에서 미국의 정치과정에 더욱 활발하게 참여하고 있다. 현재 두 명의 무슬림이 미국 의회에 진출해 있고, 오바마 행정부와 정부기관은 물론 지역 정치 분야에서도 많은 무슬림이 활동 중이며, 활발하게 의회 로비활동을 전개하고 있

---

1 이슬람이라는 이름을 쓰고 있으나 이슬람교라고 보기는 어려운 신흥종교운동이다. 원래는 흑인만을 회원으로 받아들이고 흑인과 백인의 분리를 주장했다. 그러나 1975년부터는 인종과 관계없이 회원을 받아들였다. 맬컴 엑스와 무함마드 알리가 이 조직에 참여했다.

2 여기에 대해서는 1장 믿음 중에서 '무슬림과 흑인 무슬림 사이에는 차이가 있는가' 참조.

다. 무슬림의 대의명분과 이익을 지키고 증진하기 위하여 국내 및 국제 조직을 설립하였다. 그중 중요한 조직으로는 미이슬람 관계 평의회(Council on American-Islamic Relations, CAIR), 무슬림 공공행동(The Mulim Public Affairs, MPAC), 북미 무슬림 연대(The Islmic Circle of North America, ICNA), 북미 무슬림회(Islamic Society of North America, ISNA), 이슬람과 민주주의 연구센터 (The Center for the Study of Islam and Democracy, CSID) 등이 있다.

공적 생활과 종교를 위한 퓨 포럼(Pew Forum on Religion & Public Life)의 대표 루이스 루고는 "미국 무슬림은 여타 미국인과 별반 다르지 않다. 독실한 무슬림으로 현대 사회를 살아가는 데 아무런 불편도 느끼지 못한다"고 결론 내렸다. 97%의 무슬림이 노숙자와 같은 비무슬림을 위한 사회적 후원 프로그램에 찬성하였고, 90%의 무슬림이 종교간 활동에 참여해야 한다고 응답했다.

119 | 미국의 무슬림이 직면한 문제는 무엇인가?

다양한 종교와 민족적 배경을 가진 많은 이민자들처럼 무슬림도 미국 사회에서 자신들의 위치를 정의하는 데 어려움을 겪는다. 젊은 미국 무슬림의 미래는 굉장히 긍정적이다. 이들은 교육을 받았고 고용 상태도 안정적이며, 증가하는 인구수를 바탕으로 정치세력화 할 가능성도 높다. 이런 낙관론은 무슬림에 대한 부정적인 태도 때문에 강한 반론에 부딪히기도 한다.

무슬림에 대한 부정적인 태도는 9·11 테러와 테러 공포증 때문에 미국 전역에 퍼졌다. 무슬림에게는 테러와 '외래'라는 오명이 따라다니는 것 같고, 이 때문에 모든 무슬림은 사회적 타자가 되고 만다.

무슬림 이전의 미국 사회 내 소수자들 다수는 그래도 '미국에서 자생적으로 등장한' 존재였기 때문에 지금 무슬림이 경험하고 있는 것에 쉽사리 공감할 수 없다. 이전의 소수자들은 자신들이 경험한 차별이 현재 무슬림의 상황과 똑같다고 보지 않는다. 여기에는 다양한 이유가 있다. 무슬림 이전의 종교적·민족적 소수자는 대부분 유대인이거나 그리스도인이었다. 미국 내에서 이슬람이란 잘 알려지지 않은 외국의 종교와 같다. 아주 극히 일부의 사람들만 이슬람이 아브라함의 종교이고 유대교-그리스도교-이슬람 전통이 연결된다는 사실을 인식하고 있다. 미국인 다수가 이슬람 신앙을 낯설어하고 무슬림을 개인적으로 잘 모르는데, 9·11 이후 일방적이고, 자극적인 언론보도를 통해 이슬람 관련 지식을 흡수하면서 미국인들은 공포에 휩싸여서 무슬림이라는 '이방인들'을 배척하였다.

이슬람에 대해 무지하고 적대적인 문화가 지배적인 곳에서 사는 무슬림은 자신이 주변에서 맴돌고, 소외되며, 무력하다고 느낀다. 자신만의 옷을 입거나 종교적 관습을 유지하기 위해 노력하다가 일부 무슬림은 타인으로 낙인찍히기도 한다. 미국 무슬림들은 히잡을 착용하고, 합동예배에 참여하기 위해 금요일 정오 전에 일을 마치며, 이슬람센터나 모스크를 짓는 등 이러한 일련의 신앙행위 때문에 애국심이나 미국인이라는 자부심이 약화되지 않는다는 것을 어떻게 보여주어야 하는지 고민한다. 무슬림은 자신들이 서구 사회에 정착하려면 자신의 정체성을 버리고 이방인의 역할을 해야만 미국의 문화와 정치적 환경에서 성공할 수 있는 것인지 묻는다.

무슬림은 미국 문화에 흡수되는 것을 반대한다. 흡수란 '서구화'를 의미하고, 이는 자신들의 문화적 정체성과 신앙을 잃는 것이라고 생각한다. 비무슬림뿐만 아니라 무슬림 스스로도 자신들이 미국에서 무슬림으로 사는 것과 미국인 무슬림으로 사는 것이 어떤 차이가 있는지 묻는다.

서구 무슬림의 정체성에 대해서는 두 가지 입장이 있다.

첫째, 일부 무슬림 지도자는 종교·문화적으로 고립된 이슬람 본국에서 훈련받은 이맘을 선호한다. 초기에 성직자와 랍비를 고국에서 데려왔던 가톨릭과 유대인 집단처럼 무슬림 세계에 의존해서 종교지도자 문제를 해결한다. 그러나 외국에서 태어나고 훈련받은 종교지도자는 미국에서 현지화하지 못하였다. 외국에서 온 지도자는 미국 무슬림이 마주하고 있는 일상적인 문제를 인지하거나 공감하지 못한다. 무슬림 지도자는 반무슬림 정서와 맞서는 공동체를 도와야 하는 책임이 있기 때문에 미국 내 이맘 양성이 중요한 목표가 되었고, 지역의 종교지도자와 학자를 양성하기 위한 교육과정 개발이 새로운 관심사로 부상하였다.

둘째, '우리가 미국 무슬림'이라는 것으로, 미국 내 무슬림의 대부분이 이런 관점을 갖고 있다. 이들은 교육적으로나 전문적으로 성공을 거두면서 무슬림이 미국이라는 새로운 모자이크 사회에 통합되는 데에 큰 역할을 했다. 이슬람 이전에 미국에 존재한 다른 종교, 민족, 집단과 같이 무슬림도 국가를 이루는 여러 조각 중 하나이다. 무슬림도 미국 시민으로서 미국인과 시민·종교·사회적 가치와 관심사를 공유하며 공존하고 싶다는 강한 욕망을 가지고 있다.

무슬림도 제2의 조국과 같은 미국에서 공존하려면 제도 구축과 개혁이 필요하다는 것을 알고 있다. 지난 10년 동안 모스크와 이슬람센터, 학교, 전문적인 사회단체 및 무슬림 지지 활동단체가 폭발적으로 늘어났다. 이들 단체는 정확성과 객관성을 담보하기 위하여 교과서와 이슬람의 가르침을 관찰하고, 언론과 입법자, 일반 대중에 대한 교육도 실시한다. 서구 세계의 자유 덕분에 무슬림 종교지도자와 지식인, 활동가들이 종교·사회·정치적 개혁에 대해 자신의 목소리를 낼 수 있었다. 그 내용을 보면 여성의

반이슬람 낙서로 더럽혀진 이슬람센터(미국 라스베이거스)

역할과 권리, 종교다원주의와 관용, 종교극단주의, 미국과 유럽의 무슬림, 무슬림의 시민권 및 자유 보장과 관련되어 있다.

이와 같은 상당한 진전에도 불구하고 장애물이 아직 많이 남아 있다. 첫째, 무슬림 프로젝트의 자원과 숫자, 효과가 상대적으로 미미하다. 서양의 일부 비무슬림만 이슬람과 무슬림이 서양에 통합되고 제도화하는 것을 반길 뿐 나머지는 그렇지 않다는 점이 문제를 훨씬 더 어렵게 만든다. 서양 국가의 정치·법적 환경이 변하면서 무슬림은 직장 내 차별, 인종 및 종교에 관한 수사정보 수집, 도를 넘은 보안조치에 당면하고 있다. 모스크, 자선재단, NGO 등 이슬람 기관은 괴롭힘을 당하고 부당한 조사를 받기도 하며, 즉각적인 판정이 배제된 고발장을 받기도 한다. 보수적인 칼럼리스트와 강경한 그리스도교와 시오니스트 종교지도자, 저명한 신보수주의 라디오, 텔레비전 토크쇼 진행자들은 많은 청중 앞에서 정기적으로 이슬람에 대한 증오 연설을 하고, 극단주의자가 아닌 이슬람과 보통 무슬림에게 욕설을 퍼붓는다. 그 결과, 이슬람 공포증이 증가하고, 증오범죄와 그 밖의 폭력행위로 이어지는 종교 및 인종 기반 무슬림 차별도 늘어났다.

무슬림 공공시설 및 정치활동 단체들에 더 높은 정치적 관심을 갖게 되면서 이들이 해외 극단주의 활동을 지원하는 급진주의자를 위해서 위장활동을 한다는 비난이 일었다. 무슬림 전문가가 정부 집행위원회에 합류하여 정치에 참여하거나 전문직에 지원하는 것만으로도 전투원 혹은 테러리스트라는 딱지가 붙기도 한다.

매카시(McCarthy) 시대의 마녀사냥[3]을 떠올리면서, 미국 무슬림 다수는 주요 무슬림 지도자 혹은 무슬림 조직과 연계되는 것을 곧 직업적 자살행위로 여긴다. 이는 유대인들이 미국 시온주의자협회(ZOA), 미국유대인협회(AJC)나 친이스라엘 로비단체인 미국 이스라엘 공공문제위원회(AIPAC) 같은 주요 유대조직과 관계를 맺고 있는 것과 극명하게 대조된다.

「위클리 스탠다드」, 「뉴욕 선」, 「워싱턴타임스」 같은 신보수주의 미디어 및 서로 연결되어 있는 웹사이트인 Campus Watch, Jihad Watch, FrontPage는 "현장에서 발견된 사실"처럼 보이게 하려고, 맥락을 제거한 채로 어떤 사실을 인용하면서 서로 협력하여 근거 없는 고발과 주장을 반복한다. 이들 웹사이트는 똑같은 비난, 주제, 기사를 재활용하여 마치 많은 사람과 단체가 위협을 한 것처럼 보이게 만든다. 이렇게 서로가 서로의 고발 내용을 뒷받침하여 사실처럼 보이게 만드는 것이다. 이들은 무슬림뿐만 아니라 편견과 허위 정보에 대항하여 목소리를 내는 비무슬림 학자와 언론가, 정책결정자까지 목표물로 삼는다. 자신들의 행동을 비판하는 사람은 모두 비애국적이고, 반유대적인 이슬람 호교론자, 또는 자살폭탄 테러 지지자라고 평가한다. 이러한 반무슬림 성향의 개인과 단체의 목표는 무슬림 조직

---

3   1950년부터 1954년까지 상원의원 매카시의 선동을 시작으로 미국을 휩쓴 공산주의자 색출 열풍을 말한다. 공산주의자로 지목된 사람의 대부분은 공산주의자와 관련이 없었지만, 많은 사람들이 블랙리스트에 오르거나 직업을 잃었다.

의 평판을 떨어뜨리고 약화시켜 권리를 박탈하는 것이고, 정치와 정부 및 미국의 주요 단체에서 무슬림의 대표권을 소외시키는 것이다.

가까운 장래에 무슬림은 때로는 적대적인 미국 사회에 스스로를 통합시키면서도 자신의 신앙과 정체성을 유지해야 하는 도전에 직면할 것이다. 서구 국가는 무슬림 세계에서는 얻을 수 없는 많은 자유를 주지만, 서구의 다원주의 가치는 그 어느 때보다 지금 시험대에 올라 있다. 무슬림은 다음과 같은 질문을 던진다. 서구 다원주의의 한계점은 어디인가? 누가 포함되고, 누가 제외되는가? 서구 다원주의란 확실하게 세속적인 것인가? 아니면 영원히 유대-그리스도교적인 것인가? 미국인은 무슬림을 힌두교도, 시크교도, 불교도 및 다른 종교인과 마찬가지로 단순히 관용의 대상인 '외국인'이 아니라 자신들과 동일한 정치·종교적 권리를 갖는 시민이자 이웃으로서 존중하며 받아들일 수 있는가? 과거에는 관용이 열등하다고 여기는 자들의 존재를 '참고 견디는 것'을 뜻했다. 오늘날 현대적인 형태의 다원주의와 관용은 상호이해와 존중에 기반을 둬야 한다.

120 | 유럽 무슬림은 누구이며 어디에 있는가?

서유럽에는 2천에서 2천 300만 명의 무슬림이 거주하고 있다. 세계에서 가장 큰 규모다. 대부분이 터키, 알제리, 모로코, 파키스탄 사람들이다. 민족적으로 다양하기 때문에 무슬림 공동체를 단일화해서 특정하기 어려우며, 유럽 전역에 퍼져 있다. 서유럽에 특히 많은 무슬림이 거주하고 있으며, 프랑스, 독일, 영국에 집중되어 있다. 벨기에, 스페인, 네덜란드, 스웨덴, 덴마크, 노르웨이, 오스트리아에는 그 수가 적다.

영국과 프랑스에는 2차 대전 전부터 무슬림이 유입되었지만, 무슬림의 대부분은 세계대전 이후에 유럽으로 이주하였다. 미국 무슬림은 가족이 교육을 위해 이민을 오거나 아프리카계 미국인 사이에서 이슬람이 증가하면서 무슬림 인구가 증가하였다. 이와 대조적으로 유럽의 무슬림은 노동 이민과 식민 지배와의 연관성이 매우 크다.

식민지였던 무슬림 국가가 독립을 선언하였을 때, 유럽 식민주의자 편에 섰던 사람들은 이민을 결심하였다. 1960~70년대 비숙련 노동자가 유럽으로 쏟아져 들어왔고, 이들의 값싼 노동력은 경제성장의 원동력이 되었다. 프랑스에만 100만 명 이상의 무슬림이 유입되었고, 독일과 영국의 상황도 비슷하였다. 1970년대에는 미국에서와 마찬가지로 엄청난 수의 무슬림 학생이 학업을 위해 유럽으로 들어왔다. 이들 중에는 집으로 돌아간 경우도 있고 정치·경제적 이유로 유럽에 남기를 결심한 경우도 있다.

프랑스는 유럽에서도 가장 무슬림이 많다. 무슬림 인구수가 500만 명에 달하고 대부분 북아프리카 출신이다. 이슬람으로 개종한 인구는 3만 5천 명에 달한다. 무슬림은 프랑스 전체 인구의 10%를 차지하고, 개신교와 유대교보다 인구수가 많아서 로마가톨릭 다음으로 큰 종교조직이다. 파리와 리옹 같은 대도시에 대모스크가 있고, 프랑스 전역에 1천 500개가 넘는 모스크와 예배 공간이 퍼져 있다. 무슬림 공동체는 높은 출산율과 가족 재결합을 위한 이민 허용, 북아프리카 출신 무슬림의 불법·합법적 입국 증가로 지속적인 성장세를 보인다.

영국에는 200만 명이 넘는 무슬림이 있는데, 대부분이 인도 출신이고 아프리카, 말레이시아, 아랍 세계 출신도 포함되어 있다. 주로 영국 북부 공업도시와 런던 이스트엔드에 거주한다. 영국 내에 600개 이상의 모스크에서 예배, 교육, 커뮤니티 센터를 제공하고 특히 사우디아라비아가 후원을 많이 한다.

영연방 국가 출신의 무슬림은 영국 시민권을 가지고 참정권을 누리므로 투표할 권리와 입후보 할 수 있는 권리가 있다. 상원의원 중 아홉 명이 무슬림이고 2010년 하원선거에서는 최초로 여성의원 한 명을 포함하여 여덟 명의 무슬림 의원이 배출되었다. 이는 네덜란드 상원의 무슬림 수보다 많은데, 이와는 대조적으로 프랑스와 스페인 입법부에는 무슬림이 없고, 독일에는 다섯 명이 있다.

유럽 사회의 무슬림 통합 문제는 미국보다 더 어렵다. 미국으로 이주한 많은 무슬림 이민자가 고등교육을 받고 기술을 보유한 사람들이 주를 이루었다면, 유럽으로는 노동자 계급이 주가 되었다. 결과적으로 영국, 프랑스, 독일, 네덜란드 등에서 대부분 교육 기술과 사회 유동성에 제한이 발생하였고, 교육 및 직업 기술이 필요한 부분에서 높은 실업률을 기록하고 장기 침체의 덫에 걸렸다. 미국 무슬림의 70%가 직업을 가지고 있는 것과 대조적으로 2009년 조사를 보면 유럽의 무슬림은 아주 다른 결과를 보였다. 영국에서는 38%, 프랑스는 45%, 독일은 53%의 무슬림만이 직업을 가지고 있었다.

이런 현실 때문에 무슬림은 자신들이 이등시민에 불과하며, 사회적 소외감과 벼랑 끝으로 내몰린 기분을 느끼고, 스스로를 이방인화하며 마약과 범죄를 일으켰다. 갤럽 조사는 유럽 내 무슬림이 안고 있는 문제점들을 보여준다. 프랑스 무슬림의 69%와 영국 무슬림의 72%가 자신들은 투쟁을 하고 있다고 생각한다. 프랑스의 23%와 영국의 7%만이 스스로 번영하고 있다고 이야기한다. 따라서 유럽 무슬림이 미국 무슬림보다 본인들의 정체성에 대하여 더 격렬하게 분투 중이라는 것은 놀랄 일이 아니다. 계급 구조와 문화적 차이로 인하여 유럽 무슬림 1세대와 2세대는 최근의 이민자와 마찬가지로 자신들은 절대로 영국, 프랑스, 독일에 받아들여질 수 없는 사람이라고 여긴다. 시민임에도 불구하고 본인의 신분이 기껏해야 '손님'에서 '외국인'으로 옮겨진 것뿐이라고 생각한다.

무슬림이 완벽하게 동화될 것을 주장하는 사람도 많지만, 유럽 사회의 원칙과 가치가 무슬림의 신앙 및 가치와 함께 섞여 있는, 유럽 무슬림만의 독자적 정체성을 발전시킬 필요성을 논하는 사람들도 있다. 유럽 무슬림은 이슬람은 이제 유럽의 종교로 자리 잡았다고 본다. 사실상 많은 유럽 국가에서 이슬람은 두 번째로 큰 종교다. 이제 이민 1세대가 사회 주류층이 아니고 시민권이 있는 이민 2,3세대가 등장하였다. 극소수이지만 아주 위험한 소수 극단주의자들의 지속되는 위협적인 행동에도 불구하고, 비무슬림 시민들과 마찬가지로 대다수 무슬림은 충직한 시민으로서 다른 유럽 대중과 협력하여 테러리스트를 구별해내어 맞서 싸우고자 한다.

영국과 프랑스, 독일의 종교간 관계에 대한 연구(「갤럽 공존지수 2009: 종교간 관계에 대한 글로벌 연구」)에 따르면 놀라울 정도의 통합수준을 발견할 수 있다. 영국, 프랑스, 독일의 일반 시민보다 무슬림은 자신의 신앙에 대해 강한 동질감을 가지고 있고, 자신이 거주하고 있는 국가에 대해서도 일반 시민이 가진 정도만큼의 강한 동질감을 느끼고 있었다. 영국, 프랑스, 독일의 대중 대부분은 무슬림이 현재 거주하는 국가에 충성하지 않거나, 이에 대해 확신할 수 없다고 보는 반면, 유럽 무슬림의 상당수는 자신이 사는 유럽 국가에 충성을 다했다고 생각하고 있었다. 이와 더불어, 런던과 마드리드에서 일어난 사건에서 볼 수 있듯이 폭력의 정당한 행사 주장에 대해 물었을 때, 프랑스의 82%, 독일의 91%, 영국의 89%에 달하는 대부분의 무슬림이 폭력은 어떤 경우에도 정당화될 수 없다고 응답하였다.

갤럽은 종교를 중시하는 사람들 역시 설사 고결한 목적을 위한 것이라도 폭력은 정당화될 수 없다고 대답하는 경향이 있다고 분석하였다. 프랑스, 독일, 영국 이 세 나라에서 명확하게 나타나는 공통 의견이 있었는데, 일반 대중과 무슬림 모두 이민자가 새로운 터전에서 통합되려면 해당 국가의 언어 구사 능력, 고용, 교육이 절실하다고 보았다.

121 | 유럽 무슬림이 직면한 문제는 무엇인가?

유럽 무슬림이 직면한 문제는 국민적 정체성과 종교적 정체성 문제부터 교육, 경제, 사회적 통합 문제에 이르기까지 다양하다.(앞의 글을 참고할 것) 유럽 무슬림의 상황은 종교극단주의, 테러리즘, 이슬람 공포증, 무슬림의 시민적 자유에 대한 위협이 증가하면서 악화일로에 놓였다.

극단주의를 표방하는 설교가와 모스크, 테러리스트 조직, 마드리드(2008년 3월 11일), 런던(2005년 7월 7일), 글래스고(2007년 6월 30일) 공격, 유럽 전역의 도시에서 일어난 체포 등으로 국내 테러 발생의 위험이 강조되었다. 그와 동시에 국내 테러리즘 성장에 대한 공포와 외국인 혐오의 가파른 상승, 그리고 반이민 정책을 펼치는 우익 국가주의 정당 때문에 이슬람에 대한 혐오적 수사가 기하급수적으로 증가하였다. 꾸란을 금지하고 모스크를 감시 및 폐쇄하라고 요청하는 것, 국가에 대한 유럽 무슬림의 충성에 의문을 제기하는 것, 무슬림 시민을 추방하는 동시에 무슬림 국가 출신의 이민을 금지하라는 것이 이러한 이슬람 공포적 수사의 내용이다.

그 결과, 이슬람은 외래종교이고, 무슬림은 외국인일 뿐 민주적이고 다원주의적인 유럽 사회에 통합될 수 없으며, 인구학적으로 유럽을 압도해버릴 시한폭탄이라는 비난적 인식이 등장했다. 비관론을 퍼트리는 이들은 유럽이 이슬람에 전복되어 세기말에는 "유라비아"가 되고 말 것이라고 예언한다.

유럽의 보도기사에서는 유럽의 무슬림 인구가 10년 새 1천 200만에서 2천만까지 성장함에 따라 그리스도교 유럽이 위협에 처해 있으며 결국 사라질 것이라고 말한다. 이들 보도는 영국, 독일, 프랑스 이탈리아의 모스크 증가세와 텅 빈 유럽 교회를 비교하며, 교회 종소리가 이슬람의 예배를 알리는 아잔으로 바뀌고 있다고 개탄한다. 유럽 '원주민' 인구가 줄어드는 반면 무슬림의 출산율은 높아지는 인구학적 변화 앞에서 가톨릭과 개신교 지도자들은 세속화와 근대화, 신앙의 상실과 도덕적 타락을 탓하게 되었다. 일부에서는 그리스도교 유럽은 "극단주의 이슬람"의 확장에 비하여 급격하게 힘을 잃어갈 것이라고 주장한다.

미디어와 정치가, 논설가들은 '부드러운 테러리즘'이 유럽을 덮칠 것이라고 주장한다. 미디어는 부시 정부에서 실패한 이라크 정책에 자문역할을 했던 버나드 루이스의 발언을 대대적으로 보도하였는데, 그는 유럽인이 국가에 대한 충성심과 자신감, 자신의 문화에 대한 존중을 잃어버렸다고 책망하였다. 더 나아가 유럽인이 이슬람에 "항복"한 것은 "자기 비하"와 "정치적 정당성", "다문화주의" 분위기 때문이라고 지적하였다.

반이민 정서는 이슬람의 위협으로 유럽의 종교·문화 정체성이 종말을 맞을 것이라는 요란한 경고음을 낸다. 그리고 이 경고음은 다양한 정체성은 물론 인구학적·경제적·사회적 갈등을 모두 종교라는 큰 틀에서 설명하고자 하는 미디어의 보도 때문에 훨씬 더 강화되고 있다. 무슬림을 단순히 신앙적 측면에서만 규정하기 때문에 프랑스 게토 지역에 사는 북아프리카 출신 아랍인이 폭동을 일으키면 희망을 상실한 빈곤층의 저항보다는 "무슬림"이라는 점에 초점이 맞춰진다. 런던에서는 덴마크 카툰에서 무함마드를 터번에 폭탄을 숨긴 테러리스트로 묘사한 것에 항의하는 무슬림 보이콧이 있었고, 프랑스, 터키, 덴마크에서는 히잡을 둘러싼 갈등이 있었다. 이러한 사건들은 여성이 스스로 선택한 옷을 입을 권리 등과 같은 시민권과 자유문제라기보다는 오직 "종교적 문제"로 비쳐졌다.

무슬림과 서양의 관계 문제나 유럽과 미국의 무슬림 통합 문제는 모두 이슬람이 근대성의 본질은 물론 서양의 문화 및 가치와 양립하지 못하는 탓으로 여겨졌다. 하지만 "무슬림 문제"로 여기는 것의 본질과 주원인을 살펴보면, 그중 다수가 종교적으로 해결할 수 있는 것이 아니라 사회적 해결책과 정책을 필요로 한다.

무슬림 여성의 히잡, 니깝, 부르까, 그리고 모스크의 미나렛과 같은 종교의 상징은 이슬람과 무슬림 반대를 위한 중요한 상징이 되었다. 1990년대 중반 프랑스 정부는 학교에서 무슬림 학생들의 히잡 착용을 금지하였다. 히잡 착용은 프랑스의 세속 헌법과 전통을 무시하는 것이라고 주장하였지만 법원에서 이 금지 조치를 번복하였다. 2004년 9월, 프랑스가 공립학교에서 종교적 상징과 복장 착용을 금지하는 조항을 만들면서 히잡 착용 문제가 다시 대두되었다. 당시 금지한 항목은 모든 종교의 복장과 상징으로서 무슬림의 히잡, 시크교의 터번, 유대교의 모자, 그리스도교의 십자가가 포함되어 있었음에도 불구하고, 이 금지를 둘러싼 격렬한 논란은 주로 무슬림 히잡에 집중되었다.

이후 2010년에 프랑스는 치안, 여성의 권리, 민족 문화를 이유로, 니깝과 부르까를 금지하였다. 벨기에와 덴마크, 네덜란드 등의 국가도 니깝과 부르까 금지에 관한 논쟁을 벌였다. 어떤 사람들은 여성이 자신이 원하는 의복을 착용할 자유가 있다고 주장한다. 일부에서는 국가가 여성에게 옷을 거의 입지 않을 권리는 주면서 여성이 원하는 부르까는 입지 못하게 할 법

터번에 폭탄을 두른 무함마드.
덴마크 작가의 이 만평은 유럽 내 무슬림
의 격렬한 반발을 불러일으켰다.

적 권리가 어디 있느냐고 주장한다.

무슬림을 타깃으로 한 쟁점에서 유럽의 극우정당이 종교 상징을 이용하는 선례들을 볼 수 있는데, 스위스 극우파는 미나렛을 선택하였다. 미나렛을 금지하자는 캠페인은 이슬람 인구 증가에 위협을 느끼는 대중의 감정과 두려움에 호소하면서 더 격화되었다. 이들은 미나렛 모양의 검은 니깝을 쓴 무슬림 여성을 강조하거나, 이슬람의 "식민지"가 된 스위스 국기 위에 무기 모양의 미나렛을 그려넣은 포스터를 사용하였다. 이는 이슬람이 근본적으로 스위스 가치와 양립하지 않는다는 것을 강조한 것으로, 이들은 놀랍게도 2009년 선거에서 승리를 거두었다.

이러한 현상이 스위스에서만 일어난 것은 아니다. 네덜란드 헤이르트 빌더르스의 자유당, 덴마크의 인민당, 오스트리아의 자유당, 헝가리의 조빅(우파연합), 영국의 브리튼 국민당 같은 유럽의 다른 극우 정당들도 2009년 선거에서 기대보다 더 나은 성과를 거두었다. 극우 정당이 의회 선거에서 "성공"을 거두면서 극우 정당 지도자들은 더 대담해졌다. 이들은 스위스 선거에 박수를 보내고, 무슬림에 대한 비슷한 금지정책을 부추겼다. 유럽에서 수백만 명의 무슬림을 추방해야 할 것이라고 경고했던 빌더르스는 이제 네덜란드의 '이슬람화'를 저지하기 위한 투표를 요구하고 있다.

우리는 셈 지역에서 시작된 두 개의 위대한 세계종교가 차별, 증오범죄, 폭력과 테러의 대상이 되어 공격받는 세상에 살고 있다. 세계 유대인 인구는 1천 400만에서 1천 800만 명에 이르는데, 과거에는 이들을 대상으로 한 반유대주의가 넓고 강하게 퍼지기도 했다. 그렇지만 세계는 지각과 감성을 동원하여 반유대주의적인 태도와 행동에 대항하며 움직였다.

역사와 현재의 경험에 비추어보면, 반유대주의라는 단어 자체가 우리 사회를 오염시키고 병들게 하는 혐오감을 없애는 강력한 해독제였다. 그러나 1억 5천만 명에 달하는 세계 무슬림을 위한, 이슬람과 무슬림에 대한 적개심과 편견, 차별을 극복하기 위한 가장 효과적인 방법이나 개념은 아직 등장하지 않았다.

이슬람 공포증은 9·11 같은 사건 때문에 어느 날 갑자기 생긴 것은 아니다. 1997년 영국의 「러니메드 리포트(Runnymede Report)」는 '이슬람 공포증: 우리 모두에 대한 도전'이라는 보고서에서 이슬람 공포증을 "이슬람과 무슬림을 향한 극도의 공포증, 증오, 적개심으로 무슬림에 대한 부정적이고 경멸적인 고정관념과 생각에서 비롯된 폐쇄적 관점 때문에 벌어지는 일"이라고 정의 내렸다.

이슬람교가 지닌 가치가 서구의 가치와 동일하지 않고 열등하며, 이슬람교가 같은 아브라함 종교인 유대교, 그리스도교와 달리 신앙과 영성의 원천이 아니라 폭력적인 정치 이데올로기라는 생각이 이슬람 공포증의 밑바닥에 깔려 있기 때문에 무슬림을 경제, 사회, 공공의 삶에서 제외하고 차별한다.

반유대주의와 외국인 혐오증과 마찬가지로 이슬람 공포증도 길고 깊은 역사적 뿌리가 있다. 20세기 말, 서구 세계에 무슬림이 밀어닥치면서 이슬람 공포증이 부활하였다. 1980~90년대 발생한 이란의 이슬람 혁명, 비행기 납치, 인질 납치, 테러리즘, 세계무역센터와 미국 국방부 공격, 유럽에서 발생한 테러 공격이 방아쇠가 되어 이슬람 공포증이 커져갔다. 차별과 증오 범죄의 대상은 폭력적이고 테러를 자행한 극단주의자가 아니라 유럽과 미국에 사는 대다수의 주류 무슬림이다. 최근 들어, 극우적인 반이민주의를 표방하는 유럽과 미국의 정당 및 정치 논설가들이 이슬람을 "악마의 종교"로 묘사한다. 이러한 시각 때문에 치명적인 문화적 인종 차별이 강해졌다.

코피 아난 전 유엔 사무총장은 2004년 유엔 컨퍼런스에서 '이슬람 공포증에 맞서다: 관용과 이해를 위한 교육'이라는 주제를 내걸고 해당 문제에 대한 국제적 관심을 촉구하였다.

> 점점 멀리 퍼져가는 심각한 증오심을 설명하는 용어를 만드는 것은 슬프고 곤혹스러운 일이다. 이슬람 공포증이 바로 그렇다. 이슬람 공포증과 같은 고정관념은 잊어야 한다. 그러나 미디어와 사람들 마음속에 너무나 굳건하게 자리 잡았다. 이슬람은 종종 (다양성이 전혀 없는) 단일 종교체계로… (그리고) 무슬림은 서구를 반대하는 사람으로 간주한다. 문화와 믿음이 다른 사람들과 함께 살아가는 어려움은 현실적으로 존재한다… 그러나 정치적인 목적을 위해서 의도적으로 공포를 조장하고, 이슬람을 악마로 만들지 말라. 이는 의심과 소외의 악순환을 깊게 할 뿐이다.

미국에는 이슬람 공포증의 조짐을 구별할 수 있는 집단의식이 결여되어 있기 때문에 정치·종교지도자와 미디어 논설가들은 증오를 주제로 하는

스위스의 극우 정당인 인민당이 제네바 역에 내건 포스터

연설을 자유롭게 하고 있고, 이에 대한 처벌도 받지 않기 때문에 양심의 거리낌 없이 이슬람 공포증을 강화시킬 수 있다. 미국 내에서 문화, 인종적 매체를 만들고, 유대교, 그리스도교에 기반을 둔 미디어 언론사나 방송사에서 다루는 모든 내용은 어떠한 경우에도 법적 책임을 지지 않는다. 이슬람 공포증이라는 단어가 이미 유럽에서 수년간 사용되었지만 미국에서는 오직 소수만 이 단어를 인지하고 있다.

이슬람 공포증이 널리 퍼지게 된 계기는 이슬람 커뮤니티 센터(Park 51) 가 뉴욕의 9·11 테러 발생지인 그라운드 제로에서 두 블럭 떨어진 곳에 건설된다고 하였을 때다. 이슬람 커뮤니티 센터는 정부 관계자 모두의 승인을 받고, 지역 정부도 승인한 사업이었다. 그러나 일부 9·11 테러 희생자 가족과 정치인, 미디어, 우익 블로거, 정치 전문가들이 이슬람 공포증에 대해 언급하기 시작하면서 반대 의견이 폭발적으로 늘어났다. 2010년 6월 22일, 「뉴욕포스트」가 뉴욕의 새로운 모스크 건설 계획을 비난한 것은 그리 놀라운 일이 아니다.

대단히 민감한 문제임을 부정할 수는 없지만, 그렇다고 쉽스헤드 베이, 스태튼섬, 그라운드 제로에 모스크를 건축하는 계획을 환영할 수는 없다. 모스크가 있는 곳에 무슬림이 있고, 무슬림이 있는 곳에 문제가 있기 때문이다. 뉴욕이 '뉴요키스탄'으로 되기 전에 남아시아와 아프리카 출신이 주축이 된 무슬림 공동체 때문에 런던이 퇴보하고 아시아계 영국인 1세대가 영국을 테러리스트 양성소로 만들면서 영국의 수도 런던이 '런던스탄'으로 알려졌다는 사실을 주목해야 한다.

새로운 모스크 건설에 반대하는 폭력적인 저항이 미국 전역에서 발생하였다. 다양한 증오 범죄와 폭력, 파괴행위가 발생하였다. 파크51 사건은 시위의 신호탄이 되었고, 시위대는 모스크가 테러를 기념하는 건물이라고 주장하였다.

무엇이 미국과 유럽에서 무슬림 차별을 부채질할까? 이슬람 혐오증에서 비롯된 의심과 불신을 증폭시키는 사례는 부족함이 없다. 9·11 테러에서 파크51 사건에 이르기까지 우익 정치인과 논설가, 전문가가 2010년 선거 과정에서 남긴 말이 있다. 러시 림보(Rush Limbaugh)는 아부그라이브의 이라크인 수감자 학대 비난 여론에 맞서 "그들은 아픈 사람이고, 변태이며, 위험한 자들이다. 그들은 인간 이하의 사람이고, 인간쓰레기다. 그들은 미국인도 아니고, 우리 군인도 아니며, 우리 간수도 아니다"라고 하였다.

앤 쿨터(Ann Coulter)는 「내셔널 리뷰(National Review)」에서 "우리는 그들의 나라를 침략해서 지도자를 죽이고 그리스도교로 개종시켜야 한다. 우리는 히틀러와 그 수하들을 찾아내서 처벌하는 일은 꼼꼼하게 하지 못했지만, 독일의 도시에는 융단폭격을 가하여 시민들을 죽였다. 바로 이게 전쟁이다. 그리고 지금 우리는 전쟁 중이다"라고 주장하였다.

개신교 우파의 지도자 패트 로버트슨(Pat Robertson)은 폭스 뉴스의 해니티 앤 콤즈(Hannity & Colmes)와 인터뷰에서 "무함마드는 완전히 미친 눈을 가진 미치광이였고, 강도이자 도둑이었다. 무슬림은 테러리스트가 이슬람을 왜곡했다고 하는데, 테러리스트들은 이슬람을 실행에 옮기고 있다. 다시 말해, 무함마드는 살인자였다는 것이다. 이슬람을 평화의 종교라고 하는 것은 기만이다"라고 하였다. 로버트슨은 이슬람을 "기념비적인 사기"라고 칭하였고, 이슬람의 성서인 꾸르안을 두고 "유대교의 이론을 모두 도둑질한 것"이라고 평하였다.

제리 팔웰(Jerry Falwell)은 CBS의 뉴스 프로그램인 '식스티 미니츠'에서 예언자 무함마드를 "테러리스트"라고 하였다. 베니 힌(Benny Hinn)은 "이것은 아랍인과 유대인의 전쟁이 아니다. 하나님과 악마의 싸움이다"라고 하였다.

2010년 뉴트 깅리치(Newt Gingrich) 같은 정치인들은 파크51을 건설하려는 무슬림을 두고, "워싱턴 DC의 홀로코스트 박물관 밖에 나치의 상징을 그려넣는 것과 같다"고 하였다. 또한 샤리아에 잠식당할 위험이 있다고 경고하였다. 오클라호마의 상원의원 렉스 던컨(Rex Duncan)은 미국 법정 체계에 샤리아가 침투할 것이라고 주장하며, 이를 "미국의 생존 전쟁"이라고 묘사하였다.

노스캐롤라이나 하원의원인 슈 마이릭(Sue Myrick)과 조지아의 상원의원인 폴 브룬(Paul Broun)은 "무슬림 학생 인턴들은 미 의회의 국가안보위원회에 잠입한 무슬림 스파이"라고 미국 의회의 안전보장이사회에서 언급하였다. 테네시 지역 의회 의원 입후보자인 루 앤 젤레닉(Lou Ann Zelenik)은 새로운 모스크를 반대하는 글에서 "미국 무슬림 공동체가 그들 마음속에서 악마적인 극단주의자를 몰아내고, 우리 문명을 파괴하려는 사람들을 비난하며 이들과 맞서 싸울 때까지는 우리가 그들에게 우리 사회를 열어줄 의무는 없다"라고 하였다.

주요 여론조사를 보면, 이슬람과 무슬림에 대한 대중 연설과 언론보도는 대다수 주류 무슬림과 위험한 소수 테러리스트의 행동을 제대로 구분하지 않아 미국인들이 무슬림을 대하는 태도에 깊은 영향을 끼쳤다. 2006년 「유에스에이 투데이(USA Today)」와 갤럽의 공동 조사에 따르면, 상당히 많은 미국 소수자들이 이슬람 신앙을 가진 사람들에게 부정적인 감정과 편견을 가지고 있었고, 테러를 막기 위해서 무슬림 대상 보안조치를 강화해야 한다고 응답하였다.

응답자 중 절반도 안 되는 사람들만 미국 무슬림이 미국에 충성을 다한다고 대답하였다. 미국인의 4분의 1에 가까운 22%가 무슬림을 자신의 이웃으로 삼고 싶지 않다고 하였고, 31%는 비행기에 무슬림이 탄 것을 알았을 때 긴장된다고 이야기하였다. 18%는 비행기에 무슬림 여성이 동승했을 때 긴장된다고 대답하였다. 열 명 중 네 명의 미국인이 무슬림에게는 다른 미국 시민보다 더 엄격하게 보안검사를 시행해야 한다고 하였다. 무슬림이 미국에서 비행기에 오르려면 미국 시민이라도 특별신분증을 지녀야 하고, 특별하고 더 강화된 보안검사를 받아야 한다는 것이다.

4년이 지난 후에도 변화는 없었다. 2010년 갤럽 조사에 따르면 열 명 중 네 명 이상인 43%의 미국인이 무슬림에게 편견을 "조금" 가지고 있다고 대답했는데, 이는 그리스도인에게 18%, 유대인에게 15%, 불교 신자에게 14%인 것에 비해 두 배가 넘는 수치다. 9%의 미국인이 무슬림에 대한 편견이 "아주 크다"고 이야기했고, 20%가 "어느 정도" 편견을 가지고 있다고 하였다. 이슬람 공포증과 인종 차별에 대항하는 포럼(Forum Against Islamophobia and Racism, FAIR)의 의장인 제레미 헨젤 토머스 박사(Dr. Jeremy Henzell-Thomas)는 이슬람 공포증의 결과에 대해 다음과 같이 이야기하였다.

> 사람들은 이슬람 전체에 대해서 다음과 같은 상투적인 생각을 가지고 있다. 극단주의적, 사상적, 단일적, 고정적, 1차원적, 근대화에 대한 무자비한 반대, 통합이나 동화될 수 없음, 새로운 생각을 수용하지 않음, 퇴보, 역행, 뒷걸음질, 낡음, 원시적, 중세적, 문명화되지 않음, 적대적, 폭력적, 테러, 이질적, 광신적, 야만적, 공격적, 강경함, 잔혹함, 위협적, 대립을 일삼음, 극단적, 권위주의적, 전체주의적, 가부장적, 여성혐오, 전 세계에 엄격한 신정체제를 강제하여 서구에서 소중히 여기는 자유의 원칙과 자유민주주의를 전복시키려고 한다.

이어 제레미 박사는 "그럼에도 꼭 말하고 싶은 것이 있다"며 이야기를 지속하였다.

> 나는 이런 속성 중 어느 하나라도 가지고 있는 무슬림을 단 한 명도 알지 못한다. 나의 무슬림 친구와 동료는 사회 각계각층에서 활동하고, 세계 곳곳에서 여러 문화적 배경을 가진 사람들이다.

9·11 테러 이후, 무슬림은 자신의 공동체와 이웃, 동료 사이에서 증오범죄, 차별, 시민자유 훼손과 함께 이슬람 공포증이 확산되는 것을 두려워하였다. 점점 더 자신을 적대시 하고 의심하는 미국과 유럽의 환경에 처하면서 서구 무슬림이 가졌던 두려움은 현실이 되었다. 그러나 이 때문에

자신의 무슬림 정체성과 이슬람 이해를 다시 생각하거나 되돌아보지는 않았다.

이러한 현상의 긍정적인 파생 효과로는 미국이나 유럽 사회에서 무슬림으로 사는 의미를 두고 무슬림 간 토론과 논쟁이 가열된 점, 비무슬림 공동체와 밀접한 소통, 정치와 공공문제에 활발하게 관여하게 된 점을 들 수 있다.

미국의 역사는 식민지 시절부터 노예제도, 수세기에 걸친 인종 차별, 원주민 악마화 및 소외, 뉴욕 내 유대교 회당 건설 반대, 반유대주의, 가톨릭 이민자 차별, 2차 대전 중 일본계 미국인 집단처벌 등 종교적·인종적 편견과 착취 때문에 어려움을 겪어왔다. 많은 이들의 삶이 산산조각 났고, 여전히 많은 문제가 남아 있지만, 우리 미국민은 이러한 폭풍을 견뎌냈다.

이슬람 공포증, 다문화주의, 다원주의, 이 셋의 상호관계는 무슬림과 서구의 미래 관계에 대단히 중요하다. 미국과 유럽 내 무슬림 공동체를 어떻게 대할 것인가라는 문제는 여러 다양한 이슈가 얽힌 현안이다. 시민참여와 통합을 논의하는 장에서 이슬람과 무슬림의 불안정한 지위를 두고 논의해야만 비로소 다원주의, 다문화주의, 서구 사회의 미래를 쉽게 이야기할 수 있는 방법이 생길 것이다.

용어사전

ㄱ

갈라베야(galabeya) 길고 헐렁한 긴소매 옷. 남성용과 여성용이 있다.

까디(qadi) 무슬림 재판관. 이슬람법에 따라 판결을 내린다.

꾸르안(Qur'ān) 문자 그대로 "암송함"이라는 뜻이다. 무함마드가 계시로 받
은 이슬람의 성서.

끼블라(qiblah) 이슬람의 예배 방향. 모스크 안에 미흐랍(mihrab, 벽감壁龕)이
있는데 이곳은 예배 방향인 메카를 가리킨다.

끼야스(qiyas) 이슬람의 법원(法源) 중 하나로, 유추(類推)를 뜻한다.

ㄴ

니깝(niqab) 여성의 얼굴을 가리는 베일. 눈만 내놓고 얼굴을 가린다.

니자리 이스마일리(Nizari Isma'ili) 시아 일곱 이맘파의 계파. 이슬람 역사에서
암살자교단으로 알려진 시아파. 현재는 아가칸(Agha Khan)을 지도자로
삼아 비폭력운동을 하고 있다.

ㄷ

다르 알이슬람(dal al-Islam) '평화의 땅'이라는 뜻이다. 무슬림 영토, 이슬람법

으로 통치하는 땅.

다와(dawa) '부르심'을 뜻한다. 오늘날 '선교'라는 의미로 통용되고 있다.

두아(dua) 기도. 개인적인 청원기도. 살라트는 몸을 움직여 절하는 동작이
수반되는 예배이고, 두아는 몸동작이 수반되지 않는 기도를 말한다.

딘(din, deen) 종교. 엄밀히 말하자면 신앙이라는 뜻임.

딤미(dhimmi) 무슬림과 맺은 조약에 따라 보호받는 지위를 누리는 사람. 일
반적으로 '성서의 백성', 특히 유대인과 그리스도인을 일컫는다.

ㄹ

라마단(Ramadan) 무슬림이 단식을 행하는 달. 이슬람력상 아홉 번째 달의
이름. 라마단의 마지막 날이 이드 알피뜨르임. 라마단 단식은 이슬람의
다섯 기둥 중 하나.

라크아(rak'a) 무슬림 예배 단위. 예배 첫 동작에서 절을 하고 다시 처음 동
작으로 돌아오는 것을 1라크아라고 한다. 하루 다섯 번 예배의 라크아
수는 2, 3, 3, 2, 4, 이렇게 모두 17번이다.

리바(riba) 고리대금, 이자. 이슬람법에 따라 금지되었다.

ㅁ

마스지드(masjid) 모스크, 무슬림의 예배 장소.

마슬라하(maslahah) 공공의 이익, 공공복지. 이슬람법에서 공공의 이익을 위한
조항. 이슬람법 해석에서 공공의 이익을 보장하기 위해 사용하는 개념.

마흐디(Mahdi) 세상 종말에 나타나는 이슬람의 메시아로 평화와 정의의 시
대를 여는 인물. 불의로 가득 찬 세상을 정의롭게 만든다.

말리키(Maliki) 이슬람 주요 법학파 중 하나. 아프리카 북부, 중부, 서부에서

우세한 법학파. 말리크 이븐 아나스(711~795)를 원조로 삼는다.

맘룩(mamluk) 노예 병사. 무슬림 왕조에서 사회적·정치적 엘리트 계층이 되었음. 맘룩은 맘룩조를 세워 1250년부터 1517년까지 이집트와 시리아를 통치하였다.

메디나 헌장(Constitution of Medina) 무함마드가 선포한 헌법. 단일한 정치공동체 안에 종교다원주의 원칙을 세움. 622년 메카에서 메디나로 이주하여 메디나의 아랍부족, 유대부족과 함께 맺은 공동체 규약.

메디나(Medina) 이슬람의 두 번째 성지. 무함마드와 초기 무슬림이 메카에서 이주한 도시. 무함마드가 묻힌 곳으로 사우디아라비아에 있다.

메카(Mecca) 이슬람 제일의 성지. 무함마드의 출생지이자 카바가 위치한 곳이다. 무슬림이 순례(핫즈)를 하는 도시로 사우디아라비아에 있다.

모스크(mosque) 무슬림의 예배 공간. 아랍어 마스지드의 영어 표현. 모든 남성 무슬림은 금요예배에 참석해야 한다.

무다라바(mudaraba) 고리대금을 금지하는 이슬람법에 따라 분할 매입의 형태를 띠는 이슬람 금융 원칙의 하나.

무샤라카(musharakah) 고리대금을 금지하는 이슬람법에 따라 지분을 공유하는 이슬람 금융 원칙의 하나.

무슬림(Muslim) '복종하는 자'라는 뜻으로 이슬람 신자를 가리킨다.

무에진(muezzin) 아잔을 하는 사람으로, 예배시간을 알리는 사람.

무와히둔(Muwahhidun) '유일신론자'라는 뜻. 유일신 사상을 따르는 사람. 와하비라고 부르기도 한다.

무자히드(복수는 무지히둔mujahid pl., mujahidun) 알라의 전사. 분투(奮鬪)하는 자.

무즈타히드(mujtahid) 이슬람법을 해석하여 독자적으로 법적인 판단을 할 수 있는 능력을 갖춘 사람.

무프티(mufti) 이슬람 법 전문가로 법적인 견해를 낼 수 있는 사람

무함마드(Muhammad) 이슬람의 예언자이자 꾸르안을 계시 받은 사람. 무슬림은 무함마드를 완벽한 인간으로 여기고, 그의 언행을 하디스로 기록하여 따른다.

미나렛(minaret) 모스크에 있는 높은 탑으로 아잔을 하는 곳.

미흐랍(mihrab) 모스크 안에 있는 벽감(壁龕). 무슬림의 예배 방향을 가리킨다.

민바르(minbar) 금요예배에서 예배 인도자인 이맘이 사용하는 연단.

밀레트(millet) 오스만제국이 공식적으로 인정한 종교공동체.

ㅂ

바이아(bay'ah) 충성 맹세

부르까(Burqa) 여성의 전신을 가리는 옷. 눈가에만 망사 같은 공간이 있어 시야를 확보할 수 있다.

비드아(bid'ah) 무함마드의 순나에 어긋나 받아들일 수 없는 일탈 내지 혁신.

비스밀라(bismillah) "비스밀라 아르라흐만 아르라힘"의 일부분으로 "자비롭고 자애로우신 알라의 이름으로"라는 뜻이다. 개경장에 있는 구절로, 이슬람 세계에서 편지, 책, 연설, 축사, 공식 서류 등은 모두 이 말로 시작한다.

ㅅ

사이드(sayyid) 이슬람의 예언자 무함마드의 후손을 가리키는 칭호.

살라트(salat) 예배. 모든 무슬림은 하루에 다섯 번 예배를 해야 한다. 이슬람의 다섯 기둥 중 하나.

살람(salam) 평화

샤리아(Shariah) 꾸르안과 하디스에 기반을 둔 이슬람법

샤피이(Shafi'i) 이슬람 주요 법학파 중 하나. 동아프리카와 동남아시아에서 강세를 보이고 있다.

샤하다(Shahadah) 신앙증언. "알라 외에 신은 없고 무함마드는 알라의 사도 다"라고 선언하는 것으로 이슬람의 다섯 기둥 중 하나.

샤히드(Shahid) 순교자

성서의 백성들(People of the book) 하나님의 계시를 받거나 계시경전을 가진 종교인을 가리키는 말로, 무슬림이 주로 그리스도인과 유대인을 지칭할 때 사용한다.

순니(Sunni) 세습이 아니라 가장 신실하고 자격을 갖춘 사람이 무함마드를 계승해서 무슬림 공동체의 정치적 지도자가 되어야 한다고 믿는 사람들. 이러한 계승자는 정치적 지도자이자 믿음의 수호자이지 신적인 영감을 받은 사람이라고 생각하지는 않는다. 순니는 전 세계 무슬림의 85%를 차지한다.

수라(Surah) 꾸르안의 장(章)

수피(Sufi) 이슬람 신비주의자

순나(Sunnah) 하디스에 기록된 무함마드의 언행

숨은 이맘(Hidden Imam) 시아 믿음에 따르면 열두 번째 이맘은 죽지 않고 숨어 은폐(隱蔽)중이라고 한다. 그가 세상 종말에 평화와 정의의 시대를 여는 메시아로 돌아올 것이라고 시아들은 믿는다.

시르크(Shirk) 우상숭배. 다신교

슈라(Shura) 협의

시아(Shi'i) 무함마드의 딸 파티마와 무함마드의 사촌이자 파티마의 남편인 알리가 무함마드를 계승한 무슬림 공동체의 종교·정치적 지도자라고 믿는 사람들. 시아는 무함마드의 승계자인 이맘이 예언자는 아니지만

신적인 영감을 받았으며 오류를 범하지 않는다고 믿는다. 전체 무슬림의 15%를 차지한다.

ㅇ

아가 칸(Aga Khan) 시아 이슬람의 니자리 이스마일파의 지도자로서 추종자들의 문화·정신적 삶을 관장한다. 현재 아가칸은 49대로, 아가칸 4세로 불린다.

아야톨라(ayatollah) '알라의 증거'라는 뜻이다. 시아 성직자 중 가장 높은 지위. 뛰어난 지식과 훌륭한 신실함을 지녀 존경받는 인물이다.

아이샤(Aishah) 무함마드의 부인으로 영향력이 큰 인물. 첫 번째 순니 칼리파였던 아부 바크르의 딸. 역사, 의학, 시, 수사법에 능했던 것으로 알려져 있다. 가장 중요한 하디스 전승자 중 한 명이다.

아잔(adhan) 예배 시간 알림

알라(Allah) 하나님

알라후 아크바르(Allahu Akbar) "하나님은 가장 위대하시다"라는 뜻이다. 예배를 알릴 때 사용하는 문구.

알리(Ali) 무함마드의 사촌동생이자 사위. 무함마드의 딸 파티마와 혼인하였다. 시아 무슬림은 알리가 무함마드의 뒤를 이어 첫 번째 칼리파가 되었어야 한다고 믿는다. 순니 시각에서 알리는 네 번째 칼리파다. 시아는 알리로부터 무함마드의 후손인 이맘의 적통을 확립한다.

암살자 교단(Assassins) 시아 이슬람의 분파인 니자리 이스마일파에서 나온 명칭으로 암살을 포함한 테러 및 폭력을 행사하던 단체를 가리킨다. 숨은 이맘의 이름으로 순니 셀축 술탄조에 대항하였다. 1256년 마지막 지도자가 처형되었다.

앗살라무 알레이쿰(As-salam alaykum) "당신에게 평화가 깃들기를 바란다"는 뜻이다. 무슬림 인사말. 답변은 "와 알레이쿠뭇 살람"으로 "당신에게도 평화가 깃들기를 바란다"는 뜻이다.

와하비(Wahhabi) 사우디아라비아에서 발달한 극보수적인 이슬람 해석을 지지하는 사람들.

왈리(wali) '친구', '돕는 자', '후원자'를 뜻한다. 무슬림 성인을 의미한다.

우므라(umrah) 소순례. 메디나에 있는 무함마드의 묘를 방문하거나 순례(핫즈) 기간이 아닐 때 메카 성지를 순례하는 것을 뜻한다.

울라마(ulama) 무슬림 종교학자를 통칭하는 복수. 단수는 알림.

움마(Ummah) 전 세계 무슬림 공동체, 믿는 자의 공동체.

이드 알아드하(Eid al-Adha) 희생제. 이슬람 세계의 주요 명절로, 메카로 향하는 성지 순례 마지막 날에 행한다.

이드 알피뜨르(Eid al-Fitr) 단식을 마치는 축제. 무슬림의 단식기간인 라마단월을 마감하는 무슬림의 주요 명절.

이맘(Imam) 순니 무슬림의 금요예배를 이끌고 설교를 하는 종교지도자. 시아 무슬림에서 이맘은 알리와 파티마의 후손으로 무함마드를 계승하는 사람을 가리킨다. 시아는 이맘이 인간임에도 불구하고 신적인 영감을 받았고 무오류성을 가지고 있다고 믿는다. 이맘의 법적 해석과 글은 성서로 간주된다.

이스나 아슈아리(Ithna Ash'ari) 시아 이슬람의 분파인 '12이맘파'를 가리킨다. 마지막 이맘이 은폐중이라고 믿는 종파.(숨은 이맘 참고) 대부분의 시아는 12이맘파에 속한다.

이스마일리(Isma'ili) '7이맘파'로 시아 이슬람의 분파. 이집트 파티마 칼리파조를 세웠다.

이스티흐산(istihsan) 공정함. 문자적인 법 적용을 완화하고자 개인적 판단을 활용한다.

이슬람(Islam) '복종'이라는 뜻이다.

이슬람민족(Nation of Islam) 아프리카계 미국인이 만든 이슬람 단체로 흑인 우월주의, 호전성, 분리주의를 표방하다가 1990년대 후반 주류 순니 이슬람에 편입되었다.

이슬람의 다섯 기둥(Five Pillars of Islam) 모든 무슬림이 행해야 하는 다섯 가지 신앙 행위. 그 다섯 가지는 신앙고백, 하루 다섯 번의 예배, 희사, 라마단 기간 중의 단식, 일생에 한 번 하는 성지순례다.

이자라(ijarah) 고리대금을 금지하는 이슬람법에 따라 임대, 구입의 형태를 띠는 이슬람 금융 원칙 중 하나.

이즈마(ijma) 합의.

이즈티하드(Ijtihad) 이슬람법을 해석하는 독립적 추론.

인티파다(intifada) 팔레스타인 민중봉기로 1987년에 시작되었다. 2000년에는 2차 인티파다가 발생하였다.

ㅈ

자이디(Zaydi) '5이맘파'로 알려진 시아 이슬람의 분파. 다섯 명의 이맘을 인정하며 예멘에서 우세하다.

자카트(zakat) '정화'를 의미한다. 무슬림은 전 재산의 2.5%를 기부해야 한다. 이슬람의 다섯 기둥 중 하나.

자으파리(Ja'fari) 대표적인 시아 법학파

잠잠(Zamzam) '거품'이라는 뜻이다. 메카에 있는 우물로 무슬림은 하갈과 이스마일이 갈증으로 죽지 않도록 하나님이 이 우물을 계시했다고 믿는다. 이곳에서 물을 마시는 것은 순례 의식 중 하나다.

줌아(jum'a) 금요 합동예배

지즈야(jizyah) 무슬림과 맺은 조약에 따라 무슬림의 보호를 받는 딤미에게 부과되는 인두세(人頭稅).

지하드(Jihad) '분투' 또는 '노력'을 의미한다. 대지하드는 종교적인 삶과 알라의 뜻을 따르기 위한 내적 노력이다. 소지하드는 무슬림 공동체와 이슬람을 방어하기 위한 것이다.

ㅊ

차도르(Chador) 여성의 머리와 몸을 가리는 베일을 칭하는 페르시아어다. 얼굴과 손, 발은 노출한다.

ㅋ

카디자(Khadijah) 무함마드의 첫 번째 부인으로 24년간 유일한 배우자였다. 최초의 이슬람 개종자이자 가장 열렬한 이슬람 지지자 중 한 명.

카바(Kaaba) 하나님의 집. 안쪽에 검은 돌이 놓인 직육면체 구조물로, 무슬림은 천사 가브리엘이 아브라함에게 이 돌을 주었고, 아브라함과 이스마일이 이 돌을 카바 안에 두었다고 믿는다. 메카에 있으며 성지순례의 중심을 이룬다.

카와리지(Kharijites) 무아위야와 갈등상황에서 알리가 타협하려 하자 이는 하나님의 의지에 어긋난다고 해석하여 초기 무슬림 공동체와 절연한 무슬림 극단주의 소수 분파. 결국 알리가 배교를 저질렀다고 믿고 그를 암살하였다. 이들은 세상이 이슬람의 영역과 불신자의 영역으로 양분되며, 사람도 신자와 무슬림의 적인 불신자만 있을 뿐이라고 믿었다.

카피르(kafir) 불신자.

칼리파(Khalifah, Caliph) 무슬림 공동체에서 무함마드를 계승한 정치적 지도
자를 이르는 용어.

케피야(keffiyah) 팔레스타인과 요르단 지역에서 주로 남성이 머리에 착용하
는 전통적인 머리쓰개.

쿠트바(Khutba) 금요 합동예배 중에 행하는 설교.

ㅌ

타우히드(tawhid) 유일신성.

타으지르(ta'zir) 무슬림 판관의 재량으로 결정되는 형벌.

타크피르(takfir) 파문. 불신자를 제명함.

타끌리드(taqlid) 무조건적으로 모방하거나 전통, 과거의 법 내지 교리적 선
례를 그대로 따르는 것을 말한다. 이즈티하드의 반대말.

터번(turban) 무슬림 남성이 머리에 두르는 머리쓰개. 특히 탈레반 치하의
아프가니스탄과 이란에서 사용되었다.

ㅍ

파트와(fatwa) 법정에서 판사의 법적인 견해가 아니라 종교학자 개인이 내
놓는 법적인 견해. 판사가 판결을 내릴 때 활용할 수 있다.

파티마(Fatimah) 무함마드의 딸이자 알리의 부인, 하산과 후세인의 어머니.
이슬람 세계의 완벽한 여성상이다.

페즈(fez) 20세기 전에 터키 남성이 전통적으로 착용하던 붉은 모자.

피르(pir) 수피 스승.

ㅎ

하나피(Hanafi) 순니 이슬람 법학파 중 하나. 아랍과 남아시아에 주로 분포하고 있다.

하디스(hadith) 전승. 무함마드의 언행록. 무슬림의 성서 중 하나로 꼽힌다.

하람(Haram) 금지된 것을 말한다.

핫즈(hajj) 메카 대순례. 무슬림은 재정적·육체적으로 가능하다면, 일생에 반드시 한 번은 성지 순례를 해야 한다. 이슬람의 다섯 기둥 중 하나.

한발리(Hanbali) 순니 이슬람 법학파 중 하나. 사우디아라비아에 주로 분포하고 있다.

할랄(halal) 허용된 것. 적절한 의례적 방식에 따라 준비된 것을 말한다.

후두드(hudud) '제한'을 뜻한다. 도둑질, 혼외정사, 무고, 음주처럼 꾸르안에 명시되어 있는 죄. 특히 가혹한 처벌이 뒤따른다.

후세인(Hussein) 무함마드의 손자이자 알리와 파티마의 아들. 680년 독자적인 통치권을 선언하였을 때, 이라크 카르발라에서 자신의 지지자들과 함께 학살당했다. 시아 무슬림에게 고통, 억압, 불의에 대한 항거라는 패러다임을 만들어준 인물.

흑인 무슬림(Black Muslim) 아프리카계 미국인 중 이슬람을 따르는 사람들로, 이슬람민족(Nation of Islam)의 구성원.

히잡(hijab) 무슬림 여성이 머리를 가리기 위해 쓰는 베일. 긴 소매의 전신을 덮는 옷을 지칭하기도 한다.

히즈라(hijra) 이주. 무함마드와 초기 무슬림이 메카에서 메디나로 이주한 사건. 무슬림 음력의 첫 번째 해를 지칭한다.

한국의 이슬람교

박현도

이슬람교가 우리나라에 언제 전래되었는지는 정확히 알 수 없다. 그러나 7세기 이슬람교 성립 이전부터 우리나라가 페르시아 문화권과 교류가 있었던 점, 그리고 중국이 651년 아랍무슬림과 공식 접촉한 사실을 미루어보면 우리가 생각하는 것보다 상당히 이른 시기에 이슬람교가 우리 땅에 전래되었을 가능성도 있다.

그러나 본격적으로 우리 조상들이 무슬림들을 만나게 된 것은 아마도 몽골 지배하의 고려시기였을 것이다. 중국 원나라를 세운 몽골인들은 중국 한인(漢人)들을 믿지 못해서 색목인(色目人), 즉 '색깔 있는 눈'을 가진 중앙아시아 튀르크, 페르시아계 무슬림들을 중용하여 제국을 다스렸다. 제1계급인 몽골인에 이어 2번째 계급을 차지한 색목인들은 몽골인들을 도와 3계급 북송(北宋), 4계급 남송(南宋) 사람들을 관리하며 원나라에 봉사하였다. 몽골 지배기에 들어간 고려 역시 그러한 시대적 상황에서 자유롭지 못했음은 두말할 필요도 없다. 모르긴 해도 무슬림들이 국내에 많이 들왔을 것이다.

그러나 주자의 성리학을 국시(國是)로 삼은 조선시대에 들어서면서 국내 무슬림의 입지는 좁아졌고, 급기야는 1427년 세종 치세 9년차에 이슬람교에 대한 기존의 관용적인 태도에 일대 변화의 격랑이 일었다. 조선왕조실록에 따르면 4월 4일 예조는 국내 이슬람교도에 대해 다음과 같은 보고를 올린다.

"이슬람교도는 의관(衣冠)이 보통과 달라서, 사람들이 모두 보고 우리 백성
이 아니라 하여 더불어 혼인하기를 부끄러워합니다. 이미 우리나라 사람
인 바에는 마땅히 우리나라 의관을 좇아 별다르게 하지 않는다면 자연히
혼인하게 될 것입니다. 또 대조회(大朝會) 때 무슬림들의 축송(祝頌) 의식도
폐지함이 마땅합니다" 하니, 모두 그대로 따랐다.

성리학으로 무장한 조선 지도층의 눈에 이슬람은 불교나 후대 천주교
와 별반 다를 것 없는 이단으로 비쳤을 것이다. 위 기사에 드러난 것처럼
무슬림의 의관이 조선 사람들과 다르다(別異)는 것은 이슬람은 조선인이
받아들일 수 없는 이방인의 문화였다는 뜻이다. 무슬림들이 자신들의 생
활양식을 버리지 않는 이상 이슬람이 성리학의 나라 조선에 뿌리내리기란
불가능한 일이었다.

또한 그때까지 궁중에서 거행되던 무슬림 축송 의식이 무엇인지 정확히
알기는 어려우나 아마도 꾸르안 낭송이 아니었을까 한다. 알아듣기 어려운
말이었을 뿐 아니라 성리학적 사회체계를 위해서는 사라져야 할 것이었으
니 이때 금지되었을 것이다.

실로 운명의 1427년이다. 이후 조선왕조실록에 간혹 무슬림들, 특히 이
슬람 세계에서 전래된 도자기 채색 안료 회회청(回回靑)이 나오긴 하지만,
구체적으로 국내 무슬림 공동체의 존재 관련 기록은 찾아볼 수 없다.

이렇게 소멸한 이슬람이 다시 우리 한국인의 시야에 다시 들어오게 된
것은 1950년 한국전쟁 때다. 유엔군의 일원으로 참전한 터키군에는 많은
무슬림 군인들이 있었고, 이들의 신실한 대민봉사활동은 한국인들에게

깊은 인상을 남겼다. 특히 터키 제6여단 사령부 압둘가푸르 카라이스마일 오울루(Abdulgafur Karaismailoglu) 군종 이맘의 노력으로 한국 무슬림 공동 체의 씨앗이 뿌려졌다. 이때 우리나라 근대 최초의 무슬림 1세대가 탄생하니, 압둘라 김유도, 우마르 김진규 등이 그 주역이다. 이후 터키 주베이르 코치 이맘의 노력으로 한국 무슬림 공동체는 소소하나마 교세를 유지하였다.

한국 이슬람이 발전의 계기를 마련하게 된 것은 아랍국가와 이스라엘이 무력충돌을 빚은 1973년 제4차 중동전쟁 때다. 당시 친이스라엘 국가에 대해 아랍 산유국들이 석유금수조치를 취함에 따라 제1차 석유파동이 일어났다. 경제적 위기에 몰린 우리나라는 이슬람교를 포용하여 아랍 국가들의 환심을 사고자 하였고, 이러한 외교정책에 힘입어 한국 이슬람교가 외적 성장을 이루게 되었다. 이태원에 자리 잡은 이슬람교 중앙성원은 1974년에 착공하여 1976년에 개원하였는데, 우리 정부가 부지를 무상공여하고 무슬림 국가들이 건설비를 지원하였다. 우리 풍속과 맞지 않아 조선 조정이 멀리하였던 이슬람을 대한민국 정부가 경제적 국익을 위해 정성들여 다시 받아들인 것이다.

1970년대 중동 건설 열풍에 따라 한국 무슬림 수도 늘어났다. 공사발주 국가가 무슬림에게 만 비자를 발급했기 때문이다. 그러다 보니 당시 무슬림이 된 사람 중에 여전히 신앙을 유지하고 있는 사람은 그다지 많지 않다. 이처럼 1970~80년대 한국 이슬람은 경제적 국익이라는 큰 틀 안에서 성장하였다. 국가 정보기관 요원들이 중앙성원을 관리하였을 정도로 한국 이슬람은 정부 통제를 받았고, 그 안에서 발전하였다. 이는 1990년대 이후 외국 이주 노동자 무슬림 유입으로 교세가 확장된 것과는 질적으로 전혀 다른 양상으로, 마치 4세기 전래 초기 고구려와 백제에서 불교가 왕실의 보호를 받은 것과 유사하다.

문제는 종교 신앙이 국가 보호 아래 놓여 있을 때는 진정한 의미의 성장을 이루기 어렵다는 점이다. 현대 종교다원주의 한국사회라는 새로운 환경에서 이슬람교가 자생발전보다는 국가통제 하에 있었기에 한국문화와 대화하며 내적인 성장을 이루는 기회를 초기부터 갖기 힘들었다. 또 내적 충실을 도모하기 전에 이주 노동자로 증가로 급격한 외적 성장을 이룸으로써 한국사회에서 이슬람이 토착화되기 쉽지 않은 상황이 되었다. 필자가 말하는 토착화란 이슬람을 한국인이 한국인의 종교로 받아들이는 심정적 일체감을 의미한다. 외래 종교였던 불교, 유교, 그리고 근대 들어 그리스도교가 한국인의 종교로 정착한 것처럼 말이다. 국민들이 이슬람교를 여전히 아직도 외국인의 종교로 보고 있는 현실은 이슬람이 아직 토착화하지 못하였음을 반증한다.

엄밀히 말해 한국 이슬람이 토착화의 길을 걸으려면, 이질적인 신앙이 아니라 평범한 이웃의 종교라는 평가를 받으려면 많은 시간이 필요하다. 아직 한국 이슬람교 내 한국인의 수가 외국 무슬림보다 훨씬 적기에 창조보다는 수용에 방점이 찍혀 있다. 유불교에 비해 훨씬 근자에 전래된 천주교와 개신교를 보면 쉽게 짐작할 수 있다. 한국 신도수가 적을 때는 외국 선교사들에게 배우기에 바빠 우리 심성에 맞는 언어로 자신의 신앙을 표현하기 어렵다. 일반 비신도 한국인들의 눈에도 이질적일 수밖에 없고 말이다. 그렇다고 외부인들이 토착화를 강제할 수도 없는 노릇이다. 이는 다종교 사회에서 도저히 받아들일 수 없는 폭력이기 때문이다. 1427년 세종의 결단이 2020년 한국사회에서는 결코 재현될 수 없다는 것은 굳이 부연할 필요조차 없다.

정확한 한국 무슬림 수는 얼마나 될까? 안타깝게도 정확히 알 수 없다.

꽤나 오랫동안 언론매체에는 3만 5천명으로 나왔다. 그런데 이 수는 중동 건설이 한창일 때 무슬림이어야만 비자를 주는 상황에서 편의상 개종한 사람들을 모두 합친 수가 그 정도 될 것이다. 2005년 전수 조사한 인구통계에 따르면 종교 중에 그 신도수가 가장 적게 나온 종교는 대종교(大倧敎)로 3,766명이다. 그리고 그 외에는 모두 기타 종교로 묶여 총합이 163,085명이다. 이 중에 무슬림이 섞여 있다. 이슬람교 신자인지 묻는 질문 자체가 없으니 기타로 분류되었다.

10년 후인 2015년은 기타 종교인 수가 98,185명이다. 무슬림이 포함된 수이지만 분류자체가 되지 않았으니 얼마나 많은 사람이 무슬림인지 알 길이 없다. 언론에서 말하는 최소 6만에서 최대 20만, 또는 30~40만에 이르는 무슬림은 절대 다수가 국내에 합법, 불법적으로 머무는 외국인 무슬림을 포함한 통계다. 출입국자 기록을 보고 무슬림이 다수인 국가에서 들어온 사람은 모두 무슬림으로 간주하여 더하는 방식의 계산이기에 들쑥날쑥하다. 통계가 어떻든 가장 확실한 것은 국내 무슬림의 대다수는 외국 이주노동자라는 사실이다. 압도적 다수가 무슬림인 국가 출신 이주민의 국적을 보면 우즈베키스탄, 인도네시아, 방글라데시, 파키스탄 순이다. 국내 무슬림 대다수는 순니파에 속하지만, 시아파 역시 약 200여 명 가량 존재한다. 시아파는 이란과 아랍지역 출신과 함께 파키스탄 이주민들이 주류를 이룬다.

종교시설은 한국이슬람교중앙회가 매주 발행하는 「주간무슬림」에 따르면 국내에 모스크(성원)는 이태원 중앙성원을 포함하여 모두 20개, 제주에 센터 하나가 있다. 여러 통계를 종합하면 무슬림들이 개별적으로 꾸리고 있는 예배공간, 즉 무살라는 약 150~200개가 있는 것으로 추산한다. 무살라는 모스크와 달리 주상복합 건물이나 일반 상업용 건물 내에 소수가 항시 예배를 할 수 있도록 만들어놓은 공간이다. 시아파는 모스크를 가지고 있진 않고, 시아파의 중요한 행사를 하는 후세이니야(호세이니예)가 고양과 대구에 하나씩 있다. 대구에서는 시아파 무슬림들이 공개적으로 세 번째 이맘 후세인의 순교를 기리는 아슈라 기일제를 거행하기도 한다.

한국 무슬림이 직면한 문제는 크게 세 가지다. 첫째, 이슬람과 테러를 동일시하는 사회적 편견 내지 고정관념이다. 이슬람은 평화의 종교라고 거듭 설명하여도 언론에서 쏟아지는 이슬람 관련 부정적인 보도 때문에 지치지 않는 노력이 열매를 맺기 어렵다. 둘째, 토착화 내지 한국문화 적응 문제다. 적어도 낯선 이슬람 용어를 일반인들이 알아듣기 쉽게 설명해주어야 하는데 여전히 이는 큰 숙제로 남아있다. 국내 무슬림 지식인을 양성할 수 있는 여건이 성숙하지 않다. 한국인과 편하게 소통할 수 있는 이맘의 수가 절대적으로 부족한 현실에서 국내 무슬림 고등교육이나 무슬림 지식인 양성의 필요성을 주장하는 것은 어쩌면 지나친 요구일 것이다. 끝으로 세 번째 문제는 두 번째와 밀접하게 관계되는 것으로, 한국인 무슬림 수가 절대적으로 부족한 현실은 미래 한국 이슬람을 이끌 사람들이 외국인 무슬림일 가능성도 있다는 현실이 다. 국내에서 종교의 자유, 민주사회를 경험하고 실상을 파악한 외국 무슬림들이 자국과 달리 한국에서는 종교가 국가의 통제를 받지 않는다는 것을 깨닫고 각자 법인으로 이슬람 단체를 설립하여 독자적으로 활동하려는 모습을 보인다. 이는 다시 말해 한국에 국적별로 서로 조금씩 다른 문화를 지닌 다양한 이슬람이 존재할 수 있다는 점이다. 다양성은 아름다우나 한국인과 완전히 유리된 이질적인 이슬람이 더 강하게 자리 잡을 가능성도 있다는 점은 우려스럽다. 한국사회와 소통하지 못한다면 1427년과 달리 권력자가 아니라 일반 대중이 더욱 외면할 것이기 때문이다.

한국은 다종교 민주주의 사회다. 무슬림들이 이웃종교인들과 어울려 편히 살 수 있을 때에야 비로소 우리 사회의 민주주의가 성숙해진다. 비무슬림 종교인들이 앞장서서 무슬림과 평화의 길을 걸어야 한다. 실로 오늘날 시대가 우리 한국의 종교인에게 요구하는 것은 믿는 사람들의 삶 속에서 은은히 풍겨 나오는 성숙한 인간미다. 진정한 선교는 신앙인들이 대인의 풍모를 갖출 때 이루어진다. 나와 다르다고 상대를 틀렸다고 내치는 소인배들이 종교와 신앙을 이야기 할 수는 없다. 우리 종교인들이 그러한 시간과 공간을 만들어낼 때 한국 무슬림들 역시 이에 동화되어 이웃종교인의 삶을 더욱 존중하고 사랑하는 신앙인이 될 것이다. 종교인들이 정치나 권력에서 발을 떼고 이웃종교와 더욱 따뜻하게 공존 공생하는 길로 정의롭게 함께 나아가는 대한민국을 그려본다.

---

* 이 글은 필자가 발표한 다음 글을 일부 수정하고 보완한 것이다. 1) "2013 무슬림 이웃들과 평화공존을 기원하며," 『공동선』 108호, 2013년 1~2월호. 2) "한국 이슬람교 유감," 『공동선』 111호, 2013년 7~8월호.

옮긴이의 글

이 책은 현대 이슬람 연구로 유명한 미국 학자 에스포지토 교수의 *What Everyone Needs to Know About Islam*의 2판(2011년)을 우리말로 옮긴 것이다. 에스포지토는 뉴욕 브루클린의 전통적인 이탈리아 이주민 동네에서 이탈리아 이민자의 아들로 자랐다. 사제가 되기 위해 14살에 수도원에 들어가 10년간 수도원 생활을 하기도 한 그는 집안에서 처음으로 고등학교를 졸업하였다. 24살에 수도원을 나와 세인트존스 대학에서 신학으로 석사학위를 받고, 템플대학교 종교학과에서 박사 공부를 이어갔는데, 학위 수여 조건은 하나의 종교를 주전공으로 하고, 다른 두 개의 종교를 부전공해야 하는 것이었다.

원래 힌두교를 전공하려고 했던 에스포지토는 세계종교사 교수의 조언에 따라 파루끼(Ismail al-Faruqi) 교수의 이슬람 수업을 들으면서 새로운 세계에 눈을 떴고, 1974년 "Muslim Family Law in Egypt and Pakistan: A Critical Analysis of Legal Reform, Its Sources and Methodological Problems(이집트와 파키스탄의 가족법: 법 개혁과 법의 원천, 방법론 문제의 비판적 분석)"으로 박사 학위를 받았다. 그가 1988년에 출판한 이슬람 개론서 『이슬람: 곧은 길 (*Islam: The Straight Path*)』(New York: Oxford University Press)는 30년이 지난 지금도 이슬람 전공자에게는 필독서로 남아 있다. 에스포지토는 현대 이슬람 세계에 대한 다양한 책과 논문을 펴내면서 미국인이 알아듣기 쉽게 이슬람을 설명해왔다. 북미 중동학회장, 종교학회장을 역임한 그는 현재 조지타운대학교에서 종교와 국제관계 및 이슬람학 교수로 재직 중이다.

사실 나는 에스포지토의 저술을 그다지 선호하는 편은 아니다. 그럼에도 불구하고 이 책을 번역하게 된 데에는 사연이 있다. 한국인 최초로 외국에 본원을 둔 수녀회 총장이 되신 은사(서강대 종교학과) 김승혜 수녀님은 종교간 대화에 지대한 관심을 기울이는 사랑의 씨튼 수녀회(Sisters of Charity of Seton Hill)를 이끄셨다. 사랑의 씨튼 수녀회는 해마다 미국과 한국에서 수녀님들을 위한 종교간 대화 프로그램을 여는데 마침 주제를 이슬람으로 잡으면서 미국 본원 수녀님들로부터 호평을 받은 이 책을 번역해달라고 김승혜 수녀님께서 직접 내게 부탁하셨다.

원래는 세미나에 맞춰 한국 수녀님들이 읽을 수 있도록 빨리 번역을 해야 했으나 천성이 게으르고 준비성이 부족하여 시한 약속을 지키지 못하였다. 결국 우여곡절 끝에 도쿄대학에서 이슬람을 공부한 후배 송영은 박사가 정성껏 번역을 하고 번역문을 다시 원문과 대조하여 본인이 감수하는 이중 작업을 거쳤다. 역주를 달고, 책 끝에 김승혜 수녀님의 요청으로 한국 이슬람을 간략히 소개하는 졸고를 실었다. 우리나라와 이슬람 관련 항목을 본문처럼 만드는 것은 번역서 성격상 어려워 한국 이슬람사를 간단히 소개하는 글로 마무리하였다.

이 책은 미국학자가 미국인을 대상으로 썼기 때문에 우리가 이해하기 쉽지 않은 내용이 종종 나온다. 특히 현대 미국의 대중문화는 아무래도 낯설다. 그래서 번역하기도 녹록지 않았다. 가급적 번역투를 피하여 우리말로 부드럽게 읽고 넘어갈 수 있도록 노력했는데, 제대로 뜻이 전해질지 걱정스럽다. 사실 "번역자(飜譯者)는 반역자(反逆者)다"라는 말이 작업하는 내내

머릿속에서 떠나지 않았다. 반역자(反逆者)를 반역자(反譯者)로 오해하기 쉬운데, 이탈리아어 번역자(traduttore)와 반역자(traditore)가 서로 비슷해서 나온 말이다. 일종의 말놀이인데, 에스포지토의 책을 옮기면서 난해한 번역으로 독자들의 순수한 학구열을 식히는 반역(反逆)을 꾀한 것은 아닌지 두려웠고, 출판을 눈앞에 둔 지금은 더욱 두렵다. 이제 옮긴이의 말을 쓰면서 그간의 과정을 되돌아보니 약속을 지키지 못한 부끄러움에 얼굴이 화끈거리고, 혹시라도 오역이나 잘못이 있을까봐 두려움에 가슴이 쿵쾅거린다. 책에 오류가 있다면 마지막까지 움켜쥐고 마무리한 박현도의 잘못임을 미리 밝히고 양해를 구하고 싶다.

서슬 퍼렇던 전두환 정권시절 서강대 종교학과 입학 면접시험에서 켈리 신부님과 함께 시험관으로 나오신 김승혜 수녀님을 처음 뵈었다. 검은 수도복을 보는 순간 수험생의 떨리던 마음은 사라졌고, 참으로 편하게 면접시험을 보았던 기억이 생생하다. 학부 4학년 때 이슬람을 공부하겠다고 말씀을 드렸을 때 수녀님은 적극적으로 유학을 권장하시면서 이런저런 유익한 조언과 함께 격려하셨다. 매길(McGill)대에서 석사를 마치고 박사 진학 학교를 두고 고민할 때 길을 잡아주신 분도 수녀님이셨다. 돌이켜보면 내 학문의 여정 곳곳에 수녀님의 따스한 정이 서려 있다.

학문의 길을 인도하신 은사께서 어렵게 하신 부탁을 빠른 시간 내에 마무리하지 못한 죄를 어찌 씻을 수 있을까. 특히 책이 빨리 나오길 고대하셨을 수녀님들의 선량한 눈빛을 떠올리면 부끄러움에 고개를 들 수가 없다. 수녀님들과 함께한 세미나는 내 일생 잊을 수 없는 청량한 영화의 한 장면으로 남아 있다. 사랑의 씨튼 수녀회에 젊은 청원자들이 쇄도하길, 또 우리 수녀님들께서 건강하시길 기도드린다.

끝으로 서강대 종교학과와 깊은 인연을 맺고 있는 이 책이 나오기까지 여러 번 다시 번역을 다듬는 수고를 마다하지 않고 묵묵히 마치고, 후생가외(後生可畏)의 뜻을 일깨워준 종교학과 이슬람학 후배 송영은 박사에게 미안함과 함께 고마운 마음을 전한다.

참고문헌

개관

Esposito, John L., editor-in-chief. *The Oxford Dictionary of Islam*. New York: Oxford University Press, 2002.

_____, editor-in-chief. *The Oxford Encyclopedia of the Modern Islamic World*. 4 vols. New York: Oxford University Press, 1995.

_____, ed. *The Oxford History of Islam*. New York: Oxford University Press, 1999.

Hodgson, Marshall G. S. *The Venture of Islam: Conscience and History in a World Civilization*. 3 vols. Chicago and London: University of Chicago Press, 1974.

Lapidus, Ira M. *A History of Islamic Societies*. Cambridge: Cambridge University Press, 1988.

Voll, John O. Islam: *Continuity and Change in the Modern World*. 2d ed. Syracuse: Syracuse University Press, 1994.

1장 믿음

Ali, A. Yusuf. The Koran: Text, *Translation, and Commentary*. Washington, D.C.: American International Printing Company, 1946.

Al-Qu'ran: A Contemporary Translation. Trans. Admed Ali. Princeton: Princeton University Press, 1988.

Armstrong, Karen. *Muhammad: A Biography of the Prophet*. San Francisco: HarperCollins, 1993.

Asad, Muhammad. *The Message of the Quran*. Gibraltar: Dar al-Andalus, 1980.

Chittick, William C. *The Sufi Path of Love: The Spiritual Teachings of Rumi*. Albany: State University of New York Press, 1984.

Esposito, John L. *Islam: The Straight Path*. 3d ed. New York: Oxford University Press, 1998.

Esposito, John L., and John O. Voll. *Makers of Contemporary Islam*. New York: Oxford University Press, 2001.

Fakhry, Majid, trans. *The Quran: A Modern English Version*. Berkshire: Garnet Publishing, 1996.

Guillaume, A., trans. and ed. *The Life of Muhammad: A Translation of Ibn Ishaq's Sirat Rasul Allah*. New York: Oxford University Press, 1997.

Haneef, Suzanne. *What Everyone Should Know About Islam and Muslims*. 12th ed. Chicago: Kazi Publications, 1995.

Lings, Martin. *Muhammad: His Life Based on the Earliest Sources*. London: Inner Traditions International, 1983.

_____. What Is Sufism? Berkeley: University of California Press, 1977.

Momen, Moojan. *An Introduction to Shii Islam: The History and Doctrines of Twelver Shiism*. New Haven and London: Yale University Press, 1985.

Nasr, Seyyid Vali Reza. *Mawdudi and the Making of Islamic Revivalism*. New York: Oxford University Press, 1996.

Peters, F. E. *Muhammad and the Origins of Islam*. Albany: State University of New York Press, 1994.

Pickthall, Mohammed Marmaduke. *The Meaning of the Glorious Koran*. New York: New American Library and Mentor Books, n.d.

Rahman, Fazlur. *Islam*. Chicago: University of Chicago Press, 1979.

_____. *Major Themes of the Qur'an*. Minneapolis and Chicago: Bibliotheca Islamica, 1980.

Rahnema, Ali. *An Islamic Utopian: A Political Biography of Ali Shari'ati*. New York: I. B. Tauris, 2000.

Renard, John. *Seven Doors to Islam: Spirituality and the Religious Life of Muslims*. Berkeley: University of California Press, 1996.

Sachedina, Abdulaziz. *The Islamic Roots of Democratic Pluralism*. New York: Oxford University Press, 2001.

Sadri, Mahmoud, and Ahmad Sadri, trans. and eds. *Reason, Freedom, and Democracy in Islam: Essential Writings of Abdolkarim Soroush*. New York: Oxford University Press, 2000.

Sardar, Ziauddin, and Zafar Abbas Malik. *Muhammad for Beginners*. New York: Totem Books, 1994.

Schimmel, Annemarie. *And Muhammad Is His Messenger: The Veneration of the Prophet in Islamic Piety*. Chapel Hill and London: University of North Carolina Press, 1985.

_____. *Mystical Dimensions of Islam*. Chapel Hill and London: University of North Carolina Press, 1975.

Sedgwick, Mark J. *Sufism: The Essentials*. Cairo: The American University in Cairo Press, 2000.

Tamimi, Azzam S. *Rachid Ghannouchi: A Democrat Within Islamism*. New York: Oxford University Press, 2001.

Trimingham, J. Spencer. *The Sufi Orders in Islam*. New York: Oxford University Press, 1998.

Wadud, Amina. *Qur'an and Woman: Rereading the Sacred Text from a Woman's Perspective*. New York: Oxford University Press, 1999.

Watt, W. Montgomery. *Muhammad: Prophet and Statesman*. New York: Oxford University Press, 1960.

Wolfe, Michael. *The Hadj: An American's Pilgrimage to Mecca*. New York: Grove Press, 1998.

_____, ed. *One Thousand Roads to Mecca : Ten Centuries of Travelers Writing About the Muslim Pilgrimage*. New York: Grove Press, 1999.

2장 이슬람과 다른 종교들

Armstrong, Karen. *The Battle for God: Fundamentalism in Judaism, Christianity, and Islam*. London and New York: Alfred A. Knopf, 2000.

_____. Holy War: *The Crusades and Their Impact on Today's World*. New York: Doubleday, 1991.

Haddad, Yvonne Yazbeck, and Wadi Z. Haddad. *Christian-Muslim Encounters*. Gainesville: University Press of Florida, 1995.

Lewis, Bernard. *The Jews of Islam*. Princeton: Princeton University Press, 1984.

Menocal, Maria Rosa, and Harold Bloom. *The Ornament of the World: How Muslims, Jews, and Christians Created a Culture of Tolerance in Medieval Spain*. New York: Little, Brown, 2002.

Peters, F. E. *Children of Abraham. Princeton*: Princeton University Press, 1982.

Watt, W. Montgomery. *Islam and Christianity Today*. London: Routledge and Kegan Paul, 1983.

3장 관습과 문화

Abou El Fadl, Khaled, et al. *Speaking in God's Name: Islamic Law, Authority* and *Women*. Oxford: One World Publications, 2001.

Ahmed, Leila. *Women and Gender in Islam: Historical Roots of a Modern Debate*. New Haven: Yale University Press, 1992.

Esposito, John L., with Natana J. De Long-Bas. *Women in Muslim Family Law*. 2d ed. Syracuse: Syracuse University Press, 2001.

Haddad, Yvonne Yazbeck, and John L. Esposito, eds. *Islam, Gender, and Social Change*. New York: Oxford University Press, 1998.

MacLeod, Arlene Elowe. *Accommodating Protest: Working Women, the New Veiling, and Change in Cairo*. New York: Columbia University Press, 1991.

Mernissi, Fatima. *The Veil and the Male Elite: A Feminist Interpretation of Women's Rights in Islam*. Trans. Mary Jo Lakeland. New York: Addison-Wesley, 1991.

Mir-Hosseini, Ziba. *Islam and Gender: The Religious Debate in Contemporary Iran*. Princeton: Princeton University Press, 1999.

Poya, Maryam. *Women, Work, and Islamism: Ideology and Resistance in Iran*. London: Zed Books, 1999.

4장 폭력과 테러리즘

Esposito, John L. *The Islamic Threat: Myth or Reality?* 3d ed. New York: Oxford University Press, 1999.

_____. *Unholy War: Terror in the Name of Islam*. New York: Oxford University Press, 2002.

Hroub, Khaled. *Hamas: Political Thought and Practice*. Washington, D.C.: Institute for Palestine Studies, 2000.

Jansen, Johannes J. G. *The Neglected Duty: The Creed of Sadat's Assassins and Islamic Resurgence in the Middle East*. New York and London:

The Free Press, 1988.

Peters, Rudolph. *Jihad in Classical and Modern Islam*. Princeton: Markus Wiener Publishers, 1996.

Qutb, Sayyid. *Milestones*. Boll Ridge, Ind.: American Trust Publications, 1988.

_____. *This Religion of Islam*. Chicago: Kazi Publications, 1996.

Rashid, Ahmed. *Taliban: Militant Islam, Oil, and Fundamentalism in Central Asia*. New Haven: Yale University Press, 2000.

Saad-Ghorayeb, Amal. *Hizbu'llah: Politics and Religion*. London: Pluto Press, 2002.

5장 사회, 정치, 그리고 경제

Abdo, Geneive. *No God but God: Egypt and the Triumph of Islam*. New York: Oxford University Press, 2000.

Armstrong, Karen. *Jerusalem: One City, Three Faiths*. New York: Alfred A. Knopf, 1996.

Coulson, Noel J. *A History of Islamic Law*. Edinburgh: Edinburgh University Press, 1964.

Esposito, John L. *Islam and Politics*. 4th ed. Syracuse: Syracuse University Press, 1998.

Esposito, John L., and John O. Voll. *Islam and Democracy*. New York: Oxford University Press, 1996.

Hallaq, Wael. *A History of Islamic Legal Theories: An Introduction to Sunni usul al-fiqh*. Cambridge: Cambridge University Press, 1997.

Mills, Paul S., and John R. Presley. *Islamic Finance: Theory and Practice*. New York: St. Martin's Press, 1999.

Musallam, B. F. *Sex and Society in Islam*. Cambridge: Cambridge University Press, 1983.

Saeed, Abdullah. *Islamic Banking and Interest: A Study of the Prohibition of Riba and Its Contemporary Interpretation*. Leiden: E. J. Brill, 1996.

Vogel, Frank E., and Samuel L. Hayes III. *Islamic Law and Finance: Religion, Risk, and Return*. Boston: Kluwer Law International, 1998.

6장 서구의 무슬림

Daniel, Norman. *Islam and the West: The Making of an Image*. Rev. ed. Oxford: One World, 1993.

Esposito, John L., Yvonne Haddad, and Jane Smith. *Immigrant Faiths: Christians, Jews, and Muslims Becoming Americans*. Walnut Creek, Calif.: Alta Mira Press, 2002.

Haddad, Yvonne Yazbeck, ed. *Muslims in the West: From Sojourners to Citizens*. New York: Oxford University Press, 2002.

Haddad, Yvonne Yazbeck, and John L. Esposito, eds. *Muslims on the Americanization Path*. Atlanta: Scholars Press, 1997.

Nielsen, Jorgen. *Muslims in Western Europe*. 2d ed. Edinburgh: Edinburgh University Press, 1995.

_____. *Towards a European Islam*. London: St. Martin's Press, 1999.

Ramadas, Tariq. *To Be a European Muslim*. Leicester: The Islamic Foundation, 1998.

Said, Edward W. *Culture and Imperialism*. New York: Vintage Books, 1993.

_____. *Covering Islam: How the Media and the Experts Determine How We See the Rest of the World*. New York: Pantheon Books, 1981.

찾아보기

아